作者简介

刘慧凤，女，1967年1月出生，山东蓬莱人。1989年7月毕业于山东大学，获经济学学士学位，留校任教；1999年获得产业经济学硕士学位；2006年6月毕业于天津财经大学会计系，获得管理学（会计专业）博士学位。现任山东大学管理学院副教授，硕士生导师。专业教学与研究领域为财务会计学、税务会计与税务筹划，研究方向为会计准则与财务报告、税务会计问题。近期致力于会计准则制定与执行问题研究，已在《会计研究》、《经济与管理研究》、《财经论丛》、《山东大学学报》和《现代财经》等刊物发表相关学术论文10余篇。

现代企业管理创新丛书

情境架构下的企业会计
准则执行研究

刘慧凤 著

经济科学出版社

图书在版编目（CIP）数据

情境架构下的企业会计准则执行研究／刘慧凤著. —北京：经济科学出版社，2007.4
（现代企业管理创新丛书）
ISBN 978 – 7 – 5058 – 6169 – 5

Ⅰ. 情… Ⅱ. 刘… Ⅲ. 企业 – 会计制度 – 研究 – 中国
Ⅳ. F279. 23

中国版本图书馆 CIP 数据核字（2007）第 032490 号

总　　序

人类社会进入 20 世纪末，特别是进入 21 世纪以来，企业经营环境发生了根本性的变化，一是以知识经济为主体的新经济特征逐步形成；二是经济全球化趋势日益显现；三是信息技术飞速发展，基于互联网技术的网络经济方兴未艾。因此，企业要在复杂多变的环境中生存与发展就必须不断进行技术、制度与管理的变革与创新。管理理论产生于管理实践，管理实践呼唤管理理论的创新。为了分析、探讨和解决企业管理实践中出现的新情况和新问题，现代管理思想、管理理论、管理方法和管理手段不断涌现与演进。近半个世纪以来，中国经济高速发展，经济规模迅速扩大，企业竞争力有了提高，同时，面临的机遇与挑战不断增多。为应对日益严峻的国际竞争的挑战，中国企业急需加强创新能力。为此，除了需要研究总结我国企业管理的成功经验外，还必须学习、引进、吸收、消化世界先进企业的经验与知识。为了从不同视角反映现代企业管理最新研究成果，我们组编了这套《现代企业管理创新丛书》。

在浩如烟海的管理知识海洋中，这套丛书不过是我们注入的点滴浪花。我们难以企求丛书全方位展示管理学发展的趋势，也难以使选辑的作品都是"高、精、尖"的顶峰之作。我们力求为构筑中国管理学发展的巨大工程添砖加瓦。我们追求的目标有三：一是着力推出学术功力深厚、思想新颖独到的专著问世；二是反映管理学领域前沿学科、边缘学科和综合学科研究的新成就、新成果；三是借鉴国外企业管理研究的前沿理论，密切联系中国管理实践的发展，提出供管理学界同行关注并共同探讨的新课题。

这套丛书还是山东大学"985"二期工程人文社科重点研究基地《现代企业管理创新丛书》项目标志性成果之一。经过充分论证，山东大学管理学院承担了"985"工程二期重点建设项目。面对新形势与环境要求，确定了以现代企业管理创新为研究重点，力求在企业制度创新、企业组织管理创新、企业人力资源管理创新、企业品牌管理与营销创新、企业金融与财务管理创新、企业技术创新等领域取得突破性进展。《现代企业管理创新丛书》作为山东大学"985"二期工程规划项目，将陆续出版原创性企业管理创新成果，并介绍国外的优秀成果。以期对中国企业管理理论与实践作出应有贡献。

当我们推出这套丛书的时候，有点惶恐不安。我们深知丛书选题存在许多不足之处，作品理论水平也参差不齐。但我们也深知，理论创新是永无止境的，我们希望广大管理界同仁对这套丛书提出批评、建议与忠告，并参与这套丛书的编写，把你们的宝贵成果提供丛书出版。我们的目的是一致的，那就是推动中国管理理论的繁荣和管理理论指导下的中国企业的可持续性发展！

我们和国内管理学家们一起展望中国管理学发展和企业腾飞的未来！

李东文

2006 年 1 月

序

　　财务报告的公开披露既是现代企业制度下两权分离的产物，又是维护现代企业制度、保障资本市场健康发展的制度安排。会计准则作为规范企业会计确认、计量、记录和报告的基本规范，在缓和企业会计信息需求和供给的利益冲突、保障财务报告的质量方面发挥重要作用。但在西方国家企业会计准则产生七十多年的历史中，不遵守会计准则、提供欺诈性财务会计报告的公司频频出现；行走在会计准则的边缘，利用会计准则的不完备进行盈余管理的行为也非常普遍。在我国会计标准改革过程中，类似的问题也十分严重。在企业会计准则国际趋同取得巨大进步之际，中国会计标准建设也进入了一个以企业会计准则为主体的新阶段，企业会计准则质量得到较大提高。如何提高会计准则的执行效率和效果，提高财务报告的质量就成为理论界和实务界共同关心的问题。从资本市场的历史发展来看，这也是一个具有历史厚重感的命题。刘慧凤博士所著的《情境架构下的企业会计准则执行研究》无疑具有重要的理论和现实意义。

　　众所周知，中国与西方发达的资本市场国家相比，企业会计准则执行的环境具有明显的差异。企业财务会计行为必然受到其所处制度、市场和企业治理环境的影响。脱离了企业现实的生存环境研究企业财务会计行为，难免出现"就会计论会计"的问题，不可能得出具有说服力的结论来。《情境架构下的企业会计准则执行研究》从企业所在的生存情境来分析企业的会计准则执行行为的选择，确定了一个开阔的研究和分析问题的视角，为提高其理论研究对现实的解释力奠定了坚实的基础。

　　在这一独特的研究视角下，该书在以下五方面形成了自己的特色：

　　第一，将企业会计准则执行作为企业财务会计行为的选择过程，将研究主题作为一个企业会计管理问题研究。通过对会计准则执行过程中的盈余管理行为、会计政策选择行为和财务会计舞弊行为的概念进行梳理、辨析，将企业会计准则执行过程的行为选择分为遵从会计准则，不遵从会计准则。进而，根据案例分析和调查研究，作者将企业会计准则执行行为选择的本质认定为一种会计管理决策问题，为企业会计准则执行选择的分析方法确立了理论基础。

第二，借鉴社会学的相关理论与方法，将特定国家、特定时期企业执行会计准则时所面临的一套制约因素的整合性安排定义为"情境架构"，建立了在时空脉络下"情境——企业会计准则执行"的互动分析框架。

第三，将理论研究和制度设计紧密结合，将系统科学的还原论和整体论相结合。首先，采用的是还原论，按照逻辑一致的分析方法层层研究了情境因素对企业执行会计准则行为的作用机理，分析了我国会计准则执行中的问题，得出解决问题的基本思路；其次，采用整体论，在历史分析和比较分析的基础上，研究了情境要素协同效应下企业会计准则执行的逻辑规律，进一步提升了前面的研究结论，形成了整体性的观点。在这种严谨的理论与现实分析的基础上，提出了进一步改革的政策建议。

第四，综合运用了多学科的理论和方法。作者通过企业会计准则执行基本要素的梳理，确立了跨学科研究的理论基础。综观全文，除了会计理论外，还运用了制度经济学、契约经济学、期望效用理论、前景理论、委托代理理论、市场有效性理论、资源依赖理论、结构化理论和内部分析法等经济学、管理学和社会学等多学科的相关理论知识。

第五，形成了许多新观点。恰当的研究视角，科学的研究设计，使该书形成许多新颖的观点。诸如企业会计准则执行行为符合"情境—过程"假设；企业会计准则执行情境结构四要素的划分；替代性监管失灵的理论分析和激励相容的治理对策；提出了"公司会计治理"的概念，并指出公司治理的激励机制具有会计激励效应，会计监督机制是一个互补性制度安排；关系资源对会计准则执行的支持作用；在情境要素协同作用下，我国会计准则执行特点是制度博弈等。

作者在该书的最后一章，总结、比较、讨论自己研究的结论和得失。从中可以体会作者力图大胆设计、谨慎求证的初衷，反映了她精益求精的探索精神。

近年来，博士生学位论文选题有"小而精"的发展趋势。这种潮流的优点是业界对问题的细节研究越来越深入，但可能失去问题的整体感。因此，我们也需要大一点的选题，需要整体性、具有深度的理论研究成果。两种方向的研究结论可以相互印证、相互补充，以深化我们对会计现象的认识，丰富会计理论知识。

该书的研究属于"大题小作"的尝试。这种选题要求作者熟悉相关领域的研究成果，具有较高的驾驭问题的能力。作者在本科生阶段主修的是经济管理，研究生阶段主修产业经济学，在博士学习期间和论文写作过程，翻阅了许多哲学和社会学方面的著作。多年的会计教学体验，提高了作者对会计问题的领悟能力。正是这种跨学科的知识背景和长期的知识积累，才使作者能够很好地完成这样的一个选题。

该书较好地体现了作者的知识积累、逻辑思维能力和写作能力，是作者的一个阶段性学习体会和研究探索。该书研究视角新颖，结构合理，具有独到观点，是一部在国内企业会计准则执行问题研究中具有创新性的研究专著。

当然，每一项研究都有其不完善的地方，该书也不例外。比如，对企业会计准则如何影响企业执行会计准则论证还不够细致，需要作者找到更具有说服力的直接证据；实务中是否还存在该书所涉及的四类情境要素以外的因素，其影响企业会计准则执行的力度有多大？企业驾驭关系资源的不同能力如何影响企业会计准则的执行能力等。这些问题还有待于进一步思考。

目睹学生的成长是为师者的最大乐趣。作为导师，看到学生能够潜心研究，取得进步，深感欣慰。学海无涯，博士阶段的学习仅仅是一生学术生涯的开始，其研究成果的价值也需要经过时间的考证。2007 年，我国新的企业会计准则将在上市公司率先执行，希望刘慧凤同学能够继续完善这项研究。在此，我衷心祝愿她能够在学术研究的天地里学有所成。同时，希望能够得到更多专家和业界同仁的批评指正。

盖　地

2007 年元旦

摘　　要

　　会计准则建设的目的在于规范会计核算行为，提高财务会计报告的质量。离开企业对会计准则的有效执行，设计再好的会计准则也是形同虚设。因此，随着我国会计准则体系的建成，提高企业会计准则的遵从水平也就成为会计治理的根本目标。

　　从国内外研究文献看，不遵从会计准则而导致财务报告质量问题受到各界重视，相关研究成果十分丰富，但直接以会计准则执行或遵从为题的研究并不多，更缺少系统性研究成果。

　　会计准则执行是一个关于企业如何遵从会计准则的选择问题，如何选择受到企业面临的情境的限制。本书将研究基点落到企业，将制约会计准则执行的因素整合成情境架构，并将它与会计准则执行行为联结起来，从企业理性的角度讨论情境要素及其协同作用如何形塑企业的会计准则执行行为；根据会计信息治理的目标，反思如何通过情境再造，完善会计准则的实施机制，提高会计准则的遵从水平。

　　主要研究内容和结论可以分为以下部分。

　　第一部分，理论基础及其分析框架构建。经过对会计准则执行基本要素的深入分析，使本研究走出会计学的研究视野，确定了将会计准则执行作为一个跨学科问题研究的思路。首先，将经济学和社会学为理性假设思想融合并应用于本研究，提出的会计准则执行主体的行为符合"情境—过程"理性假设。其次，以嵌入性理论、企业契约论和社会秩序论为指导，并以文献研究成果相佐证，构建了会计准则执行的情境架构。再次，以期望效用理论和前景理论为指导，确定了情境架构下企业会计准则执行抉择分析的基本方法。最后，借鉴吉登斯的"结构化理论"和科尔曼社会系统的内部分析方法，建立了情境架构下企业会计准则执行的分析框架。

第二部分，情境要素下会计准则执行的理论分析和现实研究。本部分分四个专题，分别探讨了会计准则制定及其保障实施制度、会计信息需求、公司治理及其会计资源等情境要素对企业会计准则执行不同性质的作用机理。探讨了会计准则制定与会计准则执行能力的关系，分析了强制实施制度的威慑风险对会计准则执行的作用及其局限性；分析了会计信息需求对会计准则执行的激励作用，提出了避免市场需求机制失灵和政府替代性监管失灵的重要性；以会计信息产权理论为依据，提出了公司会计治理的概念，分析了公司激励和监督制度对会计准则执行选择的作用机理，提出了优化会计治理机制的必要性，以案例研究的方法研究了公司治理文化与公司治理的正式制度安排及其会计准则执行行为的关系；提出会计资源对企业会计执行能力的作用，重点探讨中外企业关系资源占有和利用方式，会计人力资源水平对会计准则执行能力和效果的影响。

第三部分，情境要素协同作用下的会计准则执行研究。在不同国家和地区、同一国家或地区的不同时期，情境要素特征不同，情境结构的效应不同，对企业会计准则执行行为影响不同，我国企业会计准则执行的特征是制度博弈。通过历史分析和中外比较，解释了中外会计舞弊的不同机理，提出在会计系统改革中要保持各种情境要素作用的协调性、目标的一致性，要关注公司治理在会计准则情境架构中的基础性和支撑性作用。

第四部分，对策探讨。在前面理论分析和对我国现实问题研究的基础上，从提高企业会计准则执行的能力、压力、动力、支持力、控制力等角度构建了一个系统地提高会计准则遵从水平对策体系。

最后，结合调查研究资料，简要讨论了本书对我国会计准则执行问题的基本观点，并得出本书结论，简述本书积极探索的成果与局限性。

第 1 章

导　言

§1.1　问题的提出

☛ 1.1.1　财务报告质量：一个跨世纪的世界性话题

财务会计报告披露制度是现代企业制度的产物，会计信息披露具有经济后果，这使企业财务报告质量问题一直是社会关注的焦点。资本市场出现以后，上市公司财务报告的质量问题，特别是财务报告舞弊问题一直是会计信息治理的重要议题。回顾财务会计报告的披露历史，可以说，这是一个现代企业制度时代的话题，一个跨世纪的话题，一个世界性话题，一个不能置之不理的问题，一个一直处于治理中的问题。

1. 国外情况：在持续性会计信息治理中，财务会计报告丑闻再度爆发

1720 年英国爆发了"南海公司泡沫"事件，引发英国经济危机，催生了 1720 年的英国"泡沫法案"。1825 年英国取缔"泡沫法案"后，开始以制度的形式规范公司行为。自 1844 年《股份公司法》开始，英国开始以法律制度对企业会计行为进行管制，确定了公司治理主体对会计信息披露的责任，并于 1845 年、1856 年、1862 年和 1948 年多次修订《公司法》，1875 年颁布《账目伪造法》，建立了依法治理会计行为的制度体系，形成了颇具特色的英国会计监管体制。[①]

1929～1933 年资本主义世界的经济危机暴露出财务报告存在严重的问题，美国《证券法》、《证券交易法》相继于 1933 年、1934 年颁布，根据证券委员会的投票表决，会计准则制定权被赋予会计程序委员会，会计报告的生成和供给行为开始有了统一规范的约束。在公认会计原则和资本市场监管下，美国也走向会计规范化的道路。

从 20 世纪中后期，发达国家上司公司过度盈余管理和虚假会计信息披露问题愈演愈烈。刚进入 21 世纪，美国相继发生了安然、世界通信等震惊世界的财务欺诈案。同期，法国的 Vivendi 丑闻、英国的 Centrica 丑闻、英国和荷兰的 Shell 等一大批财务报告丑闻曝光；[②] 2006 年日本爆出活力门财务会计报告舞弊丑闻，活力门公司 2004 年采用不正当会计操作，伪造巨额盈余，欺骗投资者，使该公司股票升幅达 48 倍。公然违背会计准则，高估企业收益，[③] 操纵财务报告，是这些公司财务会计报告的主要问题。在会计已经进入标准化、法制化时代，财务报告丑闻的再度发作震惊世界，扰乱投资者信心，影响了资本市场的稳定和发展。

2. 国内情况：会计信息失真成为会计系统的难题

在中国，自恢复上海和深圳两个证券交易所，上市公司财务报告舞弊问题是屡禁不止。从中国证监会成立并担负起证券市场会计监管职责起，相继查处了琼民源、红光实业、四通高科、飞龙实业、东方锅炉、银广厦、天一科技、达尔曼等一大批财务会计报告披露虚假案件，涉及的财务报告年限从 1993 年到 2004 年。2005 年发现的财务会计舞弊的显著特点

---

　① 郭道扬教授著：《会计史研究》第二卷，中国财政经济出版社 2004 年版，第 194 页。
　② 转引自方红星：《公众公司财务报告架构研究》，中国财政经济出版社 2004 年版，第 21 页。
　③ 根据 COSO《舞弊性财务报告：1987～1997》，对财务报告舞弊技术的归纳及其对安然等典型案例的观察，财务报告舞弊技术涉及高估资产和收益（资产高估和收益的高估是一个问题的两个方面）非常普遍。其中，一半以上公司涉嫌提前确认收入或虚构收入，约一半通过低估准备金或高估资产、隐瞒损失来高估收益。方红星在上文提及的著作中（19～20 页）引用美国审计署一份报告反映，1997～2002 年美国财务报告重报公司的主要原因是纠正收入、成本费用错报的占 53.6%。

是：现金舞弊直线上升；舞弊数量直线上升；串通舞弊日益深化。[1] 根据公开案例统计，我国上市公司会计操纵的主要表现是直接或间接虚报利润，少报风险。自 1999 年以来财政部每年都组织会计信息质量抽查，其检查结果显示，会计信息质量令人十分担忧，会计信息大面积失真已经成为会计系统的难题。[2]

中国会计信息失真问题，尤其是资本市场财务会计报告舞弊问题，虽然没有引发经济危机，但是已经伤害资本市场的健康发展，学界和媒体对此反应强烈。刘芍佳等（2002）研究指出，中国上市公司会计造假的高度嫌疑率达上市企业的 20% 左右。周凝在《中国财经报》2005 年 6 月 24 日 "财会世界" 版著文《信息披露：透明是金》指出：2005 年度上市公司信任度指数下降，80% 的会计报表存在信任问题。李明辉、曲晓辉（2005）在上市公司财务报告法律责任的问卷调查中发现，除了高级管理人员外的会计信息使用者对我国财务报告可信度的评价值均在 3 以下（评价值范围 1 ~ 5）。提高财务会计报告质量，保护投资者利益，是需要迫切解决的问题。

☛ 1.1.2　对问题的思考

面对财务会计报告失真这个世界性问题，世界各国都在积极采取治理措施。[3] 但有两个基本问题需要搞清楚：（1）什么是现代会计治理的标准？（2）如何治理？

要弄清这两个问题，我们需要知道：中国与发达国家相比，会计信息失真的原因是一样的吗？应该如何借鉴西方的会计治理的经验？在哪些方面需要具有中国特色的治理手段？

---

[1]　贺斌：《现金舞弊凸显治理缺陷》，载于《中国财经报》2006 年 2 月 10 日第 5 版。

[2]　财政部将每次检查结果编辑公告，审计署检查结果也可见媒体披露。1999 年财政部门对 100 家国有企业进行抽查结果显示，资产不实的有 81 家，利润不实的有 89 家；此后几年抽查发现，被查单位资产和利润失真度有较为明显的下降，但是，假凭证、假账、假表、假审计和假评估等 "五假" 问题仍不容忽视。而国家审计署每年公布的国有单位的财务会计问题也十分严重，仅 2001 年审计署对 1 290 家国有控股企业进行的审计情况表明，财务失真和会计造假行为面达到 68%，各类违纪问题金额高达 1 000 多亿元。

[3]　资本市场的危机也促使政府、会计界快速作出反映。2002 年美国《萨班斯—奥克斯利法案》出台；欧盟不但决定从 2005 年起在欧盟上市的公司要采用国际财务报告准则，而且着手研究协调会计准则实施机制。我国这两年的法治和监管改革也是有目共睹。

　　会计基本职能是真实反映企业经济活动的过程和结果。理论界对会计信息真实性有两种观点：一是在遵从会计标准的前提下提供的会计信息就是真实的，不遵循会计准则的安排而提供的会计信息为不真实。二是以会计信息是否与企业的实际情况一致作为判断标准。这样，会计信息真实性有一个合理的区间：下限是合法性真实，上限是经济真实。上限是会计系统永远在追求的理想目标；下限是一个现实的目标，是企业管理者、监管者工作的目标，是会计治理的基本目标。

　　财务会计报告是企业会计行为的结果，会计准则是规范现代企业会计行为的技术规范，财务报告的质量取决会计准则质量和会计准则执行质量。经过国际社会近八十年的研究和改进，会计准则质量已经有了很大提高，在实践中会计准则成为会计信息是否公允、真实的判断标准。① 在会计准则质量持续提高的情况下，提高会计准则执行水平就可以提高财务质量。从会计发展趋势看，以会计准则质量提高为前提，以会计准则执行水平提高为保障，是财务会计报告信息质量不断提高的必由之路。

　　洞悉企业如何执行企业会计准则是会计信息治理的前提。从会计准则制定的角度而言，会计准则一旦颁布，企业就应该遵循。但是，对企业而言，由于财务会计报告具有经济后果，会计准则的制定给企业留下了会计政策选择的空间，企业管理层必然要对如何执行会计准则进行选择。财务舞弊事件说明，企业并非总是遵循会计准则；即使遵循会计准则，也可能会进行"盈余管理"。所以，会计准则执行可以理解为一个会计决策及其决策的执行过程，它不可避免地受到企业所面临的情境限制。在发达国家二百多年市场经济发展的历史中，发达的市场和相对完善的民主和法治制度是作为大前提所预设的。市场相对完善、政府有限权力和制度选择的民主化过程，对会计系统运行有着不可回避的影响。而这些前提条件对于转轨中的中国，却是现代化进程中所追求的目标。所以，市场有效性、政府对企业会计行为直接干预等这些被西方学者抽象掉的条件，在我国现实中却是支配会计准则执行内生变量的组成部分。这是研究我国财务报告失真问题不可忽视的问题，也是借鉴国外会计治理措施时必须考虑的问题。

---

　　① 盖地（2001）通过基本概念的比较研究指出，中国会计准则与国际会计准则大同小异。Eccher 与 Healy（2000）检查了国际财务报告准则在中国的应用，认为国际财务报告准则并不比中国会计准则有用。对于中国 A 股市场，中国会计标准下的盈余与股票市场的相关性更强。

§1.2 相关文献回顾与比较

📌 1.2.1 财务会计报告质量问题相关研究的分类与比较

财务会计报告质量相关问题的研究可以说是会计研究文献最多的领域之一。因此，通过文献回顾，要弄清现有研究是否关注了前面所提出的问题？选择哪一个研究视角，才能切中要害，有利于更好地解释和解决中外屡禁不止财务会计报告舞弊的问题。

1. 研究文献的内容分类

目前，对围绕会计报告质量问题的研究有四个研究视角，形成四条研究主线：会计准则制定、会计准则实施、会计监管和会计准则执行。

（1）会计准则制定视角。会计准则自身的质量能否反映会计域秩序，是关系到企业能否提供高质量财务报告的关键条件。20 世纪 90 年代中后期，以高质量财务报告为目的，围绕着高质量会计准则的特征和制定模式，在全球会计学术界和实务界展开了讨论。为了提高会计准则质量，根据美国证券委员会（SEC）的研究报告（2003）和美国社会的调查结果（林斌等，2004），美国证券委员会倾向于由规则导向的会计准则制定转向原则导向的会计准则制定，并尽可能与国际会计准则进行协作，促进了会计准则的全球趋同。与此同时，世界各国纷纷改革了会计准则制定主体的独立性和程序的民主化。我国学术界以葛家澍先生为代表的一批学者对此进行了追踪研究和讨论，财政部会计准则委员会 2003 年通过设立 42 个会计准则重点研究课题，系统地探讨了中国高质量会计准则体系建设问题。有的课题组就直接建议：准则（制度）制定部门，在准则制定时应充分考虑准则的执行问题，最大限度发挥会计信息作用（陈毓圭，2005）。随着大部分课题的结项，会计准则委员会于 2006 年 2 月颁布了一套新的高质量的企业会计准则。

会计准则制定角度的研究表明，各国已经意识到会计准则本身对财务会计报告质量的影响，试图通过提高会计准则的认可程度、公允性和实用性来提高会计准则的执行效果。

（2）会计监管的角度。进入 21 世纪后，随着世界性会计舞弊案的发生，加强政府对会计的监管，强化会计监管成为主流意识。现有文献集中在以下五个方面：①安然事件后对国外会计监管失败的分析、改革动向和举措的介绍与借鉴（葛家澍、黄世忠，2002；黄世忠、陈建明，2002；陆建桥，2002；阎达五、李勇，2002；等）。②我国会计监管基本问题的认识。徐经长（2003）将监管主体分为政府机构和非政府机构两类，前者包括财政部、证监会等，后者包括会计师事务所和注册会计师协会。黄世忠等（2002）则认为监管主体的确定取决于市场和政府在角逐中的力量对比，行业自律和外部监管的主体各有不同。王海民（2001）指出，从法律规定的角度，政府实施的会计监管，其内容既包括会计行为，也包括会计信息，还包括会计工作的相关人员。但是，政府监管的主要对象应是以财务报告为载体的会计信息质量。徐经长（2003）认为会计监管的对象为上市公司和事务所，而监管内容主要指会计监管对象在市场上的一切会计活动和行为，以及由这些会计活动和行为所产生的各种关系和后果。黄世忠支持会计监管对象主要是企业，监管可分为会计信息披露监管和会计职业监管。③会计监管的博弈分析（吴联生、王亚平，2003；平新乔、李自然，2003；吴联生，2005；等）以博弈论为指导，分析了我国会计监管政策问题，提出加大监管力度等优化监管政策的建议。④会计监管政策效果的分析（李爽、吴溪，2002；潘立新，2004；张俊民，2002，2004；刘峰，2004；等）表明，我国监管效果有待于提高。⑤会计监管模式选择。谢德仁（2002）分析了注册会计师业的自我管制、政府管制与独立管制模式，得出结论是：仅从逻辑上选择，独立管制模式是最优的，但现实选择应结合各国国情，降低管制成本和提高管制效率。关于我国会计监管模式的选择有三种代表性的意见和建议：一是构建法律规范、政府监管、行业自律"三位一体"的监管模式；二是黄世忠（2002）等人提出的"构建以政府为主导的会计独立监管模式"；三是潘立新（2004）主张建立依靠被监管者支持的开放型监管结构，重视被监管者的主动遵从动力，强化自我执行的动力机制，发挥市场风险机制在监管中的作用。

资本市场会计舞弊是推动会计监管改革的动力，财务会计报告舞弊是企业不遵从会计准则的行为结果。安然事件之后，美国 2002 年通过颁布

《2002年萨班斯－奥克斯利法案》（Sarbanes-Oxley Act of 2002），成立公众公司会计监管委员会进行独立监管，并采取一系列相关改革举措。如SEC发布了美国关于会计准则制定导向的研究报告，采取审计师定期轮换制度，限制CPA在会计师事务所和客户之间流动，禁止向审计客户同时提供管理咨询等非审计服务，上市公司审计委员会应具备独立性，等等。这一系列改革首先直指美国证券市场会计舞弊根源，在这些改革措施背后强化的是法律机制、监管机制和公司治理机制，旨在提高会计准则执行的效果。

（3）会计准则实施的角度。我国会计准则制定部门一直十分关注会计标准实施效果。前财政部长助理冯淑萍（2003）提出："……我国会计标准的具体执行还存在一定问题。一个制定得再好、再完美的、与国际会计标准协调的会计标准，如果难以执行或不能得到有效执行，那就成为一纸空文，会计国际化也是一句空话"，会计标准本身的国际化与强化会计标准的执行机制应当并举。① 财政部会计司司长刘玉廷则直接指出（2004）："从某种意义上，准则实施比准则制定更有难度。我们要通过强化会计监管、推进会计人员继续教育、提高职业道德等有效措施和多种形式，使各方真正了解、熟悉、掌握会计准则的原则、内容和方法，并严格按会计准则进行会计处理。"②

国际财务报告理事会的基金会主席 Paul A. Volcker（2001）曾经提出，高质量的财务报告依赖于会计标准与审计实践，以及立法和管制这三大支柱，而后两部分可以归结为会计标准的实施问题（姜英兵，2005）。

Shime Chin、Zhan San 和 Yuetang Wang（2002）通过比较1998年后企业盈余质量变化指出，尽管我国自1998年以来大幅度提高了会计准则国际化的水平，但他们的研究并没有发现会计准则国际协调带来会计实践协调，其原因也许是缺乏支撑性基础结构、过度盈余管理、低水平审计。结论指出，因为各国制度、文化和法律差异，以及社会、政治和经济体制不同，在会计准则协调的背景下仍然会导致财务报告不可比。

在欧洲，欧盟会计师联合会（FEE）2001年公布了欧盟成员国财务报告实施的调查结果，试图起草一套适用于欧盟整体的、内在逻辑一致的，严谨、清晰的会计准则实施框架。2003年3月欧洲证券委员会

---

① 冯淑萍：《关于我国当前环境下的会计国际化问题》，载于《会计研究》2003年第2期，第7页。

② 刘玉廷：《贯彻科学民主决策要求　完善我国会计准则体系》，载于《会计研究》2004年第3期，第6页。

（CESR）经过广泛征求意见后，正式发布了欧盟实施国际财务报告准则原则声明（statemente of principles，SOP），统一规定了会计准则实施体系框架。2003年欧洲证券委员会下属会计标准实施分会（SCE）发布欧洲框架准则实施1号，制定了实施财务报告的原则意见。

从实施机制的角度，姜英兵（2005）著作《论会计标准的实施》，悬置了会计标准对会计标准实施和会计报告质量的影响，从法律、信誉、管制和激励对财务报告影响的角度，结合会计准则实施环节，建立了会计标准实施的制度框架。

社会各界对会计准则实施的重视表明，舆论和研究的中心十分注意会计准则执行效率，会计准则实施研究的目的在于建立一个高效的会计准则实施的制度框架，以提高会计准则实施的效果。

（4）会计准则执行的角度。笔者在文献检索中直接输入词组"会计准则执行"或"会计准则遵从"，可以看到的文献很多，但是直接以会计准则或会计准则遵从为论题开展的研究屈指可数。理论界主要研究会计准则执行过程中会计政策的选择、盈余管理、财务会计舞弊三个大问题。以上这三个领域成果非常丰富，从动机、手段、制约因素、市场反应和政策建议等角度对以上三个问题进行了深入研究。

但是，现有文献对会计政策和盈余管理的概念并未达成共识。许多学者给出的定义是有交叉的，导致对这三者的关系并未能厘清。一般来说，财务会计舞弊概念比较清楚，它是指企业有预谋地、故意误报或遗漏重要事实或会计数据，误导会计报告阅读者，并且在现有信息的情况下会改变其判断或决策。主要争议是会计政策选择和盈余管理是否包括财务会计舞弊，以及二者关系如何。

黄文峰（2004）认为，广义的会计政策选择有三个层次：会计政策制定层次的选择；会计技术层面的选择；操纵层面的选择。第三个层面的选择又包括明目张胆地欺诈和造假；钻会计准则的空子，实质是违背会计准则的盈余管理行为；非常微妙影响投资者心里的活动。广义的会计政策选择行为既包括盈余管理也包括财务舞弊。

会计政策选择研究一般采用狭义的概念。狭义的会计政策选择指企业在财务会计核算时所遵循的具体原则以及企业采纳的具体方法。但是，对会计政策选择是否违背会计准则，并没有进一步限定。美国会计准则委员会（APB）第22号意见书认为，会计政策是"那些被报告主体的管理当局认为，在当前环境下最能恰当地表述公司的财务状况、经营成果及现金流量，从而被遵循的会计原则及其运用这些原则的方法。"① 这里会计政策描述的是一种正当公允的会计行为。我国《企业会计准则（第 28 号）——会计政策、会计估计变更和会计差错更正》中定义为："会计政策，是指企业在会计确认、计量和报告中所采用的原则、基础和会计处理方法。"从这个概念可以看出，我国会计准则中会计政策选择也是在会计准则框架之下的选择。

盈余管理同样有两类观点：①盈余管理是管理当局在不违背准则范围内有目的地采用多种手段干预财务报告盈余的过程（Scott，2000；Schipper，1989；任春艳，2004；陆建桥，2002；宁亚平，2005；等）。②盈余管理不局限于会计准则和会计方法之内，是公司为特定目的而对盈利的操纵行为，盈余管理结果对信息使用者具有误导性、欺诈性（张永奎、刘峰，2002；Coel & Thakor，2003；等）。Ralf Ewert（2005）则把盈余管理分为真实盈余管理和会计盈余管理，会计盈余管理则是通过会计政策选择实现的盈余管理，真实盈余管理是通过对交易和事项的管理而实现的盈余管理。盈余管理概念本身就是一个带有动机的行为，过度进行盈余管理不局限于法律允可的范围。

其实，盈余管理、会计政策选择和财务报告舞弊是从不同角度来研究会计准则执行的。

盈余管理是从动机出发，首先提出系列假设，然后通过选择样本进行研究，找到与假设相一致的证据。盈余管理研究的理论前提是盈余的有用性，盈余管理研究一般从会计盈余在会计契约和在资本市场中的具体作用来提出盈余管理的假设。西方实证会计的红利假设、债务契约假设就是针对会计在契约中的作用提出的。而我国许多研究没有发现契约性假设的证据，但是发现了许多上市公司为了实现在资本市场的筹资目标而进行盈余管理或虚报会计收益的证据（平新乔、李自然，2003；姜国华、王汉生，2005；陈晓，2005）。盈余管理的方法，国外主要采用操纵应计项目、会计政策变更、选择新会计准则执行的时机、利用会计准则漏洞和构建特定交易等；我国除了西方这些方法以外还比较偏爱关联交易、地方政府扶持（陈晓、李静，2001；任春艳，2004）。

会计政策选择是从会计行为的存在常态出发，来研究会计政策选择的

---

① 参见我国原《企业会计准则——会计政策、会计估计变更和会计差错更正》中会计政策的讲解。

动机、影响因素和后果。由于会计信息的经济后果，会计政策选择也就具有了一定动机，会计政策选择也必然会产生不同结果，但会计政策选择一般不涉及交易构建。

财务会计舞弊则是运用非法的会计政策或虚构交易事项编造会计信息，以欺骗会计信息使用者，达到自己的预定目的，是不遵从会计准则行为。财务会计舞弊的研究一般以已经发生的舞弊案件为样本，研究财务会计舞弊的动机、手段、原因和后果。对财务会计舞弊发生的根源、条件和行动的不同认识，形成了不同的财务舞弊理论，主要有会计舞弊三角理论、GONE 理论和舞弊因子理论等。

从以上分析可以看出，盈余管理、会计政策选择和财务舞弊研究旨在探索如何让企业公允地遵从会计准则，提高会计信息质量。但是由于对概念的不同认识，尚不能得到一致性的结论。根据会计信息质量治理的基本标准，可以将会计政策选择、盈余管理和财务舞弊按照是否遵从了会计准则厘清它们之间的关系（表 1-1）。

表 1-1　　　　会计政策选择、盈余管理和财务舞弊的关系

	会计政策选择	交易或事项安排	是否遵守会计准则
会计政策选择	中立性会计政策选择，保守的会计政策选择		遵守
	准则没有规定不允许的会计政策		不违反
	过于激进的会计政策选择		违反
盈余管理	保守的会计选择，如过多确认损失和准备，高估费用，平滑利润	如安排交易发生的时间，或增加研发和广告费，推迟销售	遵守
	采取会计准则没有规定不允许的会计政策	改变交易或事项的发生时间、经济类型	不违反
	过于激进的会计选择	加快销售，推迟研究开发	*
财务舞弊	采取会计准则不允许的会计政策如确认未实现的销售收入	记录虚构交易或事项，隐瞒交易和事项	违反

说明：参考任春艳（2004）《上市公司盈余管理与会计准则制定》第 17 页表 2-1，并结合笔者思考编制。另外，过于保守的会计政策其实不符合我国会计准则要求，过于激进的会计政策选择不符合会计准则要求（＊）。

通过上面表格的分析发现，会计准则的执行研究完全可以进一步分为会计准则的遵从和不遵从两类，这样既避免了概念上的纷争，而且可以顺利地找到解决问题的直接路径，即会计信息的治理就是要不断地提高会计准则的遵从水平。

2. 对四个研究视角选择的比较

对这四个视角的理论研究都取得了许多优秀的成果，但哪一种能更好地回答我们所提出问题呢？下面结合我国情况将它们进行逻辑比较，如表1-2。

表1-2　　　　　　我国会计信息治理四个研究视角的逻辑比较

比较内容 ＼ 研究视角	企业会计准则制定	政府会计监管	企业会计准则实施	企业会计准则执行
目的	财务报告质量	财务报告质量	财务报告质量	财务报告质量
主体	财政部	政府相关部门	会计准则实施环节上各主体	企业管理当局
客体	会计技术规范	会计相关方面（包括会计信息，会计工作的相关人员、会计档案）	财务会计信息	财务会计行为和会计信息
对象和内容	企业会计事项的确认、计量和报告	企业和中介机构的会计组织、人员、行为和结果	企业会计行为和结果	会计行为，内容动机、手段、制约因素，治理手段和市场反应

从表1-2中的比较发现，前两个研究主线的研究基点都是会计监管主体，将关注的目标与研究逻辑比较，值得商榷的地方是：①高质量会计准则判断的终极标准是其能否导致高质量的财务报告。而财务报告是企业执行会计准则的结果，所以，脱离会计准则执行，单纯从制度本身研究如何制定高质量会计准则是不可能达到预定目标，高质量的会计准则不一定能够产生高质量的财务报告。这一点在理论界已经被认同，在实践中被证实。②会计管制包括会计准则的制定和实施的制度安排，监管主体与监管对象同样相互作用。从宏观层面上研究监管，易于脱离监管需求，造成监管过度供给，可能增加会计运行成本，劣化会计对资源的配置功能。③第三条研究主线悬置了会计准则，研究会计准则实施也有其逻辑的缺陷。姜英兵博士的导师谷琪先生在《论会计标准的实施》序文（P3）中评论到："会计标准自身与会计标准实施本不可分离，采用类似物理的方法将其分离研究有失恰当。"大量的理论和事实证明会计准则的有效性直接影响会

计准则实施的有效性。而且，会计准则实施过程中主体多，职责分工不同，难以确定分析问题的逻辑主线。

以上三个角度是针对某一个角度或侧面对影响财务会计报告质量的制度安排的研究，有助于厘清对某一制度或几项制度对财务报告的作用机理，但是，对非制度因素，如市场有效性和政企关系等因素如何影响企业会计行为及其财务会计报告的研究是间接性的，甚至被省略掉。因此，这些研究没有厘清不同因素对财务会计报告作用的基点和各种因素之间的相互关联，难以解释某一国家或地区在某一特定时点的财务会计报告质量的成因，乃至提出一揽子全面综合、内在一致的、符合中国实际的具有针对性的政策建议。

比较而言，从会计准则执行的角度入手是比较恰当的。因为，无论制度性因素还是非制度性安排，都以企业财务会计行为过程为作用基点，而不是直接作用于财务会计报告，财务会计的行为过程就是会计准则执行过程。只有从执行的角度，才能把转轨经济中的社会制度、市场和政治背景对会计的影响纳入到会计研究的视野中，才能从企业理性选择的角度去审视现有会计系统的各种机制的有效性与局限性所在，才能明白如何促使企业会计的理性选择符合社会理性的期望。

📧 1.2.2　对会计准则执行视角相关文献的进一步梳理

如果认可企业不遵从会计准则而进行的会计欺诈是一种有目的的选择，则说明企业会计准则执行本身就是一个决策问题。由于会计准则一旦颁布，具有强制执行要求，不遵从会计准则将会受到监管部门或法律的惩罚、社会舆论的谴责，所以，无论企业出于法人动机还是管理者个人利益最大化动机，不遵从会计准则应该是一个风险决策。根据管理决策理论，决策过程应该是面对决策情境的优化选择问题。要通过提高会计准则的遵从水平来提高财务会计信息质量，应该搞清楚制约会计准则执行选择的情境系统是什么，并从特定情境架构下企业对会计准则执行行为选择的逻辑解释财务报告质量成因，进而提出政策建议。

盈余管理、财务会计报告舞弊和会计政策选择所研究的制约因素应该属于会计准则执行的情境约束。因此，我们应该进一步分析现有文献关注了哪些因素？是否有利于发现和解决问题。

厦门大学任春艳（2004）在《上市公司盈余管理与会计准则制定》中列举了四个国内、国外盈余管理的制约因素：会计准则、外部审计、公司治理和资本市场发达程度。她选择了从我国上市公司盈余管理和会计准则的双向关系出发，通过会计准则与盈余管理的关系研究，反思会计准则的制定，她的研究结论①是：由于会计信息的提供是由会计准则规范的，因此会计信息与企业"经济真实"之间的差距大小与会计准则密不可分。会计准则的制定就要尽可能地减少绝对"经济真实程度"和"可接受经济真实程度"（即合法性真实）之间的差距，以保护投资者利益。通过改进会计准则的制定程序，提高利益相关者的参与，提高会计准则的可接受性，是提高会计准则遵从程度的途径之一。

陈晓、李静（2001）发现地方政府积极参与了上市公司的盈利管理，利用税收优惠和财政补贴提升地方上市公司业绩。陈冬华（2003）提出在转轨经济中，地方政府影响越大，上市公司越可能获得更多的补贴收入。而基于企业与控股股东、债权人之间的关系发生的盈余管理的案例很多。

王富利（2005）提出会计准则、公司治理、利益相关者、会计监督和职业判断是影响会计政策选择的外部因素，会计本身的不确定性和模糊性，以及会计活动的复杂性是会计政策选择产生的内在动因。他采取了规范方法研究了这些外部因素与会计政策选择的关系，并针对这些因素提出了完善企业会计政策选择、提高会计信息质量的对策。黄文峰（2004）提出制约会计政策选择的制度三级链：内部控制、公司治理和产权制度。此外，市场和法律制度、信誉也是影响会计政策选择的因素。

朱国泓（2004）在《财务报告舞弊的二元治理》中提出，公司治理中激励机制和外部会计控制是主导管理层是否舞弊的两个重要因素。他构建了一个管理层财务报告舞弊的抉择函数，通过分析激励和控制机制对舞弊函数估计收益的影响，解释了中外财务报告舞弊的原因，并提出激励不足和激励错位、控制虚化与弱化是我国财务报告舞弊的原因，从激励优化和控制强化两个角度提出了财务报告舞弊的治理措施。

刘峰（2004）提出了一个我国财务报告质量的分析框架。他提出财务报告质量受到外部机会、会计准则、法律风险的共同影响，这里的机会

---

① 任春艳著：《上市公司盈余管理与会计准则制定》，中国财政经济出版社 2004 年版，第 144、157 页。

指企业在资本市场的筹资机会。通过对我国会计准则有用性检验表明，我国会计准则建设对会计信息相关性改进不明显，他认为主要原因是不遵从会计准则的法律风险过低。

李明辉、曲晓辉（2005）以调查问卷的形式得到各界对虚假财务报告主要原因的看法，依次归结为：公司治理不完善和内部人控制，监管部门对虚假陈述行为的处罚不力，发行制度不完善，会计准则不完善，缺乏有效的民事诉讼，国有股一股独大，注册会计师缺乏独立性和诚信，会计人员缺乏职业道德。另外也有些学者认为，我国资本市场融资、特殊处理等管制政策为企业对外报告的财务指标树立了一个目标，从而影响了企业的会计策略选择（平新乔、李自然，2003；陈晓，2005；陈红、徐融，2005）。

国外上市公司会计舞弊研究的三大理论。[①] ①三角理论（Albrecht，1995）认为，舞弊的产生由压力、机会和借口三要素共同作用。形成舞弊的机会有：缺乏发现舞弊的内部控制；无法判断工作的质量；信息不对称；无知、能力不足；审计制度不健全。借口包括：法律条文本身含糊不清，被人曲解利用；别人都这么做，我不做就是一笔损失；我是被迫的；我只是为了暂时渡过难关；没有人因此受到损害；我的出发点是为了一个很好的愿望。压力包括：经济压力、工作压力和其他压力。②GONE理论（Bologua eta，1993）认为，舞弊由贪婪、机会、需要、暴露四因素决定，暴露指被发现的可能性大小和被发现后的惩罚强弱。③舞弊因子理论（Bologua eta，1995）认为，舞弊风险因子分为个别因子和一般因子，个别因子指组织控制之外的因素，包括道德品质和动机；一般因子是由组织和实体控制的因素，包括舞弊的机会、舞弊被发现的概率和被发现后受罚的性质和程度。国外会计舞弊的防范与治理研究主要是从内部控制系统、审计效果、法律监管、公司治理和道德诚信建设等方面切入的。而2002年美国《公众公司会计改革法案》则从会计准则制定、法律处罚制度、会计监管体制、审计独立性与公司治理等方面提出了许多改革措施。

Ray Ball 等（2003）采用实证的方法，以中国香港、马来西亚、新加坡和泰国会计报告实践为样本，检验了在会计准则背景相似的情况下，财务会计实践中的其他决定因素对会计报告质量的影响。他提到的因素包

---

① 参见秦江萍：《上市公司会计舞弊：国外相关研究综述与启示》，载于《会计研究》2005年第6期，第69~74页。

括：①制度因素（实施机制、实施力量）；②信息需求（东南亚国家的家族控制，银行和关系网现实存在使主要会计信息使用者比较多地采用私下解决方法缓解信息不对称的程度）；③政治因素（政府对会计的干预，包括会计准则的制定、税法与会计关系）。他的研究发现：在给定会计准则的情况下，财务报告实践对给予管理层和审计师财务报告编制责任的各种激励是敏感的。以上国家和地区因为编制者的激励不同，以损失确认及时性衡量的收益质量是有明显差异的。

大量公司治理与会计信息披露质量关系的研究文献，揭示了财务报告舞弊与公司内部治理特征的相关性。Warfield（1995）提出，当管理人员入股或机构所占股权增加时会降低代理人成本，因此也减少了经理人员操纵盈利的可能性。Laporta（1998）研究发现，股权集中度与财务报告质量负相关；在董事会特征与会计信息质量的关系方面，Beasley（1996）研究发现，未发生财务报告舞弊的公司比发生舞弊的公司有更大比例的外部董事，董事会规模越大，公司越可能发生财务报告舞弊；Peasnell 等（1998）的研究也发现，外部董事能够抑制公司的盈余管理行为；Chtourou 等（2000）发现董事会规模与盈余管理负相关。John C. Coffee、Jr. Adolf A. Berle（2001）研究了注册会计师独立性对其发挥会计治理作用的重要性。国内刘立国、杜莹（2003）等研究了上市公司治理结构与财务报告舞弊的关系，结果发现发生财务舞弊的公司，其法人股比例更高，流通股比例更低，公司的第一大股东更可能为国有资产管理局；执行董事（或内部董事）在董事会中的比例更高；监事会制度在抑制公司的财务报告舞弊方面没有发挥应有的作用。雷光勇（2005）提出，公司高层管理人员的报酬契约与会计行为异化具有直接关系。而国外 Aboody 与 Kasznik（2000）的研究表明，在股票期权奖励有效期开始之前，企业延迟披露好消息并加速坏消息的发布。黄世忠、陈建明（2002）对美国会计丑闻发生原因进行分析后提出，股票期权激励与会计舞弊有直接关系。

☛ 1.2.3　文献研究的结论

将发现问题和解决问题的逻辑思路与阅读到的文献研究进行比较分析，笔者认为目前对企业会计准则执行的研究存在以下问题：

1. 缺乏对会计准则执行概念专门、深入的分析

对会计政策选择、盈余管理和财务舞弊三个研究范畴界定不统一，研究角度不同，因此，研究结论缺乏可比性和继承性。若这三个范畴出发点不一样，则不能够揭示会计准则执行的行为特点，不能提出会计信息治理的系统对策。会计政策选择研究的目的在于提高会计政策选择的公允性，保障会计信息的公正性，其研究以企业会计政策选择不违法为前提；盈余管理着重研究管理者盈余管理的动机、手段，研究结果发现利益相关者对盈余管理的反应也是褒贬不一，① 在很大程度上影响了其结论对解决实际问题的价值；财务会计舞弊行为是会计行为治理的重点，这属于会计准则不遵从问题的专门研究，不具有普遍性。

但以上三个专题的研究从不同方向深化了对会计准则执行问题复杂性的认识，帮助我们进一步认识会计准则的执行过程。在这三个范畴的文献研究中，人们都将这些财务会计行为看作是管理当局的选择过程，受企业内部和外部诸多因素的影响。这给予笔者的重要启示是：企业会计准则执行行为其实也是一个会计决策过程，会计决策的主体是企业管理当局，如CEO 和 CFO，执行主体是企业会计人员。管理者会计选择的上策是在会计准则的范围内反映本企业财务状况、经营成果和现金流量，包括公允地（不需要特别盈余管理）选择会计政策和采用非法律所不允许的盈余管理行为，属于守法逻辑的选择，可谓遵从会计准则的策略选择；下策是财务会计舞弊，是违法逻辑的选择，即选择了不遵从会计准则的策略。会计策略选择一旦作出，就需要落实到具体会计事项的政策选择和会计行动上。因此，管理层的会计行动策略选择决定了具体会计政策的选择和执行，是会计治理的重点。

2. 比较重视法律制度和公司治理因素的研究

会计准则的制定和执行在西方国家有七十多年的历史，而西方资本市场、会计教育以及民主政治的进程则有上百年的历史。在西方会计研究

---

① 管理者、股东、非股东、学者等对盈余管理的利弊认识不同。管理者普遍认同盈余管理；股东认为如果是为了公司的利益进行盈余管理并不违反道德；非股东认为盈余管理是非道德的；学者一般认为盈余管理是中性的，但过度盈余管理有误导作用。

中，这些都已经被转化为外生条件，所以，国外会计研究很少讨论这些因素对企业会计准则执行的影响。受到国外相关研究成果的影响，我国相关研究比较重视会计监管政策和公司治理与会计信息质量关系的研究，而忽视了中国的会计人员教育和培训、政企关系和企业间关系等特殊背景对会计准则执行的影响。

3. 精于单个情境要素下会计行动的研究，缺乏一种将情境与企业会计行为联结起来的系统研究

目前研究文献对会计管制制度、公司治理与企业财务报告行为及其财务报告质量关系的研究非常深入，研究方法包括规范研究和经验研究，其中实证研究比较有影响。实证研究是通过对同一行为进行样本分析，或对同一系统在不同时期内的不同行为进行分析，考察所关注变量的统计相关性，以此论证所假设命题的真伪，并解释结论的学术和政策意义。现有的实证研究因假设前提要求较为具体，比较适合研究一个具体问题，但不适合对企业会计准则执行进行系统研究。所以，这类研究的内容也比较精深，而且取得了非常好的研究成果，但是缺乏系统性，其结果是只见大树，未见森林，这影响了研究者所研究的成果对认识问题和解决问题的价值。规范研究虽然具有逻辑上的优势，但是目前研究文献缺少对企业会计准则执行过程的理性分析，缺少将情境系统与会计准则遵从行为结合的研究，只是从社会理性的立场，把企业没有允当执行会计准则当作是异化行为或非理性行为，分析出问题的原因比较多，但对各种因素如何作用于企业执行会计准则的过程，以及它们之间互动机制如何，主导因素是什么等问题尚没有很好的结论。即对所得出的研究结论是有道理的，但缺乏深度，因此而提出的治理对策也就不够具体和严谨。

4. 研究问题的层次性不清

企业会计准则执行首先是一个法人行动，制度研究和市场研究应该忽略公司内部治理因素的影响，研究外部情境对法人会计行动作用机理。同时，会计准则执行者又是组织中的代理人行为，所以，对会计准则执行影响还应该深入到公司组织制度，研究公司治理机制对决策者会计准则执行抉择的影响。实证研究方法是采用分析有关数据的统计资料来研究会计监

管制度或公司治理特征对会计行动的影响，不可能显现出这种层次性。因此，受到研究方法的限制，在已阅读到的研究文献中缺乏层次分明的研究脉络。

5. 理论基础有待于充实

现有文献研究一般以制度经济学、契约经济学、博弈论和委托代理理论为理论基础，强调会计准则执行主体的理性和自利，缺乏从会计准则执行主体心理的角度对会计准则执行主体的研究。因此，对会计准则执行行动的理性特征分析不够深入；在多种理论运用中缺乏主线的贯通。

§1.3　研究问题的界定和研究目标

本研究以提高财务报告质量为最终目的，把分析问题的基点落到企业会计准则执行主体的立场，关注企业会计准则执行问题，尤其是企业对会计准则遵从问题，通过将影响企业会计准则执行的情境与企业会计准则执行行为联结起来，分析各种情境因素蕴涵的会计准则实施机制对企业执行会计准则的作用机理，探讨通过提高会计准则遵从水平来提高会计信息质量的会计信息治理策略。即本书将企业会计准则遵从行为作为研究重点，研究目标是：

（1）将制约企业会计准则执行的因素整合为会计准则执行的情境架构，从"情境——会计准则执行"互动视角，建立会计准则执行的理论分析框架。

（2）对情境要素及其相互作用对会计准则执行行为的作用机理进行理论研究、经验分析，系统解释我国会计准则遵从水平较低、财务会计信息失真的原因。

（3）针对我国企业会计准则遵从水平较低的原因，提出会计信息治理的系统对策，为会计改革提供政策建议。

可以说，本书切入点是财务会计报告质量问题，把会计信息失真看作是一种会计系统的社会现象，而从企业理性立场分析其采取会计准则执行行动的一般规律，然后从社会理性的角度提出政策建议，以促使企业提高会计准则遵从水平，改善财务报告质量。

§1.4 研 究 意 义

会计准则建设的目的在于规范会计核算行为，提高财务会计报告的质量。显然，离开企业对会计准则的有效执行（遵从），设计再好的会计准则也是形同虚设，无法实现其目标，会计丑闻必然是屡禁不止。会计准则执行有效性是个会计问题，但是从经济后果看，企业不遵从会计准则，造成会计信息失真，将会产生严重的社会后果。

首先，企业遵从会计准则和不遵从会计准则两种情况并存，由此产生的会计信息真假并存，影响了资本等要素的正常流动和配置效率，其结果必然影响资本市场的健康发展。

其次，会计信息是企业内部收入分配和市场收益分配的基础。企业不遵从会计准则，造成会计信息失真，歪曲了企业收入分配机制，破坏了收入分配的公平和效率。

最后，会计信息失真同时导致国家宏观统计资料的失真，可能误导国家经济政策。

所以，本书的研究具有比较重要的研究价值。具体来说：

（1）理论价值。以多学科理论为指导，采用新的会计范畴，从会计准则执行视角研究财务会计报告质量问题，通过建立系统研究会计准则执行的理论框架，探索会计准则遵从的决定机制，间接建立系统的财务会计信息质量影响因素的分析框架，有利于提高对中、外财务会计舞弊的理论解释，有利于推动会计理论研究的发展。

（2）实践意义。通过系统分析我国会计准则遵从水平较低的成因，可以为会计信息治理提出更具实效的建议，有利于更好地选择会计改革方向。

（3）学术研究方法意义。本研究将会计报告实践嵌入市场和制度体系中，将会计准则执行问题作为一个社会性问题，一个管理决策问题来研究，跳出会计学术圈子，借鉴社会学、经济学、管理学的相关理论，系统地分析企业所嵌入的财务会计行为选择的情境如何形塑了企业财务会计行为，具有推进跨学科研究的意义。

（4）本研究主题将具有长远研究价值。从发展角度看，会计国际化带来全球会计准则趋同，而会计准则趋同只是会计国际化迈出的第一步，其目的还需要通过提高全球会计准则执行的有效性来实现。如何提高全球会计准则遵从水平，这将是比会计准则趋同更为复杂的问题。

§1.5 基本概念界定：情境架构、会计准则执行

1. 情境架构

"情境"（context，situation），是社会学中常用词。情境与环境（Enviroment）相近，但是社会学以解释社会现象或事实为研究对象，通常认为社会现象和事件与其发生时的情境有关，是动态的。情境不仅能够表达研究对象的这种动态环境，而且融入了行动者认知心理的体验。所以，情境比环境更贴切。社会学家吉登斯（1998）在"结构二重性"假设基础上提出了结构化理论。结构化理论强调由规则、市场结构以及二者所形塑的资源构成的结构因素与行动在时空脉络中互动，结构约束着行动者的行动；行动者具有主动性，也在改变着结构。社会学研究文献中有将这里的结构三要素视为制约行动者选择的情境，如刘爱玉（2005）将这三要素作为解释中国工人集体行动的情境要素。

企业会计行为选择与当时的制度、信息需求和公司治理等情境直接相关，而这些情境也是处于动态变化的过程中。会计准则的变迁，法律的制定和废止，会计监管政策的变化，公司治理制度和文化的变化，会计信息需求的变化，企业面临的财务压力等，无不影响着企业对会计准则执行的抉择。因此，本书借鉴了社会学中的"情境"概念。由于研究对象的变化，本研究情境的含义与社会学不同。本书"情境"是指围绕着公司财务报告供给而形成的各种制约因素。由前面所作文献综述可知，制约财务报告的因素既有宏观的制度、市场有效性，还包括微观的公司组织制度和注册会计师审计制度，甚至涉及政府行为和企业与利益相关者的关系，管理者感受到的财务压力等。这些因素与特定国家及其所处的不同历史发展阶段相关，即具有国家体制、制度影响的特征。在研究过程中，必须对这

些因素进行整合，并关注这些因素的时代特征和国别特征。

采用情境而不用环境还有一个考虑：会计准则执行的情境是直接作用于财务报告实践的因素，它隐含着会计准则的实施机制，是财务会计运行系统的组成部分；而会计环境则无法表达我们的本意。因为，从企业会计人员的角度，主要会计情境与会计核算的环境是同构的。但是，会计人员属于会计准则执行者，本书在关注会计准则执行行为及其效果时，会计人员的执业水平就是影响企业会计准则执行的因素，如果采用"环境"这个概念，就不能将会计人员的职业水平等类似要素以"环境"角度纳入研究视野。比较而言，"情境"比环境更贴切，更有利于建立统一的分析框架。

"架构"在本书指制约会计准则执行的各种因素的整合性安排，英文译作"regime"。在《牛津现代英汉英字典》（1984，P. 964）中，"regime"指一套政府、行政管理的方法或体系，关于某种事情的一套运行体系，通常解释为政制、政体和制度。方红星（2004）在《公众公司财务报告架构》（以下称方文）中使用了"架构"这一范畴，指围绕财务报告的一整套制度性安排。① 本书认为，财务报告实践嵌入在特定的社会关系体系中，影响财务报告生成和供给过程的因素，即会计准则执行的情境因素，无论是方文所研究的会计法律和监管制度、企业组织制度、会计准则和审计制度，还是文献研究中注意到的政企关系、市场有效性等，都具有体制性特征，在研究过程中要进行提炼和整合，使之按一定逻辑展开，形成具有规律性和结构性的情境体系，而相近的概念，如"框架"（framework）和"结构"（structure）都体现不出来这种含义。因此，本书借鉴了方红星的做法，选择"架构"这个范畴。

综上所述，"情境架构"是指特定国家、特定时期企业执行会计准则时所面临的一套制约因素的整合性安排。在本书第 2 章，在嵌入性理论指导下，结合契约论和社会秩序论，采取逻辑推理方法，以文献研究的证据为佐证，提炼出会计准则执行的情境架构，即会计准则制定及保障其实施的制度性安排、公司组织中治理制度、会计信息需求、会计资源条件，以及这些因素相互作用形成的结构性效应。它不但整合了现有文献研究所涉及的制约会计准则执行的所有制度性因素，而且还将资源等非制度性范畴

---

① 方文中，财务报告架构只指整合性制度安排。方文采取功能定位、兼取制度定义的三要素法、框架结构法等将围绕财务报告的制度性安排解构为两组核心要件：法律制度和监管制度，公司治理与内部控制；财务报告准则，审计制度，财务报告的披露、分析和揭示制度。

（但受到制度性因素的影响）纳入情境结构中，将发达市场经济国家和转轨中中国的企业利益关系结构、会计人力资源水平等因素纳入我们研究的视野。这有利于解释中外会计环境差别对企业会计准则执行有效性及财务会计报告质量的影响。

进一步分析，这些情境之所以会对企业会计准则执行行为产生影响，是因为每一种情境要素都蕴涵着会计准则的实施机制，如宏观会计监管制度蕴涵的会计准则的技术制约机制和会计准则保障实施制度的威慑机制，会计信息需求情境蕴涵着需求激励机制，公司组织的治理制度情境蕴涵着企业层面的激励和监督机制，资源条件蕴涵着会计准则执行的支持机制，而情境要素相互依存、相互作用形成了情境结构，这种结构因各种情境要素作用效果的相互依赖和冲突，产生了结构效应，因而，以上情境要素在特定的时空下形成了一种有机结构，它就蕴涵了会计准则执行机制的系统框架。采用系统论的方法，在这个系统框架下解释会计准则执行行为和结果，反思会计准则执行机制优化的路径，应该具有科学性和合理性。

2. 企业会计准则执行

"会计准则"含义。对于我国的会计人员来说，会计准则是改革开放后从西方引进的概念，当时普遍的看法是，会计准则用来指导会计核算、制定会计制度的原则和思想，但不是会计制度本身（陈毓圭，1999）。到20世纪90年代，人们逐渐地认识到，会计准则不仅是指导会计核算的基本原则，也是会计规范本身。在中国财政经济出版社1993年出版的财政部会计事务司主编的《企业会计准则讲座》中，对会计准则的定义是："会计准则就是会计核算工作的规范，即，就各项经济业务的会计处理方法和会计核算程序作出的规定，为企业的会计核算行为提供规范。"随着我国会计准则的建设，逐步形成了由基本会计准则和具体会计准则组成的会计准则体系，这个概念基本被大家所接受。在国际会计比较研究中，一般以会计准则作为财务会计报告规范的统一概念。根据财政部2005年初所作的我国会计准则建设的规划，现阶段我国会计核算是以会计制度为主导，会计准则为辅；待会计准则体系基本完善后，将过渡到以会计准则为主导阶段，形成由基本会计准则、具体会计准则和会计准则应用指南组成的会计核算规范体系。所以，按照国际上对会计准则的实际含义，本书"会计准则"是指用以规范企业财务会计报告的会计技术性规范。针对我国现实，本书会计准则包括企业会计准则体系、会计制度以及其他会计核算办法等财务会计报告的技术规范，可以称为企业财务会计报告标准，简称会计标准。

　　"企业会计准则执行"是企业会计准则应用于财务会计实践的过程，通常表现为企业财务会计行为过程。因为在现代会计中，企业财务会计行为是一种在规则制约下对交易和事项进行确认、计量、记录和报告的行为，也就是会计准则的执行过程。所以，会计准则执行体现了会计准则在会计实践中的应用和判例上。现实观察和理论研究表明，由于财务报告具有经济后果，会计准则具有选择的空间，企业并不总是遵循会计准则，即使遵循会计准则也存在着会计政策的选择，存在着为了"管理"财务报告的指标而进行交易和事项管理的行为。所以，笔者认为，企业执行会计准则的过程可以分为企业会计决策过程和决策执行过程，其中会计决策过程是由企业管理层来完成，① 包括 CEO 和 CFO，他们既要考虑个人利益，又要考虑企业利益，随时随地对所处的情境进行解释和谋划，选择会计准则执行的策略，并由会计人员付诸行动。根据经验事实和理论研究发现，按照会计准则执行的有效性，企业会计准则执行可以分为遵从会计准则和不遵从会计准则两种情况。会计准则遵从是有效执行会计准则，在遵从会计准则中还存在着是公允地选择会计政策，还是根据盈余管理需要选择会计政策。同时，为了研究结论的可比性和方便案例资料的取舍，本书主要以现代公司制企业，主要以上市公司会计准则的执行行为作为研究对象。

§1.6　研究思路、框架结构和研究方法

☛ 1.6.1　研究思路

　　本书在前面已经表明，各国在会计信息治理中所采取的各种措施都不是直接作用于财务会计报告，而是通过改变企业会计准则执行抉择来影响会计信息质量。所以，本书将研究基点落到企业立场，通过研究会计准则

---

① 这种认识与盈余管理、会计政策选择和财务会计舞弊研究中界定的主体是一致的。

执行来解释国内外财务报告失真现象，寻求提高会计准则遵从水平，提高财务报告质量的对策。本书研究思路可表述如图 1 - 1。

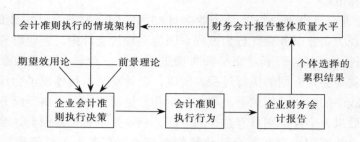

图 1 - 1　会计准则执行的研究思路

本书将会计准则执行过程分为两个阶段，认为企业所面临的财务报告情境形塑（Moulding）了企业为实现财务会计报告目标而采取的行为策略。企业管理者的决策过程符合情境—过程理性的特点，企业财务会计报告的个体目标与会计目标不完全相同，企业财务报告目标受到企业理财目标的影响，是一种个体理性的选择，而会计目标反映社会对财务会计报告的期望，是社会理性的选择。个体企业的会计行为的结果累积了会计系统现象——财务会计报告的总体特征。任何一个国家都是基于会计目标的要求和财务会计报告质量的整体水平，选择会计改革的方略，这种方略又造成了企业会计准则执行的情境变迁。如是，形成了情境——会计准则执行行为的互动系统。

每一个情境要素对企业会计准则执行的作用机理不同，从不同角度影响着企业对会计准则执行决策的期望效用和风险的判断，形塑了企业基于个体理性的会计准则执行行为，个体行为结果累积形成财务会计报告质量的系统水平；各种情境要素相互作用形成了会计准则执行机制的系统框架，系统的结构效应对企业会计准则执行行为的普遍特征和会计信息整体质量水平具有一定的解释力。所以，在确定理论分析框架后，本书研究设计分为专题分析和整体分析，专题分析分别对每一个情境要素下会计准则执行行为进行深入研究，在此基础上，本书将依据系统论，再从整体效应上分析情境要素协同作用对会计准则执行的作用机理和特点，在理论分析和问题剖析的过程中，有针对性地提出对策建议，遵循这种研究思路，其结论也具系统性。

由上述可知，本书研究从逻辑上可以分为两个阶段：一是从宏观到微观角度，研究情境要素及其协同作用对企业会计准则执行的作用机理，从企业理性的立场分析特定的情境架构是如何形塑了企业准则的执行行为；二是从微观回到宏观层面，针对会计准则遵从目标要求，反思如何通过情境再造，完善会计准则的执行机制，为指导会计改革提供政策参考。

1.6.2　研究框架

全书分为九章，其研究内容可以分为六个部分。其基本内容按照"提出问题（第一部分）—确定理论分析框架（第二部分）—理论分析和现实研究（第三、四部分）—解决问题的政策建议（第五部分）—结论与讨论（第六部分）"逻辑展开。

各部分具体内容安排如下：

第1章　导言是全书的基础，为第一部分。首先提出问题，然后通过文献梳理，选定研究视角，厘清基本范畴，界定研究问题、研究目标和基本概念，叙述本书的研究思路、研究方法和研究框架。

第2章　基础理论和分析框架建构为第二部分。首先，探讨企业会计准则功能，会计准则执行主体、目标、行为，会计结果与经济后果等基本理论问题，从中进一步加深对会计准则执行范畴的认识。从形式上界定会计准则执行是一个会计专业活动，从经济后果的角度界定会计准则执行是一个社会的问题，从行为过程角度界定会计准则执行是一个不确定性决策问题，这说明该研究主题借鉴社会学、经济学和管理学理论建立分析框架具有可行性和合理性。其次，提出会计准则执行行为的假设。在此基础上，本书以嵌入性理论和社会秩序论为指导，以文献研究成果相佐证，来论证情境架构的合理性和完整性；以博弈论、预期效用理论和前景理论相结合，来确定会计执行行为分析的理论基础和原则。最后，借鉴科尔曼社会系统研究思路，将情境系统与会计行为相联结，建立会计准则执行的理论分析框架。

第3~6章　专题分析，是本书的第三部分。分别论述由会计准则和会计准则实施制度构成的制度情境、会计信息市场需求情境、公司治理情境和会计资源情境对会计准则执行的作用机制。一方面，将各情境要素内化为企业会计准则执行期望收益模型中的变量，从理性选择角度分析特定情境下企业会计准则执行的选择；另一方面，借鉴前景理论，针对情境要素中存在的框架效应进行实证性分析，解释情境要素对企业执行主体的心理作用。在此基础上归纳出单一会计执行机制的局限性，解释我国会计准则执行机制存在的问题，得出有利于解决问题的若干启示。

第3章　研究会计社会治理与企业会计准则执行的关系。会计社会治理反映了企业所处的宏观制度情境，构成了第三方对企业会计准则执行的强制实施机制。本章以制度理论为指导，专门研究了会计准则制定对会计准则执行的作用机理；通过会计准则实施制度的威慑机制对会计准则遵从激励的逻辑分析和心理分析，探讨了这种强制性会计准则执行机制的作用和局限性；讨论了诚信、道德规范等非制度性因素对会计准则执行的影响，指出了正式制度与非正式制度协调的重要性，提出会计准则强制实施制度和完善职业道德规范的必要性和局限性。

第4章　专门研究会计信息需求对会计准则执行行为的激励。会计信息使用者对企业财务会计信息的评价和使用决策，属于第二方对企业会计准则执行的牵制和激励。本章讨论了会计信息需求激励机制对强制实施机制的替代和补充作用，分析了发达市场和新兴市场会计信息需求激励的差别，研究了我国会计信息市场失灵和政府替代性监管失灵的问题，指出避免市场会计需求机制失灵和政府替代性监管存在的必要性，提出优化会计信息市场需求机制的基本思路。

第5章　专门研究公司激励与监督制度性安排对会计准则执行的作用机理。会计准则外部强制实施机制和市场激励机制的局限性使本书研究视野进一步转移到企业内部激励和监督机制的设计。本章研究微观治理情境对企业会计准则执行选择的影响。公司治理具有二重性：从企业角度，它蕴涵企业会计准则自我实施机制；从会计决策者角度，它又是外部激励和监督机制。本章以委托代理理论和会计信息产权理论为指导，提出了公司会计治理概念，从会计学角度界定了公司治理结构，即公司会计治理。从企业角度，分析公司激励机制的会计激励效应，讨论会计监督机制、治理文化对会计准则执行的作用。最后，讨论了我国公司激励与监督制度与会计准则遵从低水平的关系，明确了解决问题的基本要领。

第6章　专门研究了会计资源与会计准则执行能力的关系。在特定的制度、市场和公司治理机制约束下，企业如何采取会计准则执行策略还取决于企业可以控制和调动行动资源的能力。本章提出了会计资源的概念，并以资源依赖理论为依据，重点研究了会计人力资源和关系资源对会计准则遵从能力的作用，分析了中外会计资源的差异和对会计准则执行能力的影响方式，提出了提高相容性资源支持能力、规范不相容性资源对企业有效执行会计准则影响的观点。

第 7 章　本章从前四章的专题分析回到整体分析上，是本书的第四部分。首先，以系统论为指导，构建了会计准则执行的系统框架，研究了情境要素系统与会计准则执行行为的历史演变过程，通过比较中、美会计准则执行系统的特点，分析会计舞弊的机理差异，找出会计信息治理的着力点。其次，分析了在会计国际化的背景下，会计准则趋同、会计准则实施制度的协调和改革、公司治理趋同的前景和对会计准则遵从水平和财务会计信息质量的影响。

第 8 章　本章是本书第五部分。基于以上分析，围绕着提高企业遵从会计准则水平的需要，从会计准则遵从的能力、压力、动力、支持力、激励与监督机制等方面，构建一个最大程度地促进会计准则遵从的对策体系。

第 9 章　结论与讨论为第六部分。首先，以本书对我国会计准则执行问题的理论研究结论，结合企业调查结果和以前理论研究进行讨论与比较；其次，结合研究思路总结研究发现和结论，印证对预定研究目标的完成情况；再次，简述本书的积极探索和局限性。

本书的最后是附录。附录部分包括本书研究过程的调查问卷和访谈提纲。

1.6.3　研究方法

本书以马克思主义哲学方法和系统论为指导，运用了多种研究方法组合，坚持理论研究与调查研究相结合，规范研究与经验研究相结合，历史研究与比较研究相结合，逻辑理性选择分析和现实理性描述性分析相结合。

第 1 章，在提出问题后，本书采用逻辑比较的方式不但梳理了该领域纷繁复杂的研究文献，而且将基本范畴进行比较提炼，提出了本书主题词。

第 2 章，首先，采用规范分析的方法对会计准则执行涉及要素的基本范畴进行多角度剖析，为分析框架建立提供可行性支持；其次，采用移植方法和比较方法，建立分析框架：借鉴社会学和经济学的行为假设和决策理论，提出了主体行为的情境—过程理性假设及会计准则执行决策分析的理论和方法；将理论分析和文献分析相结合，提出了企业会计准则执行的情境框架；借鉴社会学家科尔曼对系统行为解释的方法论和吉登斯的结构化理论，将情境结构与企业会计行为联结，完成了理论分析框架的构建。

第3~6章，在对情境要素下会计准则执行行为进行专题研究中，具有针对性地运用了多种理论，采取逻辑理性选择分析和现实理性分析相结合、理论抽象研究与对策的具体研究相结合、国内外比较研究和我国国情分析相结合的方法，深入剖析会计准则制定机制和具体会计准则的收益与风险约束机制，会计准则实施制度的威慑机制，会计信息需求的激励机制，会计资源的支持机制以及公司治理机制对会计准则执行行为的作用，解释我国会计准则遵从水平不高的原因，提出解决问题的基本思路。

第7章，以系统论为指导，在专题分析基础上回到整体分析，从情境架构演变的角度，对企业会计准则执行行为进行比较研究和演化研究，探讨企业会计准则执行系统的演化规律，从整体的角度解释中国和美国会计信息失真的原因及其区别，采用逻辑推理的方式展望了会计国际化的行动前景。

第8章，采用逻辑分析和移植其他领域的经验做法或借鉴其他国家的经验，从会计准则遵从的能力、压力、动力、支持力、激励与约束力等方面，构建一个最大程度地促进会计准则遵从的对策体系。

第9章和附录，运用调查结果分析法与比较法，对本书研究发现和结论进行总结和比较。

第 2 章

分析框架

　　理论研究应该具有清晰的假设条件和分析框架。[①] 大量的事实表明，企业对交易或事项的处理以及会计信息的披露都经过管理当局的理性抉择，遵从会计准则及如何遵从会计准则，不遵从会计准则及其采取何种手段，这是一个企业会计行为主体在不确定条件下的决策过程。但是，这一决策的理性特征是什么？制约因素是什么？制约因素与会计执行行为的关系如何？对此现有研究并没有给出一个清晰的答案。

　　本章首先界定会计准则执行的有关要素，为主题研究借鉴管理学、经济学和社会学理论和方法提供可行性支持。然后，探讨会计准则执行主体的行为假设。在对完全理性假设和有限理性假设辩证分析的基础上，借鉴社会学与经济学研究成果提出会计准则执行的情境—过程理性假设。接着，在嵌入性理论指导下和文献研究成果的支持下构建了会计准则执行决策的情境架构。随之，以期望效用理论和前景理论为基础，提出了会计准则执行行为的分析方法。最后，借鉴科尔曼的系统内部分析方法，将情境架构与会计准则执行行为联结，提出了情境—过程视角的会计准则执行分析框架。

---

　　① 《经济研究》2005 年第 2 期刊登了田国强撰写的《现代经济学的基本分析框架与研究方法》一文，对时下许多只有观点、既没有明确的前提假设条件和分析框架，也没有逻辑推理和证明；既没有可靠数据为依据，又不引用基本经济理论的行为作了批评。本书以此为戒。

§2.1　企业会计准则执行的相关要素

2.1.1　对会计准则的多角度认识

（1）从会计准则的形成和实际应用看，会计准则可以看作一种制度，在我国因其制定主体是财政部，会计准则是一种行政规范，属于会计法规的一个组成部分。在由民间机构制定会计准则的国家，一般也要由政府权威机构授权和认可，以确立会计准则的规范地位。会计准则颁布实施后，不仅是企业会计核算的规范，而且是注册会计师审计的依据，以及会计监管部门判定企业财务报告是否合法的依据。

（2）从会计准则规范的内容看，会计准则是对交易和事项的确认、计量、记录和报告的规范，可以把会计准则看作一种技术规范。比如，我国会计准则规定了会计确认、计量和报告的基本要求及每一个事项的确认、计量、记录和报告的办法，直接指导会计核算工作，是会计人员必须掌握的会计知识。

（3）从会计准则的经济后果看，会计准则应是一个公允的分配标准。从形式和内容看，虽然会计准则所规范的是交易和事项的确认、计量、记录和报告问题，但实质上，会计准则是一种分配标准，是对企业财富的分配过程。收入的确认和计量确定了企业可分配财富的总量；固定资产、存货等资产确认和计价规定了收入分配中的成本补偿问题；工资和福利费的核算是按贡献分配劳动者收入问题；利息费用是按债务契约及其债权人对本期收益贡献确认、确定分配给债权人的收益问题；税金的计算和确认是按照税法计算国家在企业应分享的收益问题；企业净利润归属于股东，是对剩余索取权的计量。会计准则对负债和所有者权益进行确认与计量是对债权人和投资者贡献的确认，是对其按贡献分配的一部分。

会计准则的分配功能使财务会计准则执行过程成为一个利益相关者收益分配的过程。但会计的分配过程应该是一个公允的分配过程，这与企业收入分配过程不同。企业收入的分配过程是企业财务活动的组成部分，是由分配决策主体在分配参与者之间，按照既定的分配标准和分配原则对分配对象进行分配的过程，贯彻效率优先、兼顾公平的原则。

　　会计准则的分配功能，使会计准则制定和执行不再是一种纯粹的技术问题，使会计信息具有社会性经济后果。利益相关者也将为了自己利益而干预会计准则的制定和执行，影响会计的公允性。如果会计缺乏公允性，不同的会计准则规定以及同一会计准则的不同执行行为，将生成不同的会计信息，它可能使一部分人受益，而使另一部分人受损。

　　（4）从会计准则遵循的程序看，会计准则是一种不完备的公共契约。会计准则本应是企业利益相关者之间的私人契约，但是在现代社会却发展成为一个公共契约。其原因：一是各个企业分别制定会计准则交易成本太高，尤其是在国有经济为主体的经济环境中，国有产权主体不可能与每一个企业达成会计核算契约，只能采取公平统一的会计准则；二是在资本市场存在的情况下，企业资本所有者的收益分配从企业内部单一的分配形式，发展到同时通过资本市场的交易和企业内部利润分配两种方式，而分配的基础都离不开企业的会计信息。会计信息的经济后果凸显财务会计的社会性，会计准则从企业契约发展成为一个社会契约。在民主制度下，会计准则的制定将因循公允的程序，为利益相关者参与会计准则制定的博弈提供平台，因循这一民主程序而产生的会计准则也就成为一种公共契约。

　　根据按贡献分配的原则，财富的分配过程不是在财富生产出来之后独立进行的，分配过程在企业经营过程开始之前就已经开始，并延续到经营成果的结算过程。因此，会计准则也必然是关于企业整个经营过程所发生的交易和事项的核算标准。由于企业经营过程的业务创新，会计准则所规范的事项具有创新性、复杂性、不确定性。同时，会计准则制定主体具有知识的有限性和利益的冲突性，会计准则只能是通用业务的处理规范，是一种原则性规定，不能具体到所有的交易事项。这为会计准则执行主体留下了会计选择的空间。所以，会计准则是一种不完备契约。

2.1.2　会计准则执行的主体

1. 会计准则执行主体的界定

　　会计准则执行主体是会计准则执行的基本要素，会计行为主体是会计行为的决策者和执行者，它与相关的会计概念，如会计行为主体、会计主体不同。

于玉林教授认为，会计行为主体"是会计实践的主体，也是会计工作的主体。会计主体是会计人员，这不同于会计核算基本前提（和会计假设）中所规定的会计主体。"① 会计主体指的是会计人员为之服务的特定单位。王开田（1999）提出："会计行为主体既包括企业管理当局，也包括'会计人'，本书研究的会计行为主体主要是企业'会计人'"。② 随后他又解释道："会计行为主体就是指那些具有一定的会计专业知识和技能，具有会计行为能力，并获得权威机构（政府或民间）的认同，直接参与企业、事业单位的会计实践活动，能独立或与他人协作实现会计目标的会计人员以及由其组成的会计组织机构——会计行为群体，即会计人。"

企业会计准则执行主体中起主导作用的是会计决策主体，即企业剩余控制权主体。现代企业理论把企业所有权定义为剩余索取权和剩余控制权。经济学家提出，为了减少代理成本，现代企业所有权的最优安排是剩余索取权和剩余控制权的对称分配（张维迎，1999）。因此，现代企业的所有者为了保护自己的剩余索取权，让企业经营者分享剩余索取权，形成了由经营者拥有剩余控制权、所有者与经营者共享企业剩余索取权的企业所有权配置模式（谢德仁，2001）。会计准则执行决策属于企业剩余控制权的一个组成部分，可以看作是在会计准则约束下履行会计契约的过程。既然企业高级管理层拥有剩余控制权，则必然拥有会计准则的执行权。

这种观点得到法律和实践的支持。在对会计信息加工和披露活动中，企业管理当局是会计信息供给的决策者和管理者。我国现行《会计法》第四条就规定"单位负责人对本单位的会计工作和会计资料的真实性、完整性负责"。这从法律上明确了单位负责人作为会计行为主体的地位。而美国《2002 年公众公司会计改革和投资者保护法案》，即《2002 年萨班斯－奥克斯利法案》也规定：公司首席执行官（或者主要执行官员）和首席财务官（或者主要财务官员），或者公司行使类似职权的人员，应当对所提交的年度或者季度报告签署书面证明。他们不仅要对公司财务报告的真实性、完整性和公允性负责，还要对公司内部控制的建立、维护及

---

① 于玉林：《高级会计教程》，辽宁人民出版社 1994 版，第 139 页。
② 王开田：《会计行为论》，上海财经出版社 1999 年版，第 32、34 页。

其有效性与评价等负责。王华、庄学敏（2005）对上市公司会计信息失真的问卷调查结果显示，有 43.72% 的人认为公司董事会在上市公司作假账中起主要作用。会计人员直接从事会计工作，理应是会计行为主体。但是根据他们在会计工作中的分工，单位负责人在会计准则执行中起主导作用。所以，笔者认为会计执行主体是企业财务会计政策的决策者和执行者，即企业管理者和会计人员。基于单位负责人和会计部门负责人的权力和责任，他们是会计准则执行的决策主体，是本书研究会计准则执行的关键主体，本书也涉及企业会计决策的执行主体，即普通会计人员。

2. 会计准则执行主体的特征

（1）会计准则执行主体具有双重身份。首先，他们是企业中委托—代理关系中的受托人，是以法人身份从事代理活动，其行为属于法人行动。其次，他具有个人效用目标，是一个追求个人效用最大化的人，这种效用不仅是经济利益最大化，也包括精神收益、社会地位和声望。但是，作为一个契约人，他必须在契约的约束下追求个人利益。会计准则执行主体这种双重身份，增加了企业会计准则执行行为动机的复杂性。会计准则执行分析必须先从法人角度分析，然后深入到企业内部从决策者个体角度分析。

（2）会计准则执行主体是积极主动的人。简森和麦克林（1994）将经济人的概念进一步具体化为三个要素：聪明狡黠（resourceful）、权衡比较（evaluator）、最大化（maximizer），简称 REM。[①] 在他们的文章中，聪明狡黠指个人具有非凡的创造力，能够洞察环境的变化，预见可能的后果和可能的行动机会，并作出选择和反应。权衡比较是指理性人会在各种偏好和追求中进行权衡，并愿作出选择和替代。最大化是指个体总在各种限制和约束下追求个人利益最大化。简森和麦克林的理性人强调是个体在特定契约和环境约束下追求效用最大化的人，他们不但能够体察情境的变化，而且是会在变化的情境下进行选择的理性人。

会计准则执行主体是具有专门知识的人力资本，他们具有应对各种财

---

① 转引自葛家澍主编，刘峰等著：《信息披露：实话实说》，中国财政经济出版社 2003 年版，第 17 页。

务风险的能力，熟知会计政策选择方式和后果，善于人际社会关系的管理。在会计准则执行过程中，他们通过各种方法，参与会计准则的制定，游说会计准则制定者；利用会计制度漏洞，创造性地使用各种会计方法，以达到自己的行为目标。七十多年的会计准则发展的历史，实际就是会计准则执行主体与会计管制者博弈的历史。

因为会计准则执行主体既是追求个人利益的理性社会人，又要受其组织契约的限制，考虑其肩负的企业利益要求，所以，会计准则执行主体的理性是企业组织中的理性。作为契约人，他并不能直接追求个人利益，需要在组织利益最大化的基础上实现个人利益。同时，由于契约的不完备性，契约双方信息的不对称，会计准则执行主体不可避免地采取机会主义行为。所以，作为会计准则的执行主体，执行会计准则的诱因和目的是清楚的，其能否或多大程度上影响会计主体行为，还取决于所受到的激励和约束的力度。

☛2.1.3 会计准则执行的目标

会计准则执行是一项有目的的实践活动，其行为方式受到会计行为目标的引导。目标是某项活动预期所要达到的境地或结果，它具有主观见之于客观的特征。那么会计准则的执行目标是什么？它与会计行为动机、会计目标有何关系？

1. 对会计目标的再认识

会计目标的研究始于 20 世纪 20 ~ 30 年代，在会计信息系统观点得到普遍认同后，会计目标被视为会计信息系统的导向而置于会计理论的逻辑起点，成为财务会计概念框架的首要范畴。无论决策有用观还是受托责任观，以及二者融合的观点，都是围绕会计信息需求来展开推理和验证的。可以说，会计目标是从会计信息需求的角度对企业会计准则执行提出的要求，即会计准则执行的社会目标。会计目标的实现需要发挥会计准则功能，从会计准则产生看，会计准则具有以下两个基本功能：规范功能与分配功能。美国公认会计原则是为了规范财务会计行为而产生的会计准则实践样本；我国传统的会计制度则是为了规范财务分配活动、服务宏观经济管理活动而产生会计标准的实践样本。市场经济体制下的会计准则既有分配功能，又有规范功能。规范财务报告的目的是为了提高会计信息对企业投资价值揭示的准确性，通过保护投资者的收益权实现资源的优化配置；分配功能是为了保护利益相关者在企业的收益权，引导社会收入的分配，保护社会生产要素合理流动，实现资本资源、劳动力资源和技术资源等合理配置。因此，会计准则制定和执行的最终目标是优化资源的配置，直接目标则是提供高质量会计信息，其中公正性也应该是会计信息质量的一个首要标准（付磊、马元驹，2005）。

2. 企业会计准则执行的动机

会计准则执行主体身份的二重性决定了企业会计准则执行动机的层次性：

（1）企业价值最大化动机。企业价值最大化可以体现资本市场动机和契约性动机。具体来说，资本市场动机包括以下两个方面：①提高股票发行价。对企业组织而言，资金是企业存在的血液。随着企业规模的扩大，现代企业对资本供给产生巨大需求，通过资本市场到筹集社会资金成为企业发展的必然选择。在资金供给小于需求时，会计信息反映企业的财务状况和经营成果是企业募集资金的重要决定因素。因此，企业具有为了提高股票发行价格，降低筹资成本选择会计准则执行决策的动机。②维持股价。资本市场具有对企业定价和绩效评价功能，这迫使管理者为了维护企业价值和自身地位迎合证券分析师的预测以维持股价，并因此采取"管理"盈余的行为。契约性动机包括指管理者为了筹集债务资本，避免违背债务契约，迎合主管部门或其他利益相关者对企业的业绩评价要求，减少纳税负担或避免政府价格管制等选择会计准则的执行决策。

（2）个人利益最大化的动机。管理者在企业的利益包括薪酬和控制权收益。在激励相容的原则下，当企业目标的实现同时也实现经营管理者个人的效用最大化时，将会强化管理者为了企业价值最大化而采取行动的动机；当激励不相容时，企业监督机制则将会影响管理层会计准则执行的决策。公司治理一直致力于管理者个人利益与企业价值最大化的一致性，这减少了为了管理者个人利益而采取会计行动的机会，在现代企业治理机制不断优化的情况下，管理者原则上都是在企业价值最大化的条件下实现个人效用最大化。

3. 企业会计准则执行的目标

会计准则执行的动机直接影响了企业会计准则执行目标的选择，而企业执行会计准则目标反映了企业财务报告的目标，与会计的社会目标的关系是个体目标与社会目标的关系。企业采取何种思路实现管理者确定的会计准则执行的动机，决定了企业会计准则执行目标及其与会计目标的关系。在主要动机驱动下，管理者如何在情境的约束下作出会计准则执行决策，会计人员如何采取会计行动直接影响企业会计目标与社会会计目标的实现程度。①如果企业采取利己损人的会计准则执行方式，为了少缴税金或骗取投资和贷款，不依照会计准则依法提供财务报告，误导了投资者和国家的决策，其后果必然是破坏了企业与资源要素所有者之间的长期合作关系，使企业信誉恶化，资源网络瓦解，最终损害企业持续发展能力。这时企业会计准则执行目标与会计目标是对立的。②如果企业把会计信息的供给看作是对资源流入的交换，以互利互惠的观念对待会计信息使用者，为了提高会计信息的决策相关性、树立企业的财务报告信誉而执行会计准则，将企业会计行为动机合理化为会计准则执行目标，并与会计目标保持一致，在实现企业财务目标的基础上实现社会对会计的要求。

财务会计社会目标与企业财务报告目标冲突源于会计信息使用者和提供者之间的利益冲突。从法学角度，企业可以看作是一组要素使用权合约。企业管理者有使用要素的权利，也就有向要素所有者报告要素使用信息的责任。财务报告作为企业资源要素配置情况和使用效率的载体，既是对外报告企业对资源使用的受托责任，又是要素所有者，尤其是稀缺要素所有者决策的依据。财务会计报告的经济效应正是通过要素所有者的经济角色而扩大到更广阔的社会经济领域，使财务报告的重要性得到彰显。

可见，企业如何将会计行为动机转化为合理的会计准则执行的目标是十分关键的。会计目标的实现依赖企业会计准则执行行为，而企业会计准则执行的动机并不是为了实现会计目标。但从长远利益考虑，企业会计准则执行的动机也不能直接实现，应是以会计目标的实现为条件。会计目标和企业会计准则执行动机既存在矛盾性，又具有统一性。这种对立统一性与市场经济中个体理性和社会理性的对立与统一关系原理是一致的。① 在完全竞争条件下，经济人在市场机制的指引下，依照个体理性的原则，在追逐自身效用最大化的过程中，将会使社会资源得到最佳配置，实现社会理性。但是，完全竞争的市场条件在现实中很难存在，个体经济人在追求自身利益的同时，免不了与其他人的利益发生冲突；而且从整个社会角度看，市场参与者的利益冲突应该是常态。因而，在个体理性支配下的经济社会通常达不到资源配置的帕累托最优。需要个体之间多次博弈，找到双方互惠的交易模式，才能解决个体理性与集体理性之间的矛盾，逐步实现社会理性。

会计目标代表着社会理性的选择，企业会计行为目标反映着个体理性选择。企业会计信息供给的动力在于维持企业财务网络关系；会计信息使用者需要会计信息作为决策的依据。只有在市场机制和制度机制等约束下实现互惠的选择，才能实现企业会计准则执行目标和会计目标的一致。所以，企业会计准则执行目标是会计准则执行机制和会计行为动机的函数，会计准则的执行机制是决定企业会计行为目标和会计目标之间偏离程度的主要因素（见图 2-1）。

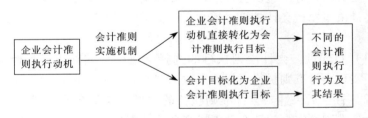

图 2-1　企业会计准则执行的动机、目标与会计目标的关系

会计准则执行机制的存在和有效性与一个国家的制度、市场等因素有关，总是处于不断完善状态，会计准则执行目标偏离会计目标的情况是会经常发生的，历史上一次次财务会计信息披露质量案件即是佐证，而经济危机则是其社会后果的表现。

从我国大量的研究文献发现，我国上市公司的会计准则执行动机主要

① 个体理性是指个体经济人在现有的约束和条件下追求自身效用最大化的动机和倾向，只有经过成本效益分析后确定能够获得预期收益，经济人才会有动机去行动。集体理性（又称社会理性）指的是若干经济人的整体在现有约束和条件下，实现利益最大化的动机和倾向，它注重的是利益的全局性和前瞻性。

是为了在资本市场上募集资金（杨成文，2005），刘峰（2006）认为企业盈余管理目的主要是为了配股和保持资本市场的交易资格。从上市公司财务报告披露情况看，虚报收益、少记负债和损失等是主要违规行为的表现形式，这与上述对企业会计行为动机的判断是相吻合的。我国会计环境所孕育的会计准则执行机制又是如何影响企业会计准则执行行为？如何通过会计准则执行机制的优化来提高上市公司会计准则执行的效率？这正是本书所要回答的问题。

☞ 2.1.4 会计准则执行的行为选择

1. 会计准则执行的特征

会计准则执行行为包括两个阶段：一是由企业管理层作出会计决策过程，即企业是否恰当公允地遵从会计准则。如果选择遵从会计准则，就要决定如何选择会计政策；如果选择不遵从会计准则，就要突破会计准则限制，决定哪些业务不遵从会计准则，如何安排交易活动。二是由会计人员按照会计决策执行会计核算，编制会计报告的过程。会计准则执行具有如下特征：

（1）目的性。会计准则执行的选择是以会计准则执行目标为导向，是为了实现会计准则执行目标而采取的"满意"行动的理性选择。

（2）社会后果性。会计准则执行的选择决定了会计准则执行的有效性。会计准则制定有效性有助于提高会计准则执行的有效性；会计准则执行的有效性是会计准则制定有效性的保障。遵从会计准则选择有利于提高会计准则执行的有效性；不遵从会计准则就会破坏会计准则的有效性，降低财务会计信息的质量，误导投资者决策，甚至产生恶劣的社会效果。

（3）筹划性。会计准则执行行为的决策发生在会计确认、计量、记录和报告之前，既涉及对已经发生的经济交易和事项所采用会计政策的选择，还涉及对会计交易和事项的筹划安排。

（4）有限性。会计准则执行的选择是在行为目标确定的情况下，在会计准则约束下对实现目标的策略选择。由于会计准则对会计政策选择空间的限制以及执行主体知识、信息和能力的有限性，加之会计准则执行机制的制约，可供会计主体选择的执行方案是有限的，会计准则执行主体只能在有限的方案中选择最满意的方案。

2. 遵从会计准则与不遵从会计准则

按照会计准则执行的有效性，可以将会计准则执行行为分为两类：遵从会计准则与不遵从会计准则。

（1）遵从会计准则。遵从会计准则就是根据实质发生的经济业务进行会计核算，依法填制会计凭证，登记会计账簿，编制财务会计报告。财务会计报告具有真实性、合法性。

因为会计政策的选择和盈余管理的可能性和必然性，根据财务会计信息质量，遵从会计准则的程度可以分为高质量地遵从和基本遵从会计准则。①高质量地遵从会计准则指不但会计核算过程符合会计确认、计量的基本原则，具有合法性、真实性，而且会计政策选择具有公允性，所产生的财务会计报告符合基本会计准则所要求的可靠性、相关性、可比性、一贯性、及时性和清晰性，会计信息披露具有透明度。②基本遵从会计准则是指企业并不违反会计法规的基本规定，但利用了会计准则的漏洞和模糊，在会计的会计核算过程中采取了必要的操纵，会计政策选择不具有公允性，财务会计报告达到强制要求。

会计准则遵从程度可以从四个方面衡量：会计核算业务是否具有经济实质和真实性；会计核算资料和程序是否符合会计规范要求；财务会计报告是否符合真实性、完整性、准确性和及时性的质量标准；会计主要指标，比如净资产收益率和净资产与现金净流量的比率及独立的第三方核查结果的偏离程度。①

因为会计准则包括基本会计准则和具体会计准则，基本会计准则不具有可操作性，其原则性规定需要通过具体会计准则体现出来。所以，对会计准则遵从的评价可以分成不同层次。首先，是对某一具体准则确认、计量、记录、列报和披露的全方位衡量；其次，是以一个会计主体对具体会计准则体系的遵从来衡量。企业遵从会计准则应该是对会计准则体系的全面遵从，遵从指数是由对每一个具体准则及其具体会计活动环节遵从情况定量评价结果的累积指标衡量。

---

① 按照我国财政部门会计检查，需要对资产负债表和收益表数据核实，确定会计执法情况，而净资产收益率和净资产现金增加率利用了三大报表的数据，可以从总体上测试三大报表的合法性和公允性。

（2）不遵从会计准则。与遵从会计准则相对应的概念是会计准则不遵从。会计准则的不遵从包括故意不遵从和非故意不遵从。非故意不遵从包括由于疏忽大意、计算错误，以及因为对会计准则的错误理解或取得错误的原始凭证等非主观故意的原因导致的不遵从行为。会计准则不遵从不包括以下两种行为：企业在会计法规的框架内为了达到特定的目的所作的财务会计安排；那些没有明确的会计标准或判例可依据的会计行为。上述的行为实际上属于不违法的盈余管理行为。会计准则不遵从可能高估企业盈余，也可能低估企业盈余。

综上分析，企业无论处于什么原因，也无论其结果对企业是利还是弊，只要没有按照会计准则进行会计核算、编制财务会计报告就属于会计准则不遵从行为。从会计执法检查和世界会计丑闻暴露出来的问题看，会计信息问题主要是故意的会计准则不遵从，财务会计舞弊行为就是指故意不遵从会计准则行为。在中国，财政部一旦依法公布会计准则实施的起始日期，任何企业必须执行。但是，在执行过程中，总有企业不严格按会计准则进行会计处理。所以，遵从和不遵从会计准则问题是在会计准则执行期间内出现的两种行为，体现企业会计准则不同的执行效率和效果。据此，企业会计准则执行与会计准则遵从的关系可表述如图2-2所示。

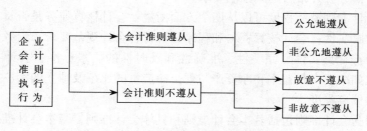

图2-2　会计准则执行行为的选择

☞2.1.5　会计准则执行的结果及其经济后果

1. 会计准则执行的直接结果

会计准则执行主体在会计准则执行目标的引导下，在会计准则执行机制约束下，通过理性地选择会计准则执行策略，并将之付诸于财务会计核算过程，从而产生了相应的财务会计报告。财务会计报告是企业依照会计准则提供的企业财务信息，财务报告的质量反映了企业会计准则执行的质量。不同的行为选择，财务报告的质量也将有所不同。如果会计准则执行选择分为三个层次，财务会计信息质量也可以分为三个层次。

第一个层次是高质量的财务会计报告。高质量的会计信息可以从三个方面理解：一是从数量上，会计信息充分披露，除了会计准则要求的信息披露外，还自愿披露一些有助于信息使用者理解企业财务状况和盈利能力的辅助信息；二是从质量上，会计信息具备可靠性、相关性、可比性和透明度；三是从时间上具有及时性。高质量财务报告不仅是严格、公允地遵从会计准则的结果，而且会计准则本身也是高质量的。Paul B. W. Miller 与 Paul R. Bahnson（2004）定义的"高质量财务报告（QFR）"[1] 是指超越财务会计准则委员会和证券交易委员会的最低要求，自愿披露以市场价值为基础的信息，以及市场认为有助于评价公司股票价格的信息。其目的为了通过刺激对公司股票的需求，降低资本市场相关信息的成本，从而降低公司前景的不确定性，并与股东建立一种以信任为基础的关系，来降低资本成本。同时，财务报告的审计属于自愿审计。

第二个层次是最低限度的财务报告。最低限度的财务会计报告[2]是基本合法的财务会计报告，是经过"盈余管理"过的财务会计报告，是非公允地遵从会计准则的结果。它仅仅按照会计准则完成强制性信息披露，在披露的内容上进行了有利于企业的印象管理。资本市场被看作是"不可缺少的魔鬼"，按照"供给驱动"思路对待资本市场的信息需求，根据需要来公布会计信息。财务报告的审计属于最低限度强制审计。

第三个层次是低质量的财务会计报告。低质量的财务会计信息报告是不完全遵从会计准则的结果，是指虽然依法披露财务会计信息，但是财务会计报告含有不真实、不准确等不符合会计准则要求的信息。

2. 会计准则执行结果的经济后果

财务会计报告是投资者、债权人等进行投资、贷款等决策的依据，高质量的财务会计报告有助于减少会计信息使用者的不确定性，减少其交易

---

① Paul B. W. Miller, Paul R. Bahnson 著，阎达五、李勇译：《高质量财务报告（QFR）》，机械工业出版社 2004 年版，第 7 页。

② 同上，第 5 页。

成本，优化资源的配置；高质量的财务会计报告是企业与利益相关者之间会计契约签订和履行的基础，有助于企业公正、高效地履行契约，有利于协调利益相关者之间的利益冲突；高质量的财务会计报告有助于利益相关者调整在公司治理中的博弈对策，提高公司治理效率。

经过"管理"过的最低限度的财务会计报告，具有合法性但缺乏公允性，会计信息对会计信息使用者具有误导性。由于信息不对称和会计信息解读所需要的专业性，投资者可能存在着功能锁定现象，低质量财务会计报告可能会影响到决策的正确性，降低资源配置的效率。同时，经过"管理"的财务会计信息还可能导致社会财富的非公平转移。

虚假财务报告不仅损害投资者利益，危害资本市场的发展，而且降低了企业治理效率，影响宏观经济信息的真实性，误导个人和社会决策，破坏财富分配的公正性。虚假财务报告最终也会影响企业自身的健康发展，给利益相关者带来严重损失，给社会带来灾难性后果。

☛2.1.6　本节研究结论

由上述可知，从形式上看会计准则执行是一个技术性规范的执行过程；但从经济实质看，它是由高级管理层主导的财务会计行为过程，是一个与企业利益相关者利益分享攸关的决策过程，也是一个企业会计契约的履行过程；从经济后果看，企业会计准则执行结果——会计信息具有经济后果，是一个社会性问题。这说明，企业会计准则执行不仅是一个会计问题，而且是一个管理问题；会计信息质量问题是一个社会性问题。因而，有必要跳出会计技术的圈子，把它作为一个跨会计学、管理学、经济学、经济社会学等学科问题来研究。

§2.2　会计准则执行主体的行为假设：
情境—过程理性假设

假设是对行为主体的行为选择逻辑提出的约定。经济学以理性选择为基本范畴,① 本节则要梳理经济学假设的发展，旨在确定选择恰当的理性视角解释企业会计准则执行行为。

☛ 2.2.1 经济学关于行为主体的理性假设及其在会计准则研究中的适用性

1. 完全理性假设

经济学是研究人类经济行为选择的科学。古典经济学从研究对象的利己主义和理性行为的角度出发，将理性经济人假设作为经济学理论的基础范畴和一切经济学命题的前提。该假设认为，经济活动中的个人是完全理性和自利的，他们会合理利用自己所收集到的信息来估计将来不同结果的各种可能性，力图以最小的经济代价去追逐和获得最大的经济利益，以最大化其期望效用。因此，在古典经济学家那里，理性人假设就成为一种"经济人"假设，其行为逻辑是"最大化原则"。同时，完全理性假设认为在市场机制的作用下，人们在追逐自我利益的过程中，市场这只"无形之手"会克服行为主体的机会主义倾向，使个体理性与社会理性选择自然地趋向一致，使社会利益达到最优化。因此，在古典经济学的市场理论中，"经济人"在市场活动中追求自身利益的同时也增进了社会利益。如亚当·斯密就认为，人们的行为是理性的，能够在各项利益比较中选择自我利益最大化的方案，以最少的牺牲满足自己利益最大化，使社会利益达到最优化。

新古典经济学家们继承古典经济学的"经济人"思想，并进一步修正和应用。新古典经济学家扩展了"经济人"队伍，生产者、消费者和投资者等都被看作是市场中的"经济人"。"经济人"的行为动机，被理解为各种生产要素所有者追求自身利益的趋利避害的行为动机，经

---

① 林毅夫教授把理性理解为经济学本体，任何经济理论都是建立在这个本体论的基础之上，不以这个概念出发解释经济现象的理论就不是经济学理论。经济学家通过大量的实验发现，对人类而言，理性并不是一个很高的标准。即使是精神病人，在选择消费品的实验中表现出理性行为，即对必需品无价格弹性，奢侈品需求有价格弹性（见麦肯齐：《经济学新世界》，桂冠图书股份有限公司 1985 年版，第 355～377 页）。所以，现实中行为主体虽然存在非理性行为，但是作为行为逻辑的主体是理性。只有假设行为主体是有理性的，经济行为才具有可预见性，得出的结论才具有一般性。

济效果最优化是"经济人"的行为原则，经济学就随之转变为含有心理规律和行为选择的科学。市场机制将彼此孤立的经济人联系在一起，借助于数学工具，经济学发展到能够更加精确地计算和预测动态的经济关系，在完全理性经济人假设下，马歇尔和瓦尔拉斯等经济学家构建了市场均衡学说，从而比较系统地完成了对"无形之手"假说的论证；最后，由经济学家帕累托提出了实现个人利益和社会利益相统一的"帕累托最优条件"。

按照完全理性假设，任何一个会计准则执行者应该在追求自己行为目标的过程中，充分自愿地披露自己的财务状况信息，这是自利，也是利于投资者的最优行为选择。但是，现实却是企业财务会计信息舞弊行为屡禁不止，投资者的利益受到损害的事件经常发生，甚至导致资本市场的经济危机。所以完全理性假设不适于会计准则执行选择的分析。

完全理性假设失败的原因在于，其以完全信息环境、个人偏好稳定、市场机制健全、各种选择的结果是可预知的为前提。在方法论上坚持个人主义，过高估计经济行为人的理性（完全意志能力、计算能力、记忆能力），否定了环境因素的影响，假设个体选择与制度不相关，与相关选择的历史不相关，与其他个体的决策行为不相关，坚持以个人利益最大化为社会均衡的基础。事实上，这些前提条件并不存在，最优化选择、偏好稳定、完全理性是完全理性假设遭受的主要批评。批评者认为，经济人理性假设也无法全面地观察和解释现实中人的经济行为，这种理性假设与现实的差距导致其理论解释力不足，无法对现实中出现的个人自利行为的社会后果，如环境污染、工作条件恶劣、行贿和不平等的雇佣关系作出解释，因此，基于完全理性假设的经济学说没有通过历史事实的检验。

2. 有限理性假设

经济学在逐步放松理性假设条件的过程中得到不断发展。有限理性假设是在批评完全理性假设的基础上发展起来的，成为制度经济学和信息经济学的基础范畴。阿罗（Kenneth J. Arrow, 1963）最早意识到理性的有限性，但第一次系统地对有限理性的概念进行论述的是现代决策理论的创始人西蒙（Simon, H. A.）。

西蒙认为，传统经济学仅在目的与结果上谈论理性选择，他指出：

"传统经济学分析建立在两个基本假设之上：第一个假设是经济行为有一个特定目标，例如效用最大化或利润最大化。第二个假设是经济行为的实质是理性的。"① 而现实中，人类知识的不完备性，信息的不完全，人类社会生活受到制度和组织的约束，而制度是不完备的，所以，理性是一个多层含义的范畴。理性行为可划分为：客观理性（在指定情况下，一项决策使一定的价值最大化）；主观理性（指在决策者主观知识范围内，使决策所达到的价值最大化）；自觉理性（指所采用的手段能自觉地适应目的）；有意理性（当自觉理性的过程是由人或组织有意进行的）；组织理性（如果一项决策或行为是指向组织目标时）；个人理性（如果决策是指向个人目标时）。经济学中的"经济人"假设所表达的完全理性仅仅表示了客观理性、自觉理性和个人理性，是一种为了理论分析的需要而对现实情况的抽象和假设。实际上，由于主观理性、有意理性和组织理性的存在，完全理性在现实中是不可能存在的。

在上述分析的基础上，西蒙对人类理性的认识更接近现实。他主张人类理性是在心理环境的限度之内起作用的，面对不确定的环境下，人们对选择结果的计算能力也是有限的，理性作为行为方式，是在给定的条件和约束限度之内作出选择的行为过程。决策只是在寻找"满意"的方案，而不是"最优"的方案。

有限理性假设并未推翻完全理性假设，没有完全抛弃效用最大化的理性分析工具，只不过是放松完全理性假设要求的前提条件，关注在主观能力和客观条件约束下最大化的选择。但这种对完全理性的修整使它更贴近现实，推动了经济学的创新和发展。制度经济学把完全理性排除的制度纳入分析范畴，研究了制度对经济行为和效率的影响，奠定了制度经济学的学科地位。信息经济学与博弈论进一步把信息不对称、他人决策影响纳入分析范畴，把交易成本具体化为两种最根本的成本要素：对策成本和信息成本。这不但细化了交易成本，而且实现个人主义方法论和整体主义方法论的结合；在行为均衡研究中坚持了传统的价格均衡的分析思路，进一步拓宽了经济理论的应用范围，为经济学与法学、社会学等学科的交融和发展提供了理论基石。

会计学研究受到经济学研究范式的影响。作为一种制度安排的会计准则，与现代经济学研究主题具有相似性，许多会计学者借鉴主流经济学的

① 赫伯特·西蒙：《西蒙选集》，黄涛译，首都经贸大学出版社2002年版，第247页。

制度分析方法，坚持以有限理性假设的思维逻辑考察会计准则问题。例如，会计学者以有限理性解释了会计准则的不完备性以及民主决策机制作为会计准则制定机制的合理性。他们认为，会计准则制定是建立在对具体会计事项本质和形式认识的基础上，会计准则的制定者，作为个体的知识和能力是有限的。所以，会计准则制定应该遵循民主、公开的程序，广泛吸取社会各界利益相关者的意见。我们可以观察到，各国正在进行的会计准则制定模式改革与有限理性假设是相吻合的。在遵循这一理性程序下，会计准则制定正在以集体理性克服个体理性的弱点，也使制定出来的会计准则越来越多地成为"公共合约"，会计准则制定过程因而被称为"公共选择的过程"。

在讨论会计准则执行过程问题时，很少有人讨论是否应该遵循有限理性假设。会计政策选择、盈余管理和会计舞弊研究都以管理层理性选择为分析起点，采用了工具理性的分析方法。这种处理方法的局限性表现在：

（1）在分析严格的市场关系时，经济人假设具有很强的解释能力，一旦涉及非市场关系，经济人假设的解释力可能不超过福山所称80%的正确性。① 会计的社会性和会计信息的产权特性说明，会计行为涉及的经济关系并非严格的市场关系，既有利己性也有利他性。

（2）企业会计准则执行是一个理性选择的过程，我们必须关注"过程理性"。西蒙提出的"过程理性"的概念，将心理学研究成果引入到经济学中，关注会计行为主体的心理分析，以区别于与传统经济学的"结果理性"。但有限理性概念尚不能恰当地体现出对这种行为过程理性的关注。

（3）企业会计准则执行决策是一种组织理性和个人理性的复合。当以企业为研究对象时，要以企业会计行为的成本效益分析为基础，研究组织行为的理性特点；当以企业内部管理层为研究对象时，要以管理层的成本效益分析为基础，研究个体理性的特点。所以，会计准则执行行为具有二重性，仅从管理层个人角度的成本效益分析是不全面的。

综上分析，笔者认为，目前会计界缺乏一种能够一贯地解释企业会计准则执行理性选择的基本范畴，这影响到了现有会计理论的解释力。

---

① 转引自杨春学：《经济人再生》，载于《经济研究》2005 年第 11 期。

☛2.2.2 情境—过程理性假设：社会学与经济学理性观点的融合

1. 情境—过程理性假设的基本特征

企业提供的财务会计信息并非一种纯经济交换行为，会计准则执行具有社会性后果。这说明本主题具有社会性问题的特征，可以将其作为一个社会性问题、借鉴社会学的理论范式来研究。

社会学理论共享一个共同立场：理性选择受制于行为者所处的情境，因此，从行为者所在的情境结构去解释社会行为是社会学家的共识，情境理性假设就成为社会学的理性选择范畴。① 情境理性的英文 context bounded rationality，原文指依赖于场景的理性，以区别于康德的先验理性。哈贝马斯在 1994 年《后形而上学思考》中曾反复使用情境理性，根据哈贝马斯的解释，情境理性最讲究对话者之间相互采取同情对方的态度。② 在汪丁丁、叶航著的《理性的危机——关于经济学"理性主义"的对话》（2004）中，作者理解情境理性应该是从被研究对象主体所处的时空场景去理解其行为的理性选择。这种理性观点将经济学中抽象的理性概念解释得更加具体，适合本书的研究视角。但值得注意的是，许多社会学理论在运用情境理性假设时，坚持了"选择是在特定情境下成本与效益计算的结果"的工具理性分析方法（Nee，Victor，1995），③ 对认知心理的关注略显不足。西蒙的过程理性将理性选择的重心从结果前置到选择的过程，使经济学关注到主体的心理、道德等因素对理性选择过程影响。行为经济学和实验经济学的兴起可以说是对过程理性的回应。我们将社会学情境理性假设和经济学过程理性结合起来，就拓展了有限理性假设的含义，赋予"情境—过程"理性的特征：

① 在刘爱玉：《选择：国企变革与工人行动》（社会科学文献出版社 2005 年版）的第二章，笔者首次看到情境理性这个词，后来，查阅了大量资料，对情境理性认识逐步得到深化和拓展，在赋予理论的支撑后用于会计研究中。在此对她表示特别感谢。Nee，Victor（1995）定义转引她的著作。

② 参见汪丁丁：《情境理性》，载于《IT 经理世界》2004 年第 5 期，第 89 页。

③ 选择多用于描述人的具体行为，决策用于管理组织理论，二者具有高度重叠，本书也没有严格区分。

（1）行为主体的动机和目的是明确的，而且其行为选择对其利益的满足是至关重要的，诱因是实际而清楚的。这里行为主体可以是自然人，也可以是法人组织中的行为者。

（2）行为主体是具有主动性、积极性和适应性的个体（adoptive agent），这种主体在与情境的交互作用中遵循一般的刺激—反应模型。为了实现其目的，行为主体将主动地采取适应性的行为。

（3）行为主体的行动选择取决于其所处情境的激励。情境结构是行动者嵌入的社会关系的网络，包括由制度、市场结构以及其所形塑的资源相互作用而形成的框架结构。主体行为主要受到其活动情境的约束，但过去情境下行为经验和别人在类似情境下的选择对其行为也具有影响。情境理性主体的行为选择基本上是一个成本效益的分析过程，但也受认知心理的影响。从行为主体的角度来看，这是一种在特定情境中合乎情理的理性。

（4）行为主体的行为选择会随着情境的变化而变化。情境—过程理性承认人类行为具有非理性的一面，但认为其主体特征是理性的，只是理性的程度和特征随着情境的变化及其对情境的认识而变化。行为主体的偏好并不是稳定不变的，随着情境的变化，行为者对风险的偏好将会发生变化。在情境约束下，行为主体的选择空间是有限的，可以选择的方案是有限的，选择结果是一种合乎情理的行为反应。反过来，情境中的行为主体行为选择的结果又反过来影响到情境的变化方向。因此，从系统的角度看，"情境—行为"在时空过程中呈现互动的演化轨迹。

2. 情境—过程理性假设作为会计准则执行假设具有可行性、现实性

（1）理性主体的存在。虽然企业是一个虚拟的法律主体，但是，人格化的企业会计行为主体是现实存在的。作为具有创造性的企业管理人员的群体具备理性人的特征，这为从组织和个人利益角度分析其在会计准则执行过程中理性行为及其认知心理的变化提供了可能。

（2）财务报告决策理性计算的可能性。会计政策的可选择性，会计准则的不完备性，会计政策变更的可能性，以及不同选择结果对财务报告影响的可计算性，为管理层进行理性计算提供了可能性。

（3）企业会计准则执行动机的可变性和情境的变化，为我们理解会计准则执行决策的偏好并不是稳定不变的，提供了现实支持。支配企业财务报告的动机不是单一的，但是在特定财务报告期间，企业财务会计行为受到主要理财目标的制约。制约财务会计行为的动机不是固定不变的，如在收益丰盈、财务状况良好时，企业可能受到隐瞒收益动机的主导；在收益恶化、财务状况不好时，管理层可能受到粉饰财务报告动机的主导。即使驱动财务报告行为的动机不变，外部情境的变化也使企业会计行为受到约束发生变化，使企业财务会计策略也随之变化。

3. 情境—过程理性的提出对会计准则执行问题研究具有重要指导意义

首先，从企业所处的情境结构去理解企业会计决策的理性选择。目前，关于会计行为的研究文献很多，但是，它们从社会理性的角度去评价企业会计行为，将缺乏公允、正当的会计行为直接称之为"异化行为"。不从企业所处的情境结构去理解管理层的会计决策，得出的结论难以让企业会计决策者心服。

其次，从情境—过程理性的视角，要坚持主体观与客体观相结合的分析范式，既承认情境对行为的制约作用，又要看到行为对情境演变的反作用。财务会计是一个人造系统，其情境结构具有一定程度的人为性，所以，可以从改变情境结构出发，研究行为选择的优化对策。

再次，情境—过程理性要将理性计算和心理分析相结合。笔者理解的情境理性仍然坚持人类行为的理性化特征，[①] 它与主流经济学理性假设的不同之处是，作为不确定性决策的分析，情境理性比较重视心理因素对风险态度的影响，否定了"选择行为完全是由外部因素刺激"和当事人具有"内在偏好一致性"的经验假设，赋予经济人的理性程度将取决于所研究主题的具体情形。因此，在坚持传统研究方法的基础上，提倡实地研究和实验研究，通过实验、调查、访谈得到一手资料，并根据对这些资料的分析、统计，解释会计系统行为的特征和成因。

最后，情境—过程理性是从过程角度认识行为主体的理性选择。随着会计准则和监管制度的变迁、市场有效性的提高和公司激励与监督机制的

---

① 现代经济行为研究将经济学和心理学合并来分析人类的选择行为。笔者认为这是符合社会科学所倡导的情境理性假设，强调理性程度的可变性，但是并非何大安教授（2005）所提出的是"理性行为向非理性选择转化"。何大安教授文章见《经济研究》2005 年第 8 期，第 73～83 页。

改革，会计准则执行主体所面临的情境处在变化过程中。所以，应该坚持逻辑分析和历史分析相结合，从过去和现在对会计准则执行问题的认识去理解未来的发展。

依照情境—过程理性假设，本书需要进行进一步论证：企业会计决策的情境结构是什么？其理性选择基本原则是什么？

§2.3　嵌入性理论、企业的嵌入性与会计准则执行的情境架构

2.3.1　嵌入性理论及其启示

1. 嵌入性理论的基本观点

"嵌入性"（embeddedness）概念最早见于经济史学家卡尔·波拉尼（Karl Polanyi）1957 年的论文《作为制度过程的经济》。20 世纪 50 年代，波拉尼发起并领导了人类学界的实体经济与形式经济的争论。波拉尼把"经济"作了两种意义的区分：一种是实体意义；一种是形式意义的，由此经济学被分成实体经济学和形式经济学。实体经济学批判形式经济学假定所有的经济形式都具有共同的内核，忽略了对经济至关重要因素的历史相对性，如果把经济形式与具体的社会和历史条件相联系，形式经济学借助于价格进行的市场均衡分析方法就存在显而易见的问题：因为很多经济形态就不存在价格，如互惠和再分配。波拉尼、霍普金斯（T. K. Hopkins）等实体主义者以"没有经济过程赖以存在的、必要的社会条件概念，就不可能有合理的经济理论"为基本理念，致力于经济过程嵌入性机制的研究。[①]波拉尼认为"人类经济嵌入并缠结于经济与非经济的制度之中"。在这里，波拉尼特别强调了非经济制度的至关重要，他指出：宗教、政府对于经济结构与功能的形成和实施与货币制度、工具同样重要。1985 年，

---

① 参见张其仔著：《新经济社会学》第 1 章，中国社会科学文献出版社 2001 年版。在该书中 Karl Polanyi 译作波兰尼。

格拉诺维特（Mark Granovetter）在《美国社会学》杂志上发表了《经济行动和社会结构：嵌入性问题》一文，进一步阐述了卡尔·波拉尼的"嵌入性"概念。他认为，经济行为嵌入于社会结构，而社会结构的核心就是人们生活中的社会网络，嵌入的网络机制是信任。格拉诺维特针对强嵌入性和零嵌入性这两种极端观点，主张融合两种对立的立场。他提出的弱嵌入性观，一方面承认经济嵌入社会关系之中，另一方面又强调经济过程的自主性。从此以后，"嵌入性"视角得到更为广泛的重视，嵌入性的观点是经济社会学家所采用的一个至关重要的针对性概念，经济社会学家把它当作理解经济过程的一个独特方法，并成为目前美国新经济社会学的一个基础性概念。

嵌入性理论的贡献之一在于，它指出了行为者与其所处社会环境之间不可分割的联系，经济主体的决策受到其所嵌入社会的经济和非经济制度、市场、政治、社会资本网络及认知结构的制约，但行动者并非为这些因素所主宰，而是具有主动性和适应性，对其所嵌入社会制度的变迁具有反作用。这种认识论与本书的情境—过程理性假设具有逻辑的一致性。

2. 网络分析

经济过程的社会嵌入性形成了社会系统的结构性，为了适应嵌入性理论观念，社会学家借鉴社会学中结构主义的学术思想，发展了一种适应性分析工具：网络分析方法。

在社会学理论著作中，网络就是行为者之间的一种关系。行动者可以是个人，也可以指企业。从方法论上，网络是一种描述社会结构的方法。社会网络由四种因素构成：结构要素、资源要素、规则要素和动态要素。结构要素是行动者联系的形式和强度；资源要素指各种特性，如能力、知识、财产、性别、宗教等分布；规则指影响行动者行为的各种规则；动态要素指的是网络形成和变化的各种机会和限制。所以，确切地讲，网络是由带着一定资源的行动者及其关系构成的一种结构。20 世纪 90 年代，社会网络的一些基本概念、观点已经成为当代西方主流社会学理论的基石。① 社会网络理论主张，社会结构应该界定为网络的系统，社会成员按照联系点有差别地占有稀缺资源和结构性地分配这些资源；应该按照行为

---

① 参见张其仔著：《新经济社会学》，中国社会科学文献出版社 2001 年版，第 15～16 页。

的结构性限制而不是行动者的内在驱动力来解释行为；要关注分析人们对社会资源的获取能力，而不能仅仅强调人们对某些特定社会资源的占有程度。

网络分析法的贡献在于，提供了从经济主体所处的社会网络结构去认识其理性选择的思维方式。社会网络中规则制度、市场结构、资源分布都对处于其中的行动者（人或组织）的行为产生积极或消极的影响。行动者在社会网络中的地位决定了其对某些特定社会资源的占有程度，而与其他行动者的关系结构决定了其对社会资源的获取能力。这些对经济主体行为选择的影响，往往是主流经济学所忽视的。

3. 嵌入性理论和网络分析法的借鉴意义

嵌入性理论和网络分析法并不是为研究会计问题而发展起来的，属于经济社会学方法，并且其理论和方法也不是完美的，具有一定局限性。但是，它们却为情境—过程理性假设及其分析框架的建立提供了理论的支持和方法论的指导。

嵌入性理论所主张的经济行为的嵌入性、行为主体的关系结构和社会结构对经济行为的影响与情境假设的思想是一致的。既然任何行动都是嵌入在社会情境结构之中，经济过程实质上是主体与情境的互动过程，对经济行为策略的理解应该始于对行动者情境的分析，对经济行为的管理也就应着手于对其所处的情境结构的再造。因此，该理论和方法对企业会计准则执行研究的指导意义是：

第一，企业具有社会嵌入性，任何一个企业都嵌入于所处的制度环境、市场结构之中，而且企业与利益相关者形成的资源网络具有异质性，因此，不同企业采取经济行为的资源条件不同，可以说，制度、市场及其资源就构成了企业行为的情境结构。这为我们采取逻辑推理方法提炼会计准则执行行为的情境架构提供了思路。

第二，企业会计准则执行是企业与会计实践情境互动的过程，企业会计行为目标的选择空间是由会计行为动机——会计目标构成的集，企业在对所处情境的认识和互动中形成自己会计准则执行的目标和行动策略，并随着实践情境的变迁不断修正行为目标，调整会计行为策略。

第三，情境要素从不同角度给予企业会计准则执行行为不同的作用，形塑了其行为特征。从空间看，情境结构具有国家和地区的差异；从时间看，情境结构具有过程性。因此，企业会计准则执行行为具有国别特色和时代特色，如果会计信息失真是跨世纪的世界难题，则其治理措施也应该是因地、因时制宜。

2.3.2 企业的嵌入性、企业关系网络中会计情境的构建

1. 企业的嵌入性

嵌入性理论为我们认识与研究会计准则执行提供了理论工具，大量的经验研究证明了经济嵌入社会关系的证据，但是为什么存在嵌入性？嵌入性对经济行为与制度的影响是什么？嵌入性如何构建？新经济社会学对这三个问题作出了非正式化（非模型化）解释。格拉诺维特认为非经济动机的实现离不开社会关系网，非经济动机是导致嵌入性产生的原因。有些经济学家把嵌入性与重复博弈等同起来，用重复博弈来描述嵌入性问题。这些解释本身是不够圆满的，对我们认识会计行为的嵌入性是缺乏说服力的。因此，我们另辟蹊径，借助于契约论来认识会计的嵌入性。

1937 年，美国著名的经济学家科斯把企业的性质概括为"劳动与资本的长期的权威的契约关系"。这种观点得到阿尔钦、德姆塞茨等许多经济学家的赞同，并得以不断深化，形成当今企业经济学的主流理论。本来，微观经济学家研究企业契约的目的是探讨企业所有权安排与绩效的关系，其思想基础是"股东利益至上"的理念。但是，利益相关者学派进一步发展了他们契约思想，从企业社会性角度把企业看成是一组"所有利益相关者之间的一系列多边契约"（弗利曼、欧文，1990）。[①] 现代企业是利益相关者通过订立契约而形成的利益共同体，企业处于以契约而形成的社会关系网络的中心，网络中流动着企业与利益相关者之间的交易：资源、利益和信息。在这个网络中，利益相关者向企业投入了资源，企业向利益相关者提供要素报酬和要素使用权的履约信息。具体地说，股东与企业之间订立股权契约，向企业提供了权益资本，获取企业剩余，因为资本的稀缺性和不得或缺性，股权契约的长期性，股东成为会计信息的主要使

---

① 弗利曼、欧文：《公司治理结构：一种利益相关者的解释》，载于《行为经济学学刊》1990 年第 19 卷，第 354 页。

用者；债权人通过债权契约向企业提供债务资本，获得保本获息的权利，同样是会计信息的主要使用者；管理型人力资本向企业贡献管理才能，获得工资、福利、奖金和权益性回报，其他职工以雇佣契约为依据向企业贡献劳动和技能，获取工资、福利和奖金，具有会计信息的使用权；国家向企业提供社会资本，获取税金和信息使用权；供应商和顾客以商业契约为基础，向企业分别贡献了商品、劳务和现金，也具有了解企业信息的权利；审计师以审计契约为依据，向企业提供审计和咨询服务，获得审计和服务费用，也具有会计信息的知情权。因此，企业被锁入一个关系网络中，如图 2-3 所示。

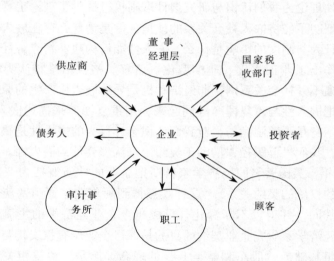

图 2-3　企业以契约为基础形成的资源、利益和信息交换网络

2. 会计在企业网络中的地位和作用

假如任何一个企业处在都是以契约为纽带形成的网络中，企业本身作为契约的耦合体而存在。按照《中华人民共和国会计法》和《中华人民共和国税收征收管理法》，企业在设立后规定期限内必须设立账簿，选择会计政策，依法进行会计核算。但是，企业财务会计的作用是什么？地位如何？

夏恩·桑德（Shyan Sunder，1997）认为，会计在企业契约机制中有五个方面的功能：①贡献计量。会计首先要对企业契约参与者对企业的贡献进行计量，如对投资者投入的资本进行确认和计量，明确每一个投资者在企业权益中享有权益的性质和份额，这是企业对投资者分配收益的依据之一。按照企业人力资本报酬契约，经理层投入的管理资源、技术人员投入技术知识资源也应该如实计量，作为利益分配的基础，但是由于计量技术和成本的限制，对人力资本的贡献不能直接计量，目前只能通过剩余索取权分享的方式解决。②报酬计量。企业契约参与者按照契约向企业投入各种要素的目的是为了从企业获得报酬，即要素收益。① 所以，会计要对要素所有者获取的报酬予以计量。对于固定报酬契约，如利息、固定工资、财产和流转税等可以直接计量，但对于所得税、股东报酬、实行年薪制的管理人员报酬的计量则建立在利润计量的基础上。③履约信息的提供。对现代企业而言，除了企业的人力资源和权益资本的部分所有者直接参与企业的运行外，大部分契约参与者由于并不直接参与企业活动而不能及时、全面掌握企业契约的履行信息，需要会计将管理者的履约信息披露出来，以便他们了解企业契约的履行情况，及时调整自己的决策。④维护企业契约参与者市场地位的流动性，维护企业关系网络的开放性与安全性。市场参与者作为经济利益主体，根据其获得的各种财务信息，减少了对企业认识的不确定性，及时调整与企业的交易契约，维护自己的利益；企业也需要根据市场主体反馈的资源价格信息调整财务决策。这些行为是以会计信息为基础的两个互动的层面。因此，会计在维护参与者的市场流动性的同时，也保证了企业网络关系的开放性和安全性。⑤提供契约参与者之间谈判博弈的共同性知识基础。由于未来的不确定性和信息的不对称性，利益相关者之间的谈判是复杂的，需要支付较高交易成本。这些谈判是以对企业未来的预期为基础，会计提供高质量的财务会计报告为各方提供了预期未来前景的基础，有利于减少信息搜寻成本，提高信息的准确性。

3. 企业会计准则执行的情境架构

现代会计在企业网络中的重要地位和作用使会计信息产权具有了公有性，会计信息的质量具有经济后果，影响利益相关者的利益分配和资

---

① 要素收益的表现形式不同，债权的报酬是利息，劳动报酬是工资或薪酬，股权的报酬是股利和剩余，等等。

源配置。但是，企业财务会计报告的供给仍然是企业行为，供需双方在会计信息供求上的矛盾必然存在。这使会计管制成为一个必然的发展趋势。会计发展史证明，资本市场出现后，会计行为从古典企业的自我行为转变成为受到社会规制约束的社会行为。会计准则本身就是会计管制的产物。

企业会计准则作为维护企业契约关系的制度性安排，旨在通过规范财务会计报告的生成和供给来维护企业网络的安全性和持久性。在企业与利益相关者之间形成的资源和利益网络中，会计不仅是维护企业扩展秩序的手段，[①] 而且其本身也是一种特定的秩序（即会计秩序）的中心。哈耶克的文化进化论指出：那些建立了扩展秩序的群体必须找到足够有效的制度——第一方监督（道德自律）、第二方监督（互相牵制）和第三方监督（强权仲裁），来减少行动者的自利行为（邓正来，2002）。前面已经分析过，企业及其管理者具有执行会计准则的自利性动机，必须依赖于三方监督机制。从企业角度，会计管制者是以第三方的身份对企业会计准则执行实施的强制性管制；而会计信息使用者则是以第二方身份通过对财务会计报告的使用和决策对企业会计准则执行进行牵制；企业公司治理中实施的会计治理是第一方自律机制。[②]

当将企业执行会计准则的过程当作一种管理决策来研究，除了考虑企业面临的制度约束和市场需求环境外，资源条件是采取会计行动不可缺少的一个因素。企业的嵌入性和企业网络的异质性意味着企业占有的资源和可以利用的资源也是不同的，这是在展开会计准则执行行为时不可忽视的条件。所以，资源，尤其是与会计行为相关的资源构成会计准则执行的又一个情境。

综上所述，企业会计准则执行主体实质上处于一个多层次网络。首先，企业作为一个法人组织处于一个社会网络中，企业面临着宏观制度、会计信息需求外部情境的制约；其次，在企业本身也是一个科层组织，会计行为受到公司内部制度安排的制约，公司内部激励和控制共同构成企业微观情境；再次，制度、市场共同形塑了企业资源条件，影响会计准则执行能力。会计相关的制度、需求和资源条件共同构成了会计准则执行的情境架构。

---

① 企业是一组契约联结，说明了企业本身就是人类在文明发展中形成的扩展秩序。

② 当然相对于管理者，公司治理的内部控制机制可以是第二方的监督方式，注册会计师、外部监管可以说是第三方监督机制，管理者的道德自律是第一方监督。

☞2.3.3　会计准则执行的情境架构：来自文献研究的支持

企业执行会计准则的情境因素选择应符合以下的原则：①情境对会计准则执行必须有直接影响力；②情境与财务会计报告有关；③情境必须是现实存在的；④情境是处在连续变化中；⑤情境必须被证明是重要的，是各国规范会计行为的改革领域。在此，本书主要以经验研究的发现为依据，对上面提出的会计准则执行的情境架构进行佐证（见表2－1）。

表 2－1　　　　　　　**情境要素的整合性安排与文献研究**
涉及的财务会计报告实践制约因素的比较

情境架构＼文献佐证	宏观制度（主要是第三方强制执行制度）	会计信息需求（第二方牵制）	公司治理制度（企业层次的激励与控制机制）	资源（执行会计准则的条件）
盈余管理	会计准则、法律和监管	债务契约、资本市场发达程度、市场融资门槛	外部审计、公司激励机制（包括红利计划）	地方政府补贴和税收优惠、关联交易
会计政策选择	会计准则、法律制度	市场需求（利益相关者）	公司治理、会计监督、内部控制	职业判断（会计人力资源）、利益关系
财务会计报告舞弊	暴露风险、舞弊机会、受到处罚程度、文化信誉和道德规范	资本市场融资机会和替代性监管政策	内部控制、公司治理、外部审计、公司文化	无知和能力不足、道德品质、利用关系网络
综合性主题（刘峰、姜英兵、方红星、Ray Ball；等）	会计准则、法律风险、实施力量、政府对会计管制、信誉、媒体监督、司法诉讼	外部机会（资本市场筹资机会）、信息需求、市场的力量、财务分析师的信息分析	公司治理、内部控制、审计、股权激励	政府对会计干预方式和深度、会计人员职业道德和水平

说明：表中文献研究所涉及内容主要来自文献综述。关系作为资源也是笔者根据调查研究后的决定。

以上分析说明，前面通过理论逻辑推导出来的情境架构得到许多研究文献的支持。笔者新增的资源情境，可以将影响企业财务报告目标的事件、信息、关系、会计人力资源等都包含进来。而且，市场经济国家和处于经济体制转轨中的国家，会计人力资源的水平，政企关系和企业与大股东、债权人等利益相关者之间关系不同，这都是影响会计准则执行过程和效果的重要因素，它们可以从非制度性因素的角度解释各国财务报告质量的差异，增加会计理论的解释力。

§2.4　会计准则执行行为分析的理论与原则

☞2.4.1　期望效用理论与会计准则执行的成本、收益分析

本书将企业执行会计准则的过程视为企业管理的一个方面，而且视这项管理活动为一个风险决策和执行问题，因此，在研究过程中，有必要以决策理论为指导。

1. 期望效用理论的基本原理

人类的决策行为有确定性决策和不确定性决策。由于人类知识的有限性、可获得信息的有限性和不对称性以及客观事务的复杂性，大量人类决策都是不确定性的决策。经济学作为研究人类经济行为和经济现象的科学，建立了许多决策理论和决策模型研究人类行为选择。期望效用理论就是研究不确定条件下决策的影响深远的理论。

预期效用理论假定的前提条件是：人们是理性和自利的；偏好是稳定的；面临的决策环境是不确定的；决策者的知识和信息是有限的；可供选择方案是有限的；其决策行为就是在一系列选择方案和各自概率下最大化的预期效用。其决策函数：

$$U(X_1, P_1, \cdots, X_n, P_n) = P_1 U(X_1) + P_2 U(X_2) + \cdots + P_n U(X_n),$$

其中，

$$P_1 + P_2 + \cdots + P_n = 1。$$

预期效用理论的决策过程是：首先，辨别各种选择方案的可能结果，确定每种结果的效用 U，并赋予每种不确定结果的相应概率 P；其次，求出每种方案的期望效用 $\sum U \cdot P$，从中选择预期效用最大化的方案并赋予实施。在预期效用理论中，情境要素都被内部化为效用函数中的变量。在给定预期效用函数的情况下，通过数学推导，可以得出预期效用最大化

时的条件。

期望效用理论最早解释是由 Von Neumann 和 Morgenstern 于 1953 年发表的，后经 Savage（1972）进一步发展，二者主要区别是对待概率的态度。① 前者主张客观概率论，后者主张主观概率论。随着信息经济学发展，以及不完全信息博弈理论的出现，使人们认识到预期效用理论的局限性。任何决策者不是在封闭环境中进行经济决策，因而期望收益最大化不是绝对的，是决策者作为参与人在不确定条件下，在博弈过程中，选择满意的期望支付的行为方案。企业在选择一种会计行动时，并不能知道被查处的客观概率，所以，影响期望效用的概率也不是完全客观的。因此，本书认为，博弈均衡思想与预期效用最大化并不矛盾，选择了一个满意的期望效用，也就选择了行动的方案。但从博弈论视角下去认识决策者试图期望效用最大化的选择，可以发现个体理性与社会理性矛盾的协调过程。因此，不完全信息博弈理论思想发展了传统的预期效用理论，它使期望效用理论具有更现实的解释力。本书借鉴 Savage（1972）的期望效用观点，但借鉴不完全信息下的博弈分析方法，在一定的情境结构下分析企业会计准则遵从效用的最大化的行为选择，并在确保会计准则遵从目标下确定最优的政策选择。前者其实是情境理性下的企业效用满意化的最优解，后者则就是达到社会理性和个体理性相容时的均衡解。

2. 期望效用理论对会计准则执行分析的理论指导

会计准则执行的抉择面临着外部的检查和处罚风险，市场反应风险，企业公司治理中内部控制风险，注册会计师的监督风险，监事会或独立董事的监察风险，可以说这是一个风险决策。作为理性的经济人，企业不可能盲目地选择会计程序和方法，要权衡各种成本、风险和收益，最终作出决策。因此，会计准则执行的理性决策应该遵从期望效用理论，奉行期望效益大于成本的原则。②

从企业角度，遵从会计准则的成本一般包括：

---

① 张圣平著：《偏好、信念、信息与证券价格》，上海三联出版社 2002 年版，第 1 页。

② 从社会角度，会计准则执行成本除了企业成本还包括会计管制成本；会计准则执行收益包括通过规范信息披露而保护投资者利益，提高市场流动性，降低资本成本，提高了资本配置效率，提高了企业竞争的效率，以及对外部不经济的抑制。

（1）会计核算的人工成本。指企业用于会计部门负责人和会计人员的工资、福利等报酬支出。

（2）会计核算的非劳动成本。指办理会计业务发生凭证、账簿的费用，电话、传真、电脑等物料费用。

（3）审计和检查成本。指聘请注册会计师对财务会计报告进行审计的成本，接受财政、税务、证券、保险等各方面检查发生的相应成本。

（4）报告和披露成本。财务会计报告编制和审计后，在报送或通过公开渠道披露的成本。

（5）不确定性成本。指财务会计报告披露引起的诉讼成本和竞争不力成本。在企业财务状况和业绩不佳时，如实披露可能使企业因失去市场筹资机会等而导致企业蒙受机会损失。

遵从会计准则的收益包括：

（1）降低企业筹资成本。遵守会计准则避免了会计信息的诉讼和法律风险，相对减少财务会计报告成本。更重要的是高质量的会计信息减少了信息使用者的不确定性，提高了其决策的效率和对企业的信心，提高了企业信用等级，降低了对利益回报要求，减少了企业筹资成本。

（2）管理收益。企业为了执行会计准则，需要建立完整的凭证和账簿记录，有助于提高会计信息在企业管理中的应用，提高财务管理的效率。

（3）提高企业声誉，降低市场运行成本。企业依法进行会计处理，提高会计报告的合法性，取得标准无保留意见，提高企业声誉，有利于改善企业公共形象，提高利益相关者对企业的信赖，因此能够吸引更多的投资者跟从，有利于降低要素市场和产品市场的成本，提高其股票价格和产品价格。

另外，在发达国家，许多企业管理层参与会计准则制定或游说会计准则制定机构，因此也会发生成本，这些行为目的是减少会计准则对企业的不利影响，这部分成本应该是会计准则遵从成本的组成部分。

不遵从会计准则，其成本除了会计处理和报告成本外，还可能发生由操纵和舞弊等而发生的处罚成本和声誉成本，虚报盈余可能发生多缴税金而增加现金需求的成本。

不遵从会计准则的收益包括增加的会计收益和通过获得资本市场机会而增加的收益，避免契约解除的收益，避免机会丧失的收益等。

从管理者个人角度，会计准则执行的行为选择将会影响其经济收益和政治、精神收益。经济收益包括契约收益和控制权收益；政治收益包括职位的升迁，精神收益指声誉收益。成本包括会计准则执行决策的活劳动耗费、契约性损失和控制权的损失，罚款和罚金支出，遭到解职的损失和声誉损失，心理压力。

由于企业执行会计准则的不确定性成本收益、机会成本收益及其损失难以计量，而确定性收益与成本也难以从企业会计收益、成本或管理费用中分离，具体计量会遇到很多困难。所以，要采取简化处理，即以遵从会计准则的确定性会计收益为基准，考虑不遵从会计准则而发生的增量收益和成本（即期望收益＝遵从会计准则的期望收益＋不遵从会计准则的期望收益）在期望效用理论下，会计准则执行决策应该采取风险约束下期望收益满意化的决策评估模式。

☛2.4.2 前景理论对会计准则执行研究的理论指导

1. 前景理论的主要观点

期望效用理论为我们提供了一个分析、评价行为决策的理论模型。但是，20 世纪 70 年代以后，Kahnman 和 Tversky 等人通过实验研究发现，人们经常使用直观判断和有限的可利用的数据将复杂的问题简化为一些简单的判断，这种决策表现出与期望效用理论相背离的特征。

（1）确定性效应。Kahnman 和 Tversky（1979）实验表明，当参与者面临以 80% 的概率得到 4 000 和 100% 概率得到 3 000 的选择时，80% 的人选择了后者，尽管后者的预期价值少于前者。这说明人们常会在预期价值相等时，对确定性结果的偏好胜过对可能性结果的偏好。这与期望效用理论假设人们在不同方案的决策中常采取预期效用最大化的方案相背离。

（2）反射性效应。Kahnman 和 Tversky 研究发现，当人们面临损失前景时，其反应方式与他们面临收益时相反，特别是当面临着从收益转向损失时，人们表现出显著的风险偏好逆转现象，从风险厌恶转向风险偏好。如他们实验发现，当参与者有 80% 概率得到 4 000、可以确定地得到 3 000 时，80% 的人选择后者；当把游戏改成参与者有 80% 的概率损失 4 000、有 100% 概率损失 3 000 时，结果 92% 人选择了前者。这个实验表明人们对损失比对收益给予更强烈的关注，表现出损失厌恶，对损失估价要比收益估计更高。这一实验发现与预期效用理论假定人们的风险偏好是稳定的，一般决策者属于风险厌恶型的假设相背离。

（3）分离性效应。由于人们面临的前景都由一系列成分构成，人们在进行决策时，对其成分的不同分解及其赋予的偏好不同。例如，Kahnman 和 Tversky 设计了一个游戏实验，游戏分两个阶段：在第一个阶段，参与者有75%概率一无所获而退出游戏，有25%概率进入下一个阶段。如果进入第二个阶段，又有两个选择：有80%的概率得到 4 000 或100%的概率得到 3 000。他们要求参与者游戏开始前作出选择。结果发现78%的人选择后者。实际上，如果根据预期效用理论，这两种前景的预期价值分别是 800 和 750，理性人应该选择前者。实验表明，人们在决策时会忽视那些各种前景中公有的成分，而把不同的部分分离出来加以考虑，结果背离了预期效用理论。

以上三种现象表明，期望理论具有一定的局限性，它忽视了认知心理因素对人们行为的影响，同时表明，期望理论下的成本效用分析法具有一定的局限性。

Kahnman 和 Tversky 把认知心理学引入经济学，于 1979 年创立了前景理论。前景理论认为，在不确定性情况下，个人决策问题可以分为两个阶段：编辑阶段和评价阶段。编辑阶段的功能就是组织和重新表述各种选择方案，以便随后的评价和决策。通过编辑阶段把真实世界的决策转换为各种前景（prospect）。评价阶段就是对前一个阶段编辑的各种前景进行估价，选择价值最大化的前景。与期望效用理论的期望效用函数值最大化不同，前景理论下这一最大价值是由价值函数和决策权重函数共同决定的。[①]

（1）价值函数。价值函数是相对于参照点计算出来的财富变化量。如果参照点被赋值为零，当结果大于参照点，则为收益；结果少于参照点，则为损失。Kahnman 和 Tversky 认为价值函数有三个主要特征：第一，价值函数是由决策者主观感受到的收益或损失，是相对于参照点而言，是决策者赋予某一前景的主观价值。第二，价值函数因人而异，但通常是 S 形，在收益区域（参照点上方）是凹的，表现出风险厌恶特征；在损失

---

① Daniel Kahneman, Amos Tversky, Prospect Theory: An Analysis of Decision Under Risk, Econometrics, 1979. 转引自 Edwards K. D., 1966, Prospect Theory: A Literature Review, *International Review of Financial analysis*, Vol. 5 (1).

区域（参照点下方）是凸的，表现出风险爱好。这意味着，决策者面对损失表现出风险偏好。第三，损失曲线部分比收益曲线部分陡峭，在向两段发展时，其敏感性降低，离参照点越远，价值函数越平坦，相对于 0 点，损失曲线部分比收益曲线部分更陡峭。这说明，人们对同样损失比对同样的收益敏感，表现出对损失的厌恶。而随着收益或损失的扩大，这种敏感性会降低（见图 2 - 4）。

（2）决策权重函数。在效用函数中，不确定结果采用概率来权衡，但在前景理论中，不确定性程度以权重函数 $\Pi(P)$ 来定义。权重函数是决策结果发生概率的单调函数，其特征如下：第一，权重函数是概率 P 的增函数，并且在 0 和 1 处不连续，在这两处，权重函数分别等于 0 和 1。第二，决策者倾向于高估的小概率事件和低估高概率事件。第三，当概率比一定时，大概率对应的权重比率小于小概率对应的权重（见图 2 - 5）。

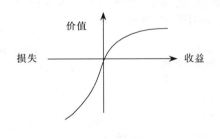

图 2 - 4　前景理论的价值函数

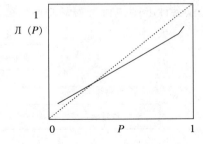

图 2 - 5　前景理论的权重函数

2. 前景理论对分析企业会计准则执行的启示

期望效用理论和前景理论都是研究不确定条件下的决策行为，但预期效用理论是定义理性行为，可以采用定量分析的方法；而前景理论是用来描述真实的决策行为，一般采用描述性方法。前者以风险偏好稳定为前提，关注决策引起财富总量的变化；后者认可个人偏好是不稳定的，相对于决策前景的性质将会变化，关注决策行为引起的相对财富的变化。但是，前景理论的发展并没有推翻预期效用理论，而是对预期效用理论的补充。

在利益驱动下，企业可能采取不同的会计准则执行行为。其风险是不遵从会计准则将面临着被发现的风险、被监管部门和市场惩罚的风险。企业并不能确定检查风险是多少，只是根据经验给予检查风险一个概率。通常情况下，这种决策可以根据期望效用理论的决策模型来分析，但是，当企业面临特定损益情境时，其决策模式将会符合前景理论。

☛2.4.3 会计准则执行行为研究的二元分析法

本书提出情境—过程理性假设，其核心思想是企业会计准则执行抉择的理性特征会随着所面临的情境而变化，要求针对具体情境要素的特征，分析会计准则执行的抉择。因此，本书拟将期望效用理论和前景理论结合起来，以期望效用理论为主、前景理论为辅，采取"二元"分析方法：①以预期成本收益分析为主要方法，结合具体情境对会计准则执行主体行为偏好影响的描述，将逻辑理性推理和现实理性描述结合起来，更好地解释企业会计准则执行行为，并提出会计信息治理的对策。

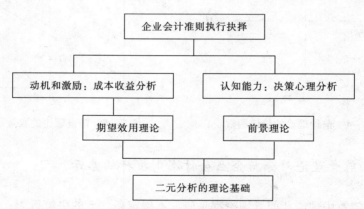

图2-6　会计准则执行行为研究的理论基础与方法

---

① 井尻雄士提出二元分析法是以两种不同的基本观点或角度来解释现象的方法，见《财会通讯》2005年第10期，第16页。

§2.5 情境架构下会计准则执行的分析框架

🐦2.5.1 情境架构与会计准则执行行为与结果的联结：方法论基础

将会计实践的情境架构与企业会计准则执行行为的选择联结起来，系统解释中外财务会计报告舞弊屡禁不止的原因，探讨如何提高会计准则遵从水平是本书的研究宗旨。美国社会学家 J·科尔曼在理性行动研究中所采取的、被他称之为"系统行为的内部分析"提供了系统情境与个体行为选择联结起来的方法论。科尔曼以马克斯·韦伯在其著作中提出的"新教的宗教价值观促进了资本主义经济组织的形成"这一命题的研究方法为例，指出韦伯采取"新教价值观——资本主义"从宏观到宏观的研究方法有其逻辑上的缺陷，并提出自己的研究方法的特点，如图 2-7 所示。

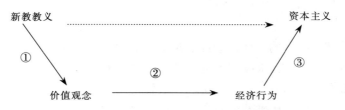

图 2-7 宗教主义对经济组织的影响

资料来源：科尔曼著：《社会理论的基础》（上），社会科学文献出版社 1999 年版，第 12 页。

会计准则执行是一种法人的理性选择行为，会计准则的执行过程是企业会计行为主体在会计准则执行目标的引导下，在情境的约束下，通过理性地选择会计准则执行策略，并将之付诸于会计行动的过程，财务会计报告则是其行为结果。会计信息失真作为会计系统的现象，是企业会计行为的累积结果。围绕会计信息披露制度的各方面改革，其实际着力点在于改变企业会计行为的选择，使其具有合法性、公允性和合理性。所以，该命题可以借鉴科尔曼的系统行为的内部分析法。

借鉴了科尔曼系统内部分析的方法，以会计准则执行主体符合情境—过程理性为假设前提，将情境架构与会计准则执行行为联结起来。通过特定情境下企业会计准则执行抉择的分析，可以解释财务会计报告质量现象，发现会计信息质量的形成机制。在分析过程中，既可以采用间接论证法，即利用财务报告质量与情境要素相关性的统计分析方法，也可以采用特定情境下实验研究、案例研究和实地调查，即直接论证法。不仅如此，针对分析的结论可以提出提高会计准则遵从水平的对策。这种对策是在对"情境架构下会计准则执行机制——企业会计准则执行行为"互动的分析中得出的针对性对策。这种方法论如图 2－8 所示。

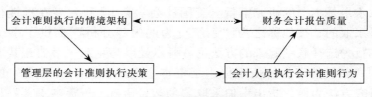

图 2－8　会计准则执行研究的方法论

☞2.5.2　情境—过程视角下会计准则执行的分析框架

会计准则执行的主体，会计准则执行的动机与目标，会计准则执行选择的情境架构，会计准则执行的行动选择和财务会计报告，构成会计准则执行分析框架的构成要素，在情境—过程视角下，情境与会计准则执行行为的互动是构成分析框架的骨干，如图 2－9 所示。

会计准则及其保障实施的制度体系属于宏观制度情境。会计准则作为一种技术规范，会计准则制定及其质量与企业会计准则的执行效果是密切相关的。会计准则制定的有效性是会计准则执行有效性的前提。会计准则的实施制度包括正式制度和非正式制度。正式制度以法律制度、会计监管检查、司法诉讼及各种惩罚手段形成威慑机制，对会计准则执行形成外部压力，构造了会计准则的强制执行机制体系。非正式制度提供了会计文化、信誉机制和职业道德规范，形成了对会计准则执行的"软约束"。非正式制度是对正式制度的补充，在其持续作用下，其实也具有强制执行机制的效应。

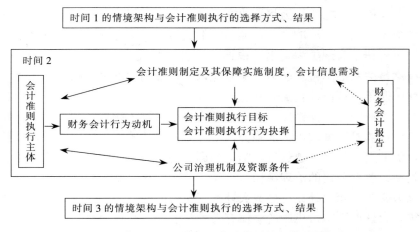

图 2－9　情境—过程视角下会计准则执行的分析框架

　　会计信息有效需求通过评价机制和价格机制对高质量会计信息予以激励，实质上是提供了会计准则遵从的动力。成熟市场和新生市场的会计需求有效性差异决定了其市场激励机制有效性的差异，高质量财务会计报告需要有效的需求激励。

　　公司治理制度的激励方式和激励手段影响到管理者利益获取方式，对管理层会计抉择行为具有诱致作用，因此，利益激励具有会计激励效应。有效的控制机制保证了企业会计行为的合法性和有效性，保证了会计决策的合法性和公允性。因此，公司治理机制决定了企业自我执行会计准则的驱动力和约束力。

　　资源是企业采取会计准则执行策略的条件。企业拥有会计人力资源的水平、利益相关者的关系网络等，影响了企业会计准则执行的能力。利益相关者基于对自己利益的关心会影响企业会计准则的执行。企业采取会计行动的资源差异改变了同一制度和市场背景下的会计准则执行能力。

　　各种情境及其所产生的机制之间存在着密切的关联性。会计准则制定的有效性将会提高会计准则执行的有效性，并减小对会计准则实施制度的依赖；会计信息需求激励的有效性会减少对制度体系的依赖，如果市场需求激励无效，则加大了对外部强制性机制的需求。在一定制度和市场环境下，企业会计资源条件决定了企业可能的策略选择。会计人力资源的水平直接影响企业执行会计准则的能力。关系本身可能减弱会计准则的执行能力，如大股东的掠夺行为将恶化企业财务状况；但另一方面，也可能提高会计盈余，提高会计准则执行能力，形成对企业会计准则的支持机制。这在上市公司中表现更为突出。根据会计主体假设，企业作为一个独立体，具有动员关系的动机和能力，关系应该从资源的角度去理解。市场化、法制化的改革将规范政企关系和企业之间的关系，这对企业关系资源的利用将会产生影响。会计制度、会计信息需求、资源依赖也影响到公司治理制度。会计监管制度改革将加强公司治理中的会计监督机制。资本投资者根据得到的会计信息，通过资本结构的调整将影响公司治理中利益主体的力量均衡，改变公司的治理结构。可见，公司治理制度与外部制度及市场机制互为支撑，相互补充，形成会计准则执行的情境架构。会计准则有效性必须以会计准则执行机制的整体有效性为前提，高质量会计信息是各种机制的均衡作用的结果。

制度、需求、公司治理制度和资源构成了企业会计准则执行的情境架构，本书采取从外部依次递进到企业内部的方法进行分析。在每一个情境下，要分析情境内生机制对会计准则执行的作用机理，探讨我国会计准则执行机制的有效性与财务会计报告大面积失真的关系。最后，要以提高会计准则执行水平为宗旨，提出如何再造情境架构，优化会计准则的机制，以提高会计准则的遵从水平的对策。

在时序结构中，随着制度的变迁、市场的发展、企业占有和利用资源的变化，会计准则执行机制不断优化，会计准则执行主体不断调整着会计准则执行策略选择，财务会计行为也在进行渐进性优化，财务会计报告质量将不断提高。

本 章 小 结

（1）企业会计准则执行行动包括决策和决策执行过程。会计准则执行决策主体是企业管理层，决策执行主体是会计人员。会计准则执行的目标是由企业会计行为动机和会计准则执行机制决定的，会计准则执行的行为选择主要包括是否完全遵从会计准则及其采取的会计政策或交易安排。不同选择导致不同质量的财务会计报告。

（2）会计准则制定和管制的研究假设是有限理性假设，在这一假设前提下，会计准则制定模式和实施机制改革遵循以集体的、程序的理性克服个体理性缺陷。这一假设不适合企业会计准则执行行为分析。情境—过程理性假设是建立在有限理性假设的基础上，融合了社会学和经济学理性假设的观念，是从时空角度对理性选择假设的进一步诠释，是会计准则执行主体的行为假设。

（3）企业契约理论论证了企业的社会嵌入性，会计在契约中的作用和会计信息的社会性，决定了以财务会计报告为中心形成会计秩序的重要性。制度、会计信息需求、公司治理制度因对财务会计报告的制约作用，构成了会计准则执行的情境要素，资源则因对会计准则执行能力的影响而成为会计准则执行的情境要素，它们相互作用构成了会计准则执行的情境架构。

（4）期望效用理论和前景理论互为补充，为会计准则执行的行为分析提供了理论工具。将会计准则执行主体认知心理分析和期望收益的权衡相结合，是研究企业会计准则执行行为的基本原则。

（5）借鉴科尔曼的系统内部分析方法，构建了情境—过程视角下会计准则执行的理论分析框架。按照"情境—机制—会计准则执行行为—财务会计信息质量"的逻辑联系，不仅使我们建立了分析和解释会计准则执行行为和会计信息质量成因的逻辑方法，而且提供了优化会计准则执行机制、推动会计信息质量不断提高的思路。

第 3 章

会计准则制定及其保障
实施制度与企业会计准则执行

    会计准则是规范企业财务会计报告生成和供给过程的技术规范。我国会计准则由财政部经法律授权制定，会计准则被看作会计规范的一部分；在有的国家仅是由民间机构制定，不具备规范地位。为了保证会计准则的执行，各国制定了一套保障会计准则实施的制度体系，与非正式制度一起形成会计准则执行的制度情境。在有些文献中，会计准则与会计制度被称为会计标准，如《论会计标准的实施》一书就将各种成文的会计规范安排称为会计标准。按照制度经济学的定义，会计准则及其保障实施制度可以称之为"会计制度"，从这个意义上，在本书中称之为"制度情境"。根据诺思（1994）对制度的认识，[①] 会计准则执行的制度情境由以下几部分构成：规范会计确认、计量、记录和报告披露行为的会计准则体系；发现和处罚不遵守会计准则行为的强制实施制度，包括会计法律、制度化的监管和司法介入的责任追究体系；能降低制度运行费用、弥补正式制度不完备性的会计诚信与职业道德规范体系。

    本章研究会计准则及其保障实施的正式制度和非正式制度对会计准则

---

    ① 诺思认为，制度是人为设计的约束，用于界定人与人之间的交往。从制度功能和性质的角度，制度应该包括的内容是：以规则和条令的形式建立一套行为约束机制；设计一套发现和保证遵守规则和条令的程序；明确一套能降低交易费用的道德与伦理行为规范（《经济史中的结构与变迁》，上海人民出版社 1994 年版，第 17～19 页）。

执行的作用机理。具体安排如下：一是专门研究会计准则制定与会计准则执行的关系；二是正式实施制度的威慑风险对会计准则执行的作用机理；三是非正式制度与会计准则执行关系；四是讨论我国会计准则执行的制度情境与会计准则遵从低水平的关系，为（后面提出）提高会计准则遵从水平的宏观政策建议提供思路。

§3.1　会计准则制定与会计准则执行

☞3.1.1　会计准则制定对会计准则执行的作用机理

1. 会计准则制定与相关者利益

会计准则是实现会计目标的制度手段。受托责任观和决策有用观的共同要求是会计能够合理地反映企业资金运动的真实过程和结果。会计目标的实现有利于保护投资者和潜在投资者利益，维护企业资源网络的安全性，实现企业目标。传统企业理论主张，企业所有权属于所有者，企业的目标在于所有者利益最大化。因此，会计目标（指财务会计目标）可以直接理解为"是合理计量企业所有者积累的财富（葛家澍，2006）"。因此，会计准则必须区分资本和负债，严格划分资本和收益，而且收益的确定应以资本保持为前提。在 20 世纪 40 年代以前，会计是通过期末净资产减去期初净资产来确定收益的，即会计以资产负债观为基础。欧文·斐雪（1929）收益观提出以后，在会计理论中出现了关于收益确定的竞争性学说，即收入费用观。1980 年，美国会计准则委员会在财务会计概念框架 SFACNo. 3 中提出"综合全面收益"后，在很大程度上融合了两种竞争性假说的观点。在财务会计概念框架指导下制定的会计准则可以看作是"收益计量准则"。[①]

会计准则作为一种制度安排，它是一个社会选择的过程。所有者收益

---

① 谢德仁（1997）将收益计量视为剩余计量在会计学上的近义用语，将会计准则理解为一套剩余计量规则。

在制度安排上属于剩余收益，其他利益相关者的收益则被作为剩余收益计算过程的减项处理，所以，如何制定会计准则关系到企业现实利益相关者的利益。而资本市场投资者决策依赖于企业财务会计信息，企业的会计盈余也影响到资本市场投资者利益，进而影响到社会公众利益。这一切导致会计准则制定过程的政治化，会计准则成为利益相关者博弈的结果。主导会计准则制定的利益集团不同，会计准则的价值取向不同。从其经济后果看，会计准则难免使一部分人受益，而使另一部分人受损。在计划经济体制下，我国会计准则（包括会计制度）制定一直由政府利益主导，因此，会计准则的内容为政府财政利益所主导，潜亏挂账和资产减值不予确认，损害了企业长期利益目标。在市场经济体制下，会计准则以投资者利益为导向，通过公允的会计准则制定程序，会计准则的制定将有利于客观地计量所有者的资本和收益。企业根据会计准则确定的收益将日益接近真实的经济收益。

2. 会计准则执行与企业业绩评价

在现代企业制度下，财务会计报告成为评价代理人的行为是否有利于实现企业目标和目标实现程度的重要依据，是外部利益相关者评价企业业绩的重要依据。而财务会计报告是会计行为主体根据会计准则，对企业所发生的交易事项进行确认、计量、记录和报告的结果。我们不妨把财务会计报告看作是真实业绩、会计准则、会计准则执行的函数。经济交易或事项决定了真实的业绩，会计准则的质量决定了会计业绩对真实业绩的反映程度，会计准则质量越高，会计业绩越接近真实业绩；会计准则决定了会计准则执行中政策的选择，是影响财务会计报告业绩水平的重要因素。

企业目标是抽象的，但是，利益相关者的业绩评价标准，如企业与股东、债权人等签订会计契约，资本市场盈利预测和监管门槛等却提供了企业管理者具体追求的财务会计报告的业绩目标。这些业绩评价标准与企业的生存以及代理人的利益密切相关。因此，代理人具有为了实现满意的财务会计报告结果而对会计准则执行进行策略抉择的必要性。制度决定行为的偏好，会计准则是影响会计准则执行策略、关系到企业实现其财务会计报告目标的重要因素。

3. 会计准则执行的逻辑

（1）会计准则的认可性执行。会计准则执行具有经济后果，因此，会计准则的执行结果是否有利于实现代理人的财务会计报告目标，这是会计准则执行者首先要权衡的问题。假如，真实业绩为 V_R，管理者作为企业代理人确定的财务会计报告的业绩为 V_G，如果会计准则的执行有利于实现管理者的目标，则企业将会主动地执行会计准则，这就是认可性执行。

（2）会计准则的畏惧性执行。会计准则执行作为一种制度安排，具有普适性。企业如果不遵从会计准则，一旦被发现，将会受到惩罚。另外，作为社会人，企业不遵从会计准则将受到道德和良心的谴责。所以，不遵从会计准则的暴露风险和成本将使企业因为畏惧惩罚而执行会计准则。

因此，会计准则可以通过影响企业执行准则时的成本收益及其心理两个方面，使企业具有自觉执行会计准则的能力。会计准则被企业自动执行的能力是建立在会计决策主体是风险厌恶型的理性人基础上。而不同的会计准则对企业自我执行的激励不同，现实中会计准则执行是自我执行和畏惧性执行两种逻辑的统一。根据会计准则执行的逻辑分析，会计准则从其制定过程和质量两个角度影响其企业自动执行的能力。

☛ 3.1.2　会计准则制定方法与会计准则认可性执行

会计准则制定方面的不同安排，一方面影响了企业会计准则遵从成本，另一方面影响企业对会计准则的认可，并因此影响了企业会计准则的执行水平。

1. 会计准则制定程序

会计准则作为一种制度安排，其制定过程是一个公共选择的过程。利益相关者参与程度越高，尤其是企业界参与程度越高，所制定的会计准则对经济后果的预见性越高，会计准则的企业认可程度越高，会计准则自我执行的约束力量越强。否则，如果会计准则制定缺乏企业界支持，会计准则制定得再合理，也会遇到执行困难。

美国会计准则制定史中有许多这样的例子，如外币折算会计准则就是其中的一个典型。1975 年，美国发布了第 8 号财务会计准则公告（SFAS 8），要求采用时态法折算外币报表。按照时态法，外币折算损益应该在当年合并会计报表的收益中予以披露。SFAS 8 发布后的年度，汇率波动较大，因此外币折算调整额往往对报告净收益产生重大影响。由于管理者不能控制这种汇率变动对报告业绩的影响，许多深受其影响的大公司纷纷发表意见，对该准则提出批评，认为 SFAS 8 的折算结果没有反映境外子公司经营的基本情况。但是从理论上分析，SFAS 8 符合购买力平价理论，其货币项目也符合利率平价理论，所以，按照理论标准，它提供的信息能够反映汇率变动对现金流量和权益的预期经济影响，具有可靠的理论基础。但正是因为它遭到来自管理层的强烈反对，1981 年被 SFAS 52 代替。SFAS 52 允许企业在现行汇率法和时态法之间进行选择。①

为了保证会计准则有效推行，美国会计准则在制定过程引入了"充分公允程序"。该程序允许在会计准则立项和制定阶段，各利益集团对会计准则提出具体意见。FASB 在会计准则制定中采用的"充分程序（due process）"包括 8 个步骤。这个会计准则制定程序有利于社会各界、尤其是实务界参与会计准则制定，了解会计准则的理论合理性和经济后果，加深对所制定会计准则的理解，提高会计准则的认可程度和制定的有效性。正是这一过程使会计准则具有公共契约的性质。事实证明，如果所制定的会计准则被广泛地接受，尤其是被企业界接受，会计准则的推行则比较顺利；如果会计准则遭到企业界的反对，会计准则则会遇到推行的困难。如股票期权会计从 1993 年 6 月 FASB 发布了《以股票为酬劳基础的会计处理方法》的征求意见稿，屡次提议都遭到企业界、尤其是高科技企业经营者的反对，直到 2001 年安然事件后才有所转机。企业所得税会计准则 SFAS 96 则由于要求编制的"时间性差异摊配表"过于复杂，递延资产的确认复杂化等原因，未受到会计准则委员会全体会员的认可。原定 1988 年 12 月 15 日生效的日期被不断推迟，直至最终被 1991 年 10 月发布的 SFAS 109 号公告替代。

---

① William R. Scott 著，陈汉文等译：《财务会计理论》，机械工业出版社 2000 年版，第 152 ~ 157 页。

2. 会计准则供给的性质

制度经济学认为正式制度的起源一般有两种：内在制度和外在制度。内在制度是从人类经验中演化出来的，包括三类：习惯规则、习俗礼貌规则和正式化规则。内在制度大都诉诸于自愿协调和群体自发的惩罚，以保证其有效执行。外在制度是外在地设计出来并依靠政治行动由上面强加于社会的规则。① 外在制度是正式制度，依赖共同体的自我惩罚难以保障其执行的有效性，需要由一个权威机构以有组织的方式来执行惩罚。William R. Scott（2000）认为，为了实现资金筹集的目的，企业也会选择自愿信息披露，只是因为外部性和搭便车，道德风险和逆向选择会产生市场失灵，才需要对企业会计信息供给进行管制，制定会计准则。所以，会计准则应该是在自发会计信息需求基础上产生的、由权威机构制定的规范会计信息供给的制度。美国是世界上最早制定会计准则的国家，从其产生的历史看，美国会计准则是在其会计实务基础上发展起来，② 具有内生性制度的特性。

在会计历史上，美国会计一直处于世界领头羊的位置，美国会计规范体系影响了世界各地市场经济体制国家的会计准则以及后来的国际会计准则的建设。如财务会计概念公告的产生。美国在会计准则制定历史中慢慢认识到财务会计概念框架的重要性，于 1978～1985 年发布了 6项财务会计概念公告。加拿大、澳大利亚和英国等国随后也制定了自己财务会计概念公告。"尽管这其中有各自的特色，但是美国的先例为大家提供了一个良好的范本，引导后来者走概念框架制定的路子，所制定的概念结构又都是'目标—信息质量—会计要素的确认、计量和报告'的基本框架。"③

在 20 世纪 80 年代以后，一批处于经济体制转轨的国家，在从计划经济转向市场经济的过程中，会计管制体制自然要发生变革。这些国家与上

---

①　参见柯武刚、史漫飞著，韩朝华译：《制度经济学》，商务印书馆 2002 年版，第 119～112 页。

②　1936 年成立的会计程序委员会，具体负责会计准则的制定，这与审计师的专业知识有关。作为会计专业人员熟悉在会计历史发展中所形成的许多会计惯例。会计程序委员会早期工作实质上也是借鉴大量会计惯例，当时会计程序委员会所确定的重点目标就是：通过归纳与总结，确认和描述会计中的"最佳实务"。后来，尽管会计准则制定主体几经变更，但是美国会计准则始终未脱离美国会计实务。

③　参见刘峰著：《会计准则变迁》，中国财政经济出版社 1999 年版，第 58 页。

述几个发达的市场经济国家相比，在会计准则发展过程中，十分重视借鉴发达国家的会计准则发展的经验。因此，这些国家会计准则已经不完全来自于内部会计规则的自然演化，与美国会计准则相比，具有明显的外生性会计制度的特征。

内生性会计准则和外生性会计准则相比，企业要承担较高的制度转轨成本和效率损失，以及企业会计人员的学习和培训成本，会计准则的遵从成本较高。会计准则遵从成本是财务报告成本的一部分，高成本相对降低了收益，这必然影响企业对会计准则的自觉遵从的能力。

3. 会计准则与税法的关系

在资本市场的发展过程中，所得税法也日益完善起来。由于应纳税所得额的确定涉及企业运营的各个环节，与收益的确定程序是相同的，会计收益核算为所得税开征提供了条件，减少了税法的遵从成本；而税收的法制化，有利于加强日常会计核算，节省了监管成本。会计与税收在历史上形成了相互依赖、相互影响的关系。但是，在西方国家，随着会计准则的产生，逐步形成了独立的会计目标，会计与税法关系有了不同变化。以英、美代表的普通法系的国家，通过制定独立的会计规范体系，使税法和会计准则开始分离；而以德、法代表的大陆法系的国家，通过确立"法典式会计和审计制度"使会计准则与税法始终保持基本一致。在大陆法系的国家，由于将国家会计制度纳入法治的轨道，会计实务受会计和税法的双重管制，不但节约了会计的监管资源，而且增强了会计准则的系统性、权威性，提高了会计准则的法律效力。所以，税法和会计的统一或适当分离，有利于降低会计核算成本，提高会计准则执行的约束力。

☛3.1.3　会计准则制定质量与会计准则执行的约束力

只要企业个体理性和社会理性之间存在矛盾，存在机会主义行为发生的机会，即使会计准则是企业管理者与利益相关者直接达成的契约，也存在着会计准则不被遵从的可能。一般情况下，上市公司的管理者最优会计决策是按如图3-1所示程序确定的。

观察到的会计业   权衡企业的   决定财务会计报   权衡各种方   下令采取行动
绩和资本市场股   收益或损失   告的业绩目标   案的效果与
票的价格   风险

图 3 - 1   管理者会计准则执行决策的序列

由于财务会计报告涉及企业各方面利益，如税金的支出、贷款取得、管理者薪酬的确定和职位的升迁、股票的定价等，对财务报告的业绩管理就成为财务经理和企业负责人的经常性工作。理性的企业会计决策主体是厌恶风险的，在遵守会计准则可以实现其可意的财务会计报告目标时，他将会选择遵从决策。但是，常常事与愿违，决策者不得不选择有风险的策略。企业发生的交易与事项很多，所涉及的具体会计准则也很多，在对会计事项及其会计处理方法"管理"的效果相同的情况下，操纵行为的暴露风险和成本是制约其行为选择的重要因素。会计准则的质量将会通过以下方面影响这种风险的大小。

1. 会计政策的可选择性

管理者操纵业绩的策略可以分为两类：一是选择应用于已经发生交易或事项的会计政策；二是改变交易的时间和结构、性质，甚至虚构交易或事项。后者操纵的成本高于前者，而且将会导致企业价值减少（Ralf Ewert，2005）。因此，企业将会优先选择第一种策略。

会计准则体现了宏观会计政策的选择（黄菊波，1995）。会计准则所规定的会计政策的选择空间限定了企业会计准则执行决策的空间。从准则制定的角度，会计准则规定的可选择会计政策越多，会计准则执行的选择空间越大，遵从会计准则的选择性就越大，违背会计准则的可能就越小，但会计信息的可比性就越低。国际会计准则在 1988 年运作可比性项目计划的起因，就是原来的国际会计准则规定的会计政策选择空间过大，影响了财务会计信息的国际可比性。可比性项目的完成减少了国际会计准则的会计政策选择空间，提高了会计准则的质量，进而提高了会计信息的可比性。所以，从会计信息的质量要求看，会计准则所提供的会计政策选择空间不应该过大。

2. 会计确认与计量标准的完备性

会计规范的法律约束力令企业管理层在会计决策过程中不得不小心地筹划，尽量减少执行风险。因此，会计准则所设计的会计技术标准的完备性不同，不遵从行为将承受的暴露风险和操纵成本不同。这是选择具体事项会计策略必须考虑的因素。

（1）暴露风险和操纵成本越大，会计准则被滥用的可能性就越小。具体会计准则是具体交易和事项会计处理的规范。会计准则规定交易事项确认和计量标准越客观，应用解释越清楚，企业如果不遵从被发现的风险就越大，该准则被遵从的可能性就越大。在 2006 年以前的案例研究和经验统计中，资产减值准备、固定资产折旧估计、广告和研究开发费的处理，常被作为操纵的手段。原因是在会计政策选择空间扩大的情况下，减值准备提还是不提、提多少，都依靠于内部人的职业判断，没有公认的客观性标准，审计师和监管方也难以否定企业的会计选择。而且，许多企业还利用《企业具体会计准则——会计政策、会计估计变更和会计差错更正》，通过会计估计变更或会计差错调整，掩盖其前期的操纵行为。如 TCL 公司 1998～2001 年的净利润分别为人民币 304 万元、－17 984 万元、2 632 万元、2 154 万元，1998 年 11 月份实施配股；2000 年按照账龄分析法提取坏账准备 2 404 万元，存货减值准备提取 2 132 万元。但是 2001 年该公司提出 2000 年少提了坏账准备 6 417 万元、存货准备 2 132 万元，按规定对此及其他几笔业务作为重大会计差错进行追溯调整，调整额度高达 15 485 万元，这导致 2000 年由盈利 2 154 万元变为亏损 8 356 万元。该公司其实就利用了减值准备客观性无法稽核，避免了 2000 年出现亏损，因此避过了被 "ST" 的命运；为了保住 2001 年盈利，又以会计差错追溯调整将前年亏损做大。[①] 2006 年新颁布的会计准则，在资产减值转回的处理上作出了与国际会计准则不同的规定。准则规定，在资产（指固定资产、无形资产、生物资产、油气资产等长期资产）发生减值时提取的资产减值准备，以后不得转回。通过修订类似的会计准则的技术漏洞，将健全会计准则体系，已经大大减少了会计技术的可操纵性，提高了会计准则质量。

（2）企业对交易事项的操纵能力越强，则规范该交易事项的具体会

---

① 参见任春艳：《上市公司盈余管理与会计准则制定》，厦门大学出版社 2004 年版，第 134 页。

计准则越易于被不遵从。企业创造性地通过改变交易发生的时间、性质，绕过会计准则的约束，"管理"财务报告。操纵成本则是约束这种行为选择的重要因素。关联交易被过度应用为盈余操纵的手段，其中主要原因也在于企业对其具有可操纵性，操纵成本较低，关联交易监管的困难较高。另外，出口收入确认等类似事项不影响税收，不遵从会计准则不会受到税务部门的查处，减少了企业违规行为的风险，也曾被少数公司用来作为舞弊的手段。

☞ 3.1.4　我国企业会计准则制定对会计准则执行的影响

1. 我国会计准则制定的特点

（1）会计准则的被动创新。在我国政治和经济体制的转换中，新中国的会计制度变迁是被动适应政治和经济体制的剧变，由上至下进行的，我国会计准则供给表现出一种"被动的创新"（刘峰，2000）。① 同时，这一过程不是在封闭环境中自我变革的过程，会计准则的历次变迁具有浓厚的外生性特征。这可从新中国成立以来所经历的两次大的会计制度变革的背景和过程中得到佐证。

1949～1953 年第一次会计制度变迁。进入 19 世纪后的旧中国，由于外国军事和经济势力的侵入，西方会计模式随着殖民工厂和洋行进入中国。新中国成立后，建立了高度统一的社会主义政治和经济体制，原来所沿用的英、美等西方会计的原则以及借贷记账法被认为是资本主义会计制度而被批判取缔，并借鉴苏联社会主义会计模式，建立了我国社会主义会计制度，其标志是 1953 年 1 月 1 日起执行的新的统一会计制度。一直到 20 世纪 70 年代末，会计制度的修订和制定主要取决于国家经济政策的需要。在国家实行高度集中的计划经济体制下，在财政决定税收、税收决定财务统收统支的财务管理体制下，企业实行严格的会计、税收统一会计核算制度。在财税制度约束下的会计制度，几乎没有留给企业会计政策选择

---

① "中国会计准则制定：一种被动创新提法"（见刘峰：《会计准则的变迁》，中国财政经济出版社 2000 年版，第 178～180 页）。新中国成立后，废止了旧中国所沿用的主要从英、美等国家引进的会计模式，推行来自苏联的统一会计模式。我国实行改革开放后，为了适应社会主义市场经济体制的要求，西方市场经济体制国家会计准则又成为学习和引进的模式。

的空间。

1979～2005 年，第二次会计制度变迁。为了适用外商投资企业产权制度和财务、税收管理的需要，1985 年财政部在借鉴西方会计惯例的基础上制定了《中外合资企业会计制度》。该制度在会计核算原则、记账方法、会计科目和会计报表上采用了市场经济国家通用做法，这是我国会计制度借鉴国际惯例的开始。1992 年 6 月 25 日，财政部和国家经济体制改革委员会联合颁布《股份制试点企业会计制度》，在会计原则，会计要素的确认、计量、记录和报告方法上采用了国际通行的标准，是会计制度改革的又一重要成果。

1992 年以后，为了适应现代企业制度改革和资本市场发展对会计规范的要求，研究和借鉴西方会计准则和会计监管方式是当时会计研究的热点，会计国际化成为当时指导会计制度改革的基本策略。1992 年年底财政部发布了《企业会计准则》和《企业财务通则》，1993 年制定并颁布了 13 个行业会计制度，中国会计进入了会计准则和会计制度并存的阶段。在此后几年中，针对上市公司的会计操纵行为，1997～2002 年，我国又发布了 16 个具体会计准则。在国际化策略下，不但会计准则的框架结构、语言特色都以国际会计准则和美国会计准则为蓝本，会计准则国际化水平达到相当高度。盖地（2001）、王建新（2005）等研究都得出我国会计准则与国际会计准则差异已经越来越少。Parker Bob（2005）把中国列入国际化进程比较快的国家行列。Eccher 与 Healy（2000）检查了国际财务报告准则在中国的应用，认为国际财务报告准则并不比中国的更有用。2001年后，在总结会计准则实施中出现的问题和原因后，财政部开始重视我国的国情特点，放缓了会计准则制定步伐，更加细致地对已有会计准则和未来新会计准则进行国际化和国情化相结合的研究。

（2）企业界对会计准则参与不足、认可程度不高。在会计准则建设初期，我国会计准则在研究准备阶段、立项阶段，选题怎样确定以及计划是什么，要经过有关领导批准，但公众对此等问题知之不多，我国上市公司管理当局对会计准则制定普遍保持一份"理智的冷漠"态度（杜兴强，2003）。①

---

　　① 刘峰（2000）研究认为，具体会计准则征求意见稿公开征求意见方式缺乏公众参与渠道；吴联生（2002）统计了《会计研究》杂志在 1990 年 10 月～1997 年 6 月间"会计准则大家谈"专栏刊登的 40 篇论文作者身份，证明会计实务界很少参与会计准则的讨论；葛家澍、刘峰（2003）查阅了财政部会计准则委员会所保存的第一、二批具体准则的征求意见稿来源后，竟未发现来自上市公司（包括国有企业改制上市的上市公司）的反馈意见。

（3）具体会计准则制定受到国际会计力量的影响较大。①国际会计准则委员会参与。从 1992 年初，财政部在深圳召开"会计准则国际研讨会"，对制定中的"基本会计准则"进行讨论，国际会计准则委员会的主席和秘书长出席了该次会议。"从那时起，国际会计准则委员会总是利用一切可能的机会，对中国会计准则的制定施加影响。（刘峰，2000）"②世界银行的影响。1998 年国际会计准则委员会在中国召开理事会，作为国际会计准则委员会的支持者，世界银行要求使用其资金的项目按照国际会计准则编报会计报表，而且世界银行一直为具体会计准则提供咨询。③世界大会计师事务所的参与。财政部聘请德勤会计师事务所为外方顾问，这为会计事务所提供了一个影响中国会计准则制定的窗口。[①]

2. 会计准则与税法由相互牵制走向分离

一直到 1999 年，我国会计制度改革都受到财政和税收的限制。如坏账准备提取、折旧制度确定、待处理财产损失的转销等都要考虑对税收收入的影响。1999 年以后，财政收入的稳定增长，为会计与税收的分离提供了物质基础。2000 年《企业会计制度》颁布和实施后，会计与税收已经分离。因为税收与会计分别属于不同的政府部门主管，缺乏相互协作，分散了监管力量。同时，我国税收遵从率也不高，自 1999 ~ 2002 年，仅每年税务机关通过稽查补缴的税款就在 400 亿元以上。不考虑税务机关徇私而放过的违法者，查出来违法户数占检查户数的比率年均在 52% 以上。这几年移送司法机关的税案件数分别是：2 234 件、3 315 件、5 958 件、5 590 件，许多学者尽管对税收流失估计不一致，但最低的估计是每年在 2 500 亿元以上。[②] 我国税收遵从的低效不仅直接降低了会计遵从率（会计舞弊是税收舞弊手段之一），而且减弱了税收对会计准则遵从的制约作用（税收是盈余管理的成本）。

3. 企业对会计准则的认可程度

綦好东、杨志强（2004）针对我国会计准则的若干特征向六类利益

---

① 见刘峰：《会计准则的变迁》，中国财政经济出版社 2000 年版，第 231 页。
② 数据来源于国家税务总局关于全国税务稽查统计情况的通报和违法案件统计情况通报，（国税发［2000］122 号、［2001］50 号、［2002］27 号、［2003］522 号）。

相关者在全国进行了问卷调查。其中企业的受访者是上市公司的 CFO，股东代表是控股股东，上市公司对我国会计准则由政府制定合理性的评价为 60%，低于政府会计部门负责人的评价 81.08%；60.13% 的受访者认为会计准则存在较多细节问题，40.51% 受访者认为会计准则太笼统，操作性差；48.48% 的企业受访者对认为会计政策选择空间的太小，而70.59% 银行信贷部门和 48.65% 会计管理部门受访者认为会计政策选择空间太大；54.55% 的上市公司认为信息披露过多，与使用者的意见相反。① 从总体情况看，企业对会计准则的认可度并不高，这很可能是影响企业对会计准则遵从的重要因素。

4. 宏观会计政策的选择空间扩大，会计确认和计量标准具有可操纵性

比较我国具体事项的会计标准，我们不难发现，会计准则留给企业的会计政策选择空间越来越大。以固定资产会计准则为例，在计划经济体制下，固定资产分类、折旧年限、净残值率和折旧计算方法都在国家财务制度限制下；1992 年财务通则扩大了折旧年限、净残值率的选择范围，加速折旧法也可以在一定限制下使用；2000 年 12 月发布的《企业会计制度》则把以上政策选择权完全放给企业，并允许计提固定资产减值准备；2006 年固定资产会计准则基本保持了原有制度做法，但规定减值准备不得转回。实务中出现了许多利用固定资产会计政策和会计估计变更操纵盈余，事后又以重大会计差错调整掩盖其行为的案例。类似许多不确定性问题的会计处理，会计准则将选择权留给企业，但又缺乏可核性和明确的约束性标准，外部审计和监管部门也没有一个确定性的标准或程序对此进行监督。结果，会计准则往往提供了会计操纵的可行性路线，其不完备性降低了会计准则的执行效果。

综上分析，我国特定的政治和历史文化，决定了会计准则制定的特点。与发达国家相比，我国会计准则制定缺少了利益相关者的博弈，它更多的是一个政府在改革开放过程中引入国际化会计惯例的过程，是行政机关（会计监管主体）理性计算的结果。在每一个准则实施前，会计准则

---

① 綦好东、杨志强：《我国会计准则质量：来自利益相关者的评估》，载于《当代财经》2004 年第 4 期，第 115～119 页。

的执行者对之可谓知之不多，需要投入较高遵从成本，自我履行的动力不足，客观加大了对执行机制效率的要求。会计政策选择空间的增大，客观性标准较少与会计人员职业判断能力和自我约束能力不相匹配，因此，不管学术界在此之前的实证研究得出会计准则质量如何高的结论，我国会计准则制定质量对大面积会计信息失真要负一定责任。2006 年我国新会计准则公布后，有关部门选择部分企业进行模拟运行，这是提高会计准则制定质量的一个有益尝试。

§3.2 保障会计准则实施的正式制度与会计准则执行

☛3.2.1 会计准则强制实施制度存在的必要性：社会规范论的观点

大量事实证明，会计准则属于一种会计技术性契约，自动执行的效率是有限的，从制度经济学角度来看，保障会计准则实施的正式制度安排十分必要。社会规范论从自利和他利关系的角度更透彻地诠释了这一原理。

社会学按照规范的目标行动者与受益者的关系，把规范分成共同性规范和分离性规范。① 假如规范的受益者和目标行动者是同一人，每一行动者既是规范的受益者，也是规范的目标行动者，这种规范被称为共同性规范。分离性规范的受益者和目标行动者是不同人。二者是规范的两种极端例子。比较而言，共同性规范的自我实施激励大于分离性规范。

分离性规范作为控制行动的手段，服务于行动者以外的其他人的利益，自我实施的激励较弱。柯武刚和史漫飞（2001）认为，原则上由三种途径能使人们为他人的利益而努力：他们出于爱、团结或其他各种利他主义而努力有益于他人；他们受到胁迫，胁迫者对他们使用暴力（命令）相威胁；他们按照自己的自由意志行动，但出于明智的自利动机，因为他们预期能够得到充分的回报。那样，他们为他人做事会产生对自己有利的

---

① 参见科尔曼著：《社会理论的基础》（上），北京社会科学文献出版社 1999 年版，第 290 页。

效应。[①] 第一种动机只在家庭、朋友等小圈子里有效地起作用；第二种依靠的是一种强制性机制，行为者缺乏自主创新动力；第三种动力机制是自利，当获得的报偿能使人们自觉为他人服务时，目标行动者就有了自我实施动力，这种实施机制可以是道德和信誉。依据以上分析，分离性规范执行需要设计外部的惩罚性机制和激励性机制，这些外在机制必须内化为企业的成本和收益才能影响行动者。

从会计准则与会计信息的供给者和使用者的关系看，在市场缺乏有效性的情况下，会计准则基本上属于"分离性"会计规范。各国会计准则制定都是用于规范企业编制财务报告的行为，目的是为了保证财务报告信息的质量，保护投资者的利益。按照会计目标的演变趋势，决策有用性和保护投资者利益是会计准则制定的目标，是财务会计报告不断改进的动力。这点可以从各国财务会计概念框架或会计准则目标、会计信息质量要求，以及会计监管目标的表述中得到佐证。

美国会计准则委员会（FASB）制定的第 1 号《会计报表的目标》，确定了会计目标是向信息使用者提供决策有用的会计信息。为了实现该目标，1980 年 5 月颁布的第 2 号财务会计概念框架——《会计信息的质量特征》（SFACNo. 2），确定了会计信息的质量标准：以决策有用性为最重要的质量特征，相关性与可靠性为从属于决策有用性的主要信息质量要求。这一分层次框架体系长久以来已成为评估会计信息质量的基本标准。

1997 年，在 SEC 前主席 Arthur Levitt 的倡议下，美国国内开展了对高质量会计准则质量特征的讨论。1999 年纽约证券交易所（NYSE）和美国证券交易商协会（NASD）资助的蓝带委员会（the Blue Ribbon Committee）研究报告的第 8 号，美国审计准则委员会（ASB）修改的第 61 号审计准则公告（SAS 61），以及美国注册会计师协会（AICPA）的财务报告特别委员会发表的题为《改进企业报告——面向用户》的特别报告（1994），认可财务会计报告的目标应该侧重于"对股东/投资人的保护"，而会计信息的披露标准则被定义为向投资人提供"充分而公允的披露（full and fair disclosure）"，并特别关注盈利被操纵的情况。按照这一目标，高质量的会计信息应该具有透明、可比、充分披露等质量特征。

我国《企业基本会计准则》和《财务会计报告条例》确定的会计目标也是基于会计信息使用者的需求。所以，无论是"决策有用观"还是

---

① 参见柯武刚、史漫飞著，韩朝华译：《制度经济学》，商务印书馆 2002 年版，第 72 页。

"投资者保护观"，从企业会计准则执行者角度看，它们主张的会计报告目标都是利他的。

由于企业有效地执行会计准则，提供会计信息有利于投资者，而并不一定能给其带来直接收益，所以，企业在会计信息提供过程中客观地存在机会主义行为的动机，在条件允许时，企业就可能将这种动机直接变成会计准则执行的行动，这必然背离会计准则的目标。因此，会计准则执行需要外在的实施机制。而且，在某种意义上，外在实施机制在多大程度上能够影响企业财务报告的成本和收益，决定着企业会计执行目标向会计报告规范目标逼近的程度，决定着会计准则的制定和执行效果。

☞ 3.2.2　强制实施制度对企业执行会计准则的作用机理

强制实施制度体系是由规范会计核算行为的相关法律制度、监管制度和司法诉讼制度构成的制度体系。法律一般指由立法机关制定、通过国家权力强制执行的法律规范。在中国，法律是由全国人民代表大会或其常务委员会通过的规范性文件，如《中华人民共和国会计法》等。如同其他法律规范一样，会计法律具有完备性，具有高度的概括性和抽象性，会计准则是一种专业技术规范，需要专门性法律保障其功能发挥，需要由专门的实施机构进一步制定详细的、专门的会计规章，对其进行补充和说明，即会计监管部门颁布并主持实施的会计监管制度。财政部是我国立法机关授权负责制定会计法规和规章的政府部门，并有权对企业的会计执法质量进行检查和行政处罚；证监会负责对上市公司的会计信息披露进行监管和执法检查；证券交易所在法律和行政部门的法律约束下可以制定适用于本交易所的会计规范；由立法机关制定的法律必须由司法机构负责实施，因此，会计准则实施主体还包括司法机构。

会计准则强制实施的正式制度属于会计法律制度的构成部分，价值取向是保护公众利益，维护公开、公平、公正的资本市场秩序。会计准则实施制度体系的各组成部分作用机制各具特点，相互协调，构成对会计准则执行的威慑机制。

1. 会计相关法律制度对会计准则执行的作用机理

法律从立法角度给予法律指向的行动者事前的预期，它体现制度的导向，属于事前公共契约安排。会计法律使执行主体能够明确会计责任，预期不遵从会计准则行为的法律后果，比较各种执行方式下的成本收益。也就是说，法律通过改变企业会计行为的收益函数来形成企业对自己行为的预期，实现对会计行为的约束。法律机制是一种强制执行机制，通过事前预警机制，启动法律风险机制，形成对会计行动者的威慑。

法律的事前预警机制原理，在于法律对于会计准则执行者来说信息是完全的，他们能够知道什么行为是合法的，什么行为是不违法的，以及什么行为是违法的，如果自己不遵守会计准则，将受到法律惩罚的程序和违法支出。法律的这种功能就是"可置信威胁"。这种威胁产生的前提是执行者具备一定法律知识。法律也是一种风险机制，是指在它通过对违法行为的处罚，使违法会计行为主体承担法律风险，负担因自身会计行为对信息使用者造成的损失，加大会计准则执行的成本，改变会计行为选择的收益函数。

法律约束下会计准则执行的逻辑是畏惧性执行。法律通过改变违法行为的收益函数，形成一种外部成本内部化的机制来约束会计行为的选择，减少滥用会计准则的现象。

法律的威慑力不仅在于法律的存在性，还在于对违法者的实施惩罚的警示作用。法律是司法部门的执法依据，司法是发挥法律威慑力的最终环节。它们作用的前提是违法行为被发现。如果违法行为被查获概率过低，则会降低法律机制的效果。查获率依赖于监管部门和投资者及媒体等第三者监督，其中监管部门依法对企业和注册会计师事务所执法的专门监督是对法律机制的重要补充，投资者和媒体的监督是非正规的、补充性监督手段，对发现会计准则执行中违法行为也发挥着重要作用。

2. 支持性监管制度的作用机理

（1）会计监管的本质。监管制度是监管机构通过制裁手段对个人或组织自由决策所进行的一种强制性的限制。监管机关的管制权来源于立法机关的授权，立法机关制定内容宽泛的法律，并将法律中较为细致的规章制定权授予监管机关。如果立法机关将监管权授予政府部门，则这种监管模式为政府监管；如果立法机关通过专门的授权法案，设立专门的独立监管机构对某领域进行行政管制，这种独立监管机构的监管行为就获得了政治上的合法性。在不同法律体制下，会计监管模式不同。目前世界上有采取以政府监管为主导的会计监管模式的国家，也有采取独立会计监管模式的国家。前者多属于大陆法系的国家，后者多属于普通法系的国家。无论哪一种监管体制，会计监管主体都是为了实现公众利益，对会计信息供给的监管，监管主体可以视为受社会公众委托的专业管理机构，监管主体必须接受立法部门和司法监督，保证行政过程的独立、客观。立法机关与监管主体的这种关系，实质上就是公众通过立法主体与监管主体之间形成的委托—代理关系。

监管部门组织一支职业化的雇员队伍，长时间专注于某特殊产业或某行业管理，从而熟知这些产业的特征，在依法行政中将能产生专业经济。立法机关在建立会计监管机构时，期望监管部门为了实现公众利益坚守"政治责任"和"司法独立"的原则，并赋予监管者一定的权力和执行其政令的多种手段。在法律的授权之下，监管机关可以制定行政规章以规范行政相对人的行为；通过执法监督、检查和处罚以贯彻法规；同时通过将司法程序引入行政过程，还可以行使裁决权。因而，监管机构的权力和程序具有相对独立性。

（2）会计监管的分类。理论界对会计监管有相互对立的两大流派，即监管派和反监管派。监管学派以会计信息的公共产品性质、会计信息的外部性和信息不对称等理论，作为会计监管的必要性的辩解借口。反监管派以监管效率低下、监管成本增加了财务报告成本，以及自愿信息披露和私人契约可以解决信息不对称为立论依据，强调市场力量可以达到会计信息的供需均衡。尽管理论研究发现政府监管具有负效应，而会计实践的发展趋势不但没有减少监管，还在不断地强化监管。

按照会计监管的功能，监管可以分成支持性监管和替代性监管。支持性监管是监管主体对企业在制度、行为方法是否符合法律程序进行监管，其目的是增强法律的实施效果；替代性监管是为了弥补市场功能的失灵，监管部门通过诸如配股资格的确定和审批等监管手段对企业会计信息供给行为的监管。对企业会计准则执行具有保障作用的是支持性监管。

（3）支持性监管的作用机理。会计监管的实施需要通过监管主体执行监管手段。会计监管手段包括对会计主体是否执行会计准则和信息披露准则进行审核，对发现的违规行为进行警告、谴责、处罚等。按照会计监管行动的特征可以分为形式性监管和实质性监管。形式性监管是指监管者仅就会计主体是否遵循相关规则的程序要求进行监管，至于财务报告的实体内容，则强调充分披露和以"报告者审慎"为前提的"使用者自慎"。形式性监管是"以市场为主导、以政府监管为辅"的一种监管理念。在这种监管理念下，上市公司按照规定的内容和格式要求向监管部门登记后即可向投资者披露财务报告，监管重在对财务会计报告的查处，而不是通过审核滤除违规报告，监管成本较低。实质性监管是"以政府为主导、以市场为辅"的一种监管理念，监管部门对财务报告的实体内容进行审核，甚至对某些财务报告是否符合规定的标准作出判断，并相应采取措施。实质性监管需要投入大量的人、财、物，监管成本较高。

会计监管部门具有专业立法和执法权力，通过事前、事中和事后的监督检查、处罚，支持会计准则及相关法律的贯彻实施。支持性监管通过对企业会计行为进行常规性、经常性审核和检查，发布执法通报，实施行政处罚或移送司法机关等手段，发挥对不遵从会计准则行为的威慑作用。

3. 司法诉讼制度的作用机理

司法制度与会计监管不同，其着眼于事后给予肇事者以惩罚，对利益受损者以救济。为了弥补企业不遵从会计准则的行为给会计信息使用者带来的损失，对违规行为进行惩罚，《证券法》、《会计法》、《公司法》、《商法》等法律制度都规定了公司财务报告的法律责任，根据违法行为的情节赋予法院给予违法者不同的民事处罚和刑法。在发达国家规定了股东诉讼制度，为投资者权益的保护提供司法救助的渠道。司法制度是通过事后法院审判对违规者进行处罚，落实法律风险，从事实上改变企业财务报告收益，是一种事后实施机制。

会计准则和法律制度为财务会计报告提供了制度上的保障，而会计行政监管和司法诉讼制度为实施会计准则提供了法律程序上的保证。二者是相辅相成的。没有法律和制度，财务会计报告是无规可循；没有会计监管和司法制度，可能出现有法不遵。正是从这一意义上，实施制度与会计准则一起构成了财务会计报告的制度体系。

☞3.2.3　期望效用权衡：威慑风险下会计准则执行的抉择

1. 威慑风险下企业会计准则执行的抉择：理论分析

根据上述会计准则实施制度体系作用机理，我们将法律风险内化到财务报告的收益函数中，建立企业会计执法决策的预期效用函数。

前面已经说明，按照现行的会计程序，虽然资产和负债的确定不是会计的唯一目的，但是资产与负债的计量是收益计量的基础，收益确定是资产、负债、收入和费用计量的结果，收益是会计的重心［利特尔顿（A. C. Littleton），1953］，综合收益的提出，会计准则可以理解为计量股东真实收益的会计规则。

收益确定无非有两种情况：一是低估收益；二是高估收益。低估收益一般旨在隐藏收益或少缴所得税；如果存在代理关系，也可能是代理人牟取内部人利益最大化，损害股东利益，也同时影响了国家税收利益，违反了税法。这在税收领域有关税收遵从问题中，诸多研究是以低估收益而少缴税金为研究对象。高估收益是我国上市公司和国有企业的常见现象。在改革初期，为了扩大企业留成和承包利润，就存在大量高报收益的情况，被称为经营者短期行为；国内上市公司会计舞弊主要表现是虚报利润，少报亏损，或隐瞒负债、损失和或有负债。根据对证监会发布的财务报告披露监管处罚公告检索，我国上市公司违背会计准则的主要行为特征是虚报、高报盈余，而美国发生会计舞弊案件也基本都涉及虚报收益问题。我们以这个现象为例，将监管的制度风险内化为会计报告收益函数中的变量，建立企业会计执法决策的预期效用函数，分析制度风险对会计准则执行的作用机理及其最优制度的设计。

假设：企业具有追求预期效用最大化的动机，会计决策有遵从或不遵从会计准则两种策略；设违反会计准则被检查出来的概率为 p（$0 \leqslant p \leqslant 1$）；$r$ 为处罚系数，$r > 0$，企业因为不遵从会计准则而被迫支出的成本是企业虚报收益的倍数；假设得益系数为 a，是反映信息披露后企业从新股发行、配股和增发以及股票价值上溢中所获得的收入增长的敏感度。[①] 企业遵守会计准则的税前收益是 v，企业拟对外报告的会计收益为 V，t 为所得税税率，假设会计收益与应纳税所得额差别不大，可以忽略不计。[②] 企业的效用函数为 $U(V)$，则企业预期效用为：

$$EU = (1-p)U[a(1-t)V] + p\, U[a(1-t)V - r(V-v)] \qquad (3-1)$$

如果选择遵从会计准则，对外报告 $V=v$，企业的效用为 $EU = (1-p) \times U[a(1-t)V] + p\, U[a(1-t)V] = U[a(1-t)v]$。选择不遵从会计准则的策略，使报告业绩 $V > v[V < v$ 不在考察之列，因为其预期效用表达与式 (3-1) 不同]，即虚报盈余，如果企业违法行为未被发现，税后会计收益为 $V-tV$，考虑得益系数，其收益为 $a(1-t)V$；如果被发现，其收益为 $a(1-t)V - r(V-v)$，企业效用 $EU = (1-p)U[a(1-t)V] + p\, U[a(1-t)V - r(V-v)]$。考虑到企业管理层作为理性人，即使虚报盈余，也不会违背所有会计准则，他将选择暴露成本低、且操纵成本低的经济业务不按具体会计准则处理。因此，会计决策可以看作是企业买得一种"资产组合"：遵从会计准则，企业无风险收益 $[a(1-t)v]$；在市场股价、契约与会计收益挂钩的情况下，企业有虚报的机会主义动机，虚报将取得风险收益，预期增量效用 $= (1-p)U[a(1-t)(V-v)] + p\, U[a(1-t)(V-v) - r(V-v)]$。如是，企业期望效用为：

$$EU = U[a(1-t)v] + (1-p)U[a(1-t)(V-v)]$$
$$+ p\, U[a(1-t)(V-v) - r(V-v)] \qquad (3-2)$$

式 (3-2) 可以转换为式 (3-1)。企业作为一个有限理性的经济人，其会计决策行为遵从的条件是：上市公司激励相容约束，即只有增量效用大于零，上市公司才会选择不遵从策略。

设 $X = a(1-t)V$，$Y = a(1-t)V - r(V-v)$，式 (3-1) 可以写成：

$$EU = (1-p)U(X) + pU(Y) \qquad (3-3)$$

---

① 我国 IPO 的定价机制受政府控制，1999 年 6 月以前一直采用固定市场盈利率定价方式，多数企业的市盈率被规定为 13~15 倍之间。《证券法》正式施行后，证监会颁布新规则允许发行公司与券商协商 IPO 价格，累积投标定价方式在一级市场实行，通过市场询价确定的最终发行价格仍需报证监会核准。但是，在非全流通的市场，市场询价结果无法摆脱操纵，监管层注意到其弊端，于 2001 年下半年恢复了 IPO 的控制市盈率的做法。市盈率可以看作是得益系数的现实存在。

② 与遵从会计准则相比，企业因虚报要多缴所得税 $t(V-v)$。当然，企业可以向税务机关按真实收益申报所得税，但是如果对外披露会计报告与对税务机关申报资料所附会计报告相矛盾，假账更易被揭穿。叶康涛、陆正飞（2005）研究表明，我国上市公司为盈余管理所支付的所得税成本很高，几乎相当于所得税的边际税率。

求企业预期效用（式 3 - 3）对 V 的一阶导数，可以看出企业预期效用最大化的条件。企业如何决策取决于真实收益、报告和外部决策情境。从特定的会计期间看，企业面临的外部情境一定，即会计准则、威慑性政策手段 p 和 r，以及得益系数 a 和税法是确定的，企业预期效用取决于对外报告收益 V。

已知虚报与得益系数成正比，与监管效率成反比，由企业预期效用函数可知，只要舞弊的边际收益大于边际成本，企业预期效用随着虚报收益的幅度增加而增长。但是，由于违背会计准则不但给管理者和会计人员带来心理压力，而且提高了税收成本和现金流安排的压力，影响到后期业绩和会计信息质量，所以，当虚报超过预期业绩目标（该目标由企业根据资本市场目标或契约目标等确定）以后，企业预期效用就要逐步减少，所以，企业不会无限扩大 V，而是在权衡预期收益和风险的基础上确定满意的会计收益 V^*，保障预期理财目标的实现。确定了收益水平，也就确定了企业会计行为的方案。企业的这种决策可以用下列几何方法表达，如图 3 - 2 所示。[①]

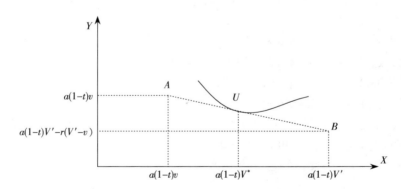

图 3 - 2　企业在面临制度风险下的会计准则执行决策

图 3 - 2 中横轴、纵轴分别表示企业操纵盈余未被查处和被查处情况下的收益。A 点为会计准则遵从点，B 点为完全不遵从会计准则点。[②] AB

[①]　该思路受到李林木《税收遵从的理论和政策选择》（厦门大学博士论文，2004）分析方法的启发，但依据理论不完全相同，他的研究给予笔者许多启示，在此向他表示感谢。

[②]　由于实际收入和现金流量的限制，企业从财务报告中取得的边际收益随着报告盈余增加而减少，而由于多缴税金、心理压力等操纵成本却是边际递增的，这决定了虚报有一个最大点 V'，是企业在可能违背所有会计准则下的虚报收益的最大值。

构成企业会计决策的预算约束线，企业决策就是采取行动使财务报告业绩能确保企业理财效用最大化。U 为企业一条无差异曲线（假定企业是风险厌恶者），与 AB 线的切点就是企业的决策点（该点的位置对应的收益水平就是企业选择的报告收益），决定了企业是否选择了会计准则遵从行动。

会计准则强制实施的目标是企业选择点 A。既然企业会计准则遵从点是企业理性选择的结果，在暂且不考虑会计准则、市场因素影响 a 和企业治理机制的作用情况下，我们可以得到强制会计准则实施制度的最优设计。具体解法可以采用经济学分析方法，也可以采用博弈论的分析方法。

首先，通过 A 点、B 点的坐标，求出 AB 线的斜率为：

$$-K_{AB} = \frac{a(1-t)V' - r(V'-v) - a(1-t)v}{a(1-t)V' - a(1-t)v}$$

整理后得 $-K_{AB} = 1 - r/a(1-t)$，它将随着相关变量的变化而变化，说明企业决策不仅取决于自己的实际业绩和业绩目标，而且还依赖于法律风险、税收制度和资本市场投资者对企业价值的评价。企业最优决策就是在 AB 预算线约束下，选择是否遵从会计准则提供财务会计报告。会计准则是由若干具体会计准则构成，通常情况下，企业为了取得最大化的理财效用，选择了报告业绩 V^*。为了实现该业绩，即使选择作假账，也不会选择不遵从所有的会计准则。所以，企业无差异曲线 U 与 AB 应该是在 B 点以上区域与 AB 线相切的。

如果令 $X = a(1-t)V$，$Y = a(1-t)V - r(V-v)$，企业在 (X, Y) 空间的无差异曲线斜率可以通过求导方法计算，越逼近 A 点，$U'(X)/U'(Y)$ 趋向 1。因此，经过 A 点的无差异曲线斜率为：

$$K_A = -(1-p)/p \tag{3-4}$$

对于企业来说，只有违背会计准则操纵盈余获得的预期效用大于遵从会计准则的预期效用才会铤而走险，这意味着其预算约束线要比经过 A 点的无差异曲线平坦，用公式表示为：

$$-K_{AB} > K_A \quad [K_A = -(1-p)/p] \tag{3-5}$$

对式（3-5）进行转换得到 $p < 1/(1+K_{AB})$，这意味着，当企业不遵从会计准则被检出出来的概率小于 $1/(1+K_{AB})$ 时，企业可能会选择违背会计准则。因此，只有 $p \geqslant 1/(1+K_{AB})$ 时，企业才会遵从会计准则。把 $K_{AB} = r/a(1-t) - 1$ 代入 $p \geqslant 1/(1+K_{AB})$，整理得：

$$r\,p \geq (1-t)a \tag{3-6}$$

假设监管机关一旦实施检查，监管成本随着查获力度增加，从监管成本效益分析，保障会计准则遵从的最优制度应保持下列关系：

$$p\,r = (1-t)a \qquad 即 \quad p = a(1-t)/r \tag{3-7}$$

式（3-7）实质就是令式（3-2）中虚报行为预期增量效用为零的条件，这个解与采用博弈分析所得到均衡解是一致的。[①] 它说明会计准则遵从与监管效率成正比，即与查获率和处罚率成正比，与得益系数成反比。同时，这个结果还表明，财务报告税收成本对会计准则不遵从行为具有约束作用；对会计监管效率具有替代作用，即税率越高，企业支付的税收成本越高，对会计监管查获和处罚力度要求越低。该判断一方面佐证了税收支付对高估盈余的财务报告行为具有约束作用的结论；另一方面，该结论还说明了会计监管与税收监管将具有互补或替代作用；如果在实务中能够发挥二者的协同作用，将有利于提高会计准则的遵从率，提高财务报告质量。

2. 威慑风险下企业会计准则执行的抉择：现实分析

根据以上结论，可以对我国会计准则实施制度的效率进行基本判断。

（1）假设企业的所得税税率为 33%，税法被严格执行时，会计监管政策选择：

首先，假设得益系数 $a=1$，假设未遵守会计准则的行为能够被 100% 查出，当处罚率 r 为违法所得的 100% 时，则查获概率必须为 67% 才能够保证企业不遵从会计准则增加的效用为 0；如果查获概率低于 50%，则处罚率必须提高到违法所得 134% 以上。

如果把查获概率再细化为检查概率（检查面）m 和违法者被检查出来的比率 d 的积，即 $p = m \times d$，则 $m = a(1-t)/d \times r$。当处罚率 r 是违法所得的 100% 时，违法者被检查出来的比率 $d=100\%$，检查面必须达到为

---

① 会计准则执行者和监管方可以选择的战略可能是纯战略，也可能是混合战略。显然在纯战略下不存在均衡解，所以，会计准则执行者与监管者之间进行的是一个混合战略博弈。假设监管方检查成本为 c，在企业不遵从会计准则的情况下，检查后发现问题、没有发现问题与没有检查的收益分别为 $r(V-v)-c$、$-c$ 和 0；在企业遵从会计准则的情况下，其检查时的收益为 $-c$，不检查时为 0。企业不遵从会计准则概率为 q，监管部门进行检查的概率为 m（检查面），则不检查的概率为 $1-m$；检查时发现问题的概率为 d，则有 $p = d \times m$。其他假设不变。得到该博弈的混合策略纳什均衡为：$p = a(1-t)/r$，$q = c/mr(V-v)$。

67%。由于会计舞弊手段的隐蔽性，以及监管人员审计技术和资源的有限性，d 根本不可能达到 100%，如果审计率 $d = 80\%$，则检查面必须达到 80.4%。受到检查成本的限制，检查面扩大到 50% 以上都有困难。如果检查面为 50%，即使违法者被检查出来的比率 d 为 100%，则处罚率必须达到违法支出的 134%，才能使不遵从会计准则的增量效用为 0。这说明，随着检查面下降，必须提高审查中发现问题的概率和处罚率。

然后，我们再假设得益系数 $a > 1$ 时，会计监管政策选择。当得益系数 $a = 14$，检查面和查实率均 $m = d = 100\%$，即查获概率 $p = 100\%$，则处罚率 r 不低于违法所得的 938%。如果查获概率 p 低于 80%，则处罚率 r 必须大于 1 172.5%。

（2）假设企业实际所得税税率低于 33%，或所得税法律制度没有严格执行时，会计监管政策选择：

假如，企业所得税实际税负为 20%。当得益系数 $a = 1$，假设未遵守会计准则的行为能够被 100% 查出，即对未执行会计准则的行为的检查概率等于查获概率，当处罚率 r 为违法所得的 100% 时，则查获概率 p 必须为 80% 才能够保证企业不遵从会计准则增加的效用为 0；如果查获概率低于 50%，则处罚率 r 必须提高到违法所得 160% 以上。如果检查面 m 为 50%，发现舞弊的比率 d 则要达到 100%。

如果得益系数大于 1，如为 $a = 14$，$p = 100\%$，处罚率 r 必须达到 1 120%。如果查获概率 p 低于 80%，则处罚率必须达到 1 400% 以上。

我国证监会除了对上市公司融资资格审查时要审核财务会计报告外，常规检查是三年一轮，并通过各地派出机构可以在某些重大事项发生时进行审查。综合起来每年检查面至多 50%，从会计舞弊发现的过程看，管制者作为第三方对不遵从会计准则的查获概率绝对低于 100%。而会计舞弊公司所受经济处罚一般在 100 万元左右，2004 年以前没有一例因虚假会计报告而受到民事处罚。所以，威慑风险是有限的，与其上千万元、上亿元的虚报收益相比，几乎可以忽略不计。

卢强（2005）对 846 家样本公司 1999～2003 年财务数据的整理发现，我国上市公司所得税的实际税率基本呈正态分布，样本公司实际所得税率 ETR 的平均值为 18.12%。其中 ETR 在 10% 以下的公司为 16.43%，ETR 为 10%～25% 的公司占总样本数的 63%，有将近八成的公司 ETR 低于

25%，我国上市公司的实际所得税税率并不高。[①] 这说明，我国对上市公司的税收优惠降低了上市公司不遵从会计准则的成本，上市公司虚报盈余缺乏税收约束力。

通过上述简化模型的分析，结合我国上市公司的背景，可以对我国大面积会计信息失真或上市公司屡禁不止的会计舞弊作出更好解释。我国公司上市的办法及其国有经济的背景，说明在 20 世纪 90 年代，很多上市公司盈利能力并不高。而证监会关于上市、配股、增发、退市等各种替代性监管政策，以及对高层管理人员的考核办法为公司树立了盈余目标。税收与会计管制的低效率相互影响。我国税收执法水平不高，大量的税收流失和每年税收检查大案和要案即是佐证。而税法执行的低效率进一步弱化了会计监管的效率。这样，税收治理的低效率与会计监管的低效率共同决定了会计准则强制实施制度的效率是很低的，企业会计舞弊的成本是较低的，必然有一批上市公司在面临财务压力时，选择不遵从会计准则的决策。这与刘峰教授（2004）通过对上市公司会计信息质量的统计分析得出结论一致："尽管舆论一再强调'不作假账'，相关的法律、法规也在不断颁布，但上市公司管理层提供低质量会计信息所面临的法律风险没有发生根本性改变。另外，我国改革，包括引入国际会计准则、改革现行会计制度、提高会计信息的稳健性等努力，并不会显著地提高会计信息质量。"[②] 其实，即使在发达国家，如果仅依赖法律威慑机制也是不能达到制止不遵从会计准则现象的发生。所以，法律机制的威慑力是有限的，正如 Kimminich（1990）所说，"如果没有形成自发的服从，政府靠强制在任何时候只能执行全部法律的 3% ~ 7%"。[③]

3.2.4　威慑风险对企业会计准则遵从心理的影响

上述分析得出了会计准则实施机制的作用具有很大的局限性，这是否意味着可以忽视实施制度体系的作用了呢？当然不是。下面借助前景理论的分离效应和参照点的框架效应，从正反两个角度分析实施制度体系对企

---

　　① 卢强：《上市公司所得税会计政策的选择与变更》，载于《所得税会计》，大连出版社 2005 年版，第 234 页。
　　② 刘峰等：《会计准则能提高会计信息质量吗——来自中国股市的初步证据》，载于《会计研究》2004 年第 5 期，第 20 页。
　　③ 柯武刚，史漫飞：《制度经济学》，商务印书馆 2000 年版，第 167 页。

业会计准则遵从心理的威慑效果。

1. 分离性效应：法律威慑与会计准则遵从

前景理论的分离性效应表明，当决策者面对由不同部分构成的前景进行决策判断时，可能会对其构成部分进行取舍和分离，简化决策过程，对前景不同的分离方式可能导致不同偏好。如企业对会计准则不遵从行为所面临的前景判断包括以下三个环节：首先，它在多大程度将被监管机关列入监管检查的对象，这依据对检查面的判断；其次，一旦受到检查，能在多大程度上被查处，即对查获比率的判断；最后，一旦被查出后，这种不遵从行为将受到多重的处罚，即对处罚率的判断。其中第一和第二环节结合起来就是对查获概率 p 的判断。在信息不完全的情况下，企业并不清楚检查面和查获比率，只能根据经验和有限的信息作出估计。但对违法成本的信息是可以通过法律和监管公告等完全预知的。根据分离性效应理论，法律、监管和司法判例对不遵从会计准则行为将被赋予较高的决策权重，处罚成本轻重对不遵从会计准则的威慑作用比查获概率更强。所以，美国《萨班斯－奥克斯利法案》提高了上市公司高层管理人员和注册会计师等对财务会计报告的法律责任，其效果更可能来自对企业会计准则遵从心理的威慑压力。这对我国会计法律改革具有一定借鉴意义。

2. "羊群效应"：法律缺乏威慑力的结果

前景理论认为，个体行为并不拥有稳定的偏好，人们判断收益还是损失都是同参照点比较而言。在我国，企业财务会计报告收益是决定企业股票发行价格、再融资资格、是否被特殊处理等的关键指标。市场资源是有限的，如果企业遵从会计准则报告的会计指标低于监管指标，就意味着企业面临着损失。如果与本企业处于类似境遇的上市公司通过盈余操纵获得了融资资格或避免了被特殊处理，而遵从会计准则的企业失去再融资资格，与不遵从会计准则企业相比，它会感到处于不公平的位置。这种心理效应将使企业从风险规避转向冒险，突破会计准则的界限，诱发不遵从会计准则的行为。这就是前景理论中的横向参照点框架效应在会计准则遵从中的反映。这种效应的累积结果就出现了不遵从会计准则的"羊群效应"。在经济处于低潮期，企业盈利能力普遍下降，"羊群效应"将造成会计信息大面积失真的现象出现。

我国资本市场初期定位就是为帮助国有企业解困，而在新兴加转轨的经济背景下，我国会计法律制度处于从无到有的建设中，法律不健全、监管经验缺乏，导致会计准则实施制度的威慑力不足。由于财务报告司法制度的缺失，许多被查获的上市公司只承担有限的行政处罚责任。违规的巨大成本收益率对企业有着强烈的诱惑力，财务会计舞弊成功者行为成为其他企业会计决策的横向参照点，诱发了资本市场会计操纵的"羊群效应"，导致财务会计舞弊屡禁不止。

3.2.5　本节研究发现

（1）如果会计准则仅仅依靠实施制度强制执行，需要对不遵从会计准则行为的查获概率与处罚率之和等于（1 – 所得税率）与得益系数的积。如果单纯依靠监管部门来发现，并依靠执法部门实施处罚，即使能够达到这个条件，也需要投入大量监管成本，目前即使发达国家也不能完全达到这一条件。

（2）企业对查获概率具有不确定性，而对财务报告的行为后果是可预期的。根据前景理论的分离效应，财务报告的法律制度和司法判例对会计准则遵从心理具有威慑力，所以，我国政府部门应该尽快借鉴发达国家的财务报告法律架构，尽快建立具有一定威慑力的法律制度体系，监管部分应该选择典型案例披露。如果违法行为得不到应有的处罚，就会成为其他公司的参照点或者"示范"，诱导大面积违法性会计信息失真现象出现。

（3）会计准则正式实施制度的两个环节——查获概率和处罚率一方面存在着替代性关系，另一方面互为条件。查获不遵从会计准则行为是处罚的基础；对违法行为实施有效处罚是保证制度威慑力的重要环节，查而不罚或轻罚则会削弱法律和监管的威慑力。在法律制度逐步健全的同时，我国应该通过会计监管部门与税收部门协作，建立投资者利益保护组织，疏通舆论媒体等监督渠道，提高发现上市公司不遵从会计准则行为的概率，减少检查面；通过提高监管部门的稽查技术和能力，提高查获比率，从而提高查获概率。

（4）保持会计准则与税收的适度分离，加强会计与税收的协作。会计和税收（含税）保持适当协作不仅可以节省企业遵从会计相关法规的成本，而且可以发挥税收监管对虚假会计信息报告的制约作用。

（5）正式实施制度机制对会计准则遵从压力的局限性说明，正式制度作为一种强制性会计准则执行机制具有很大的局限性，需要非正式制度来弥补其不足。

§3.3　非正式制度与会计准则执行

☞3.3.1　非正式制度对会计准则执行的作用机理

第2章已经分析过，企业以与利益相关者之间由于契约的签订和履行而嵌入在社会关系网络中，企业财务会计则以财务报告的生成和供给维系企业与利益相关者之间的网络。这种特征，使企业会计活动嵌入在社会关系网络之中，维持这种网络的实质是信任，企业会计准则执行主体被置于信任网络之中，于是形成了约束企业会计行为的文化、信誉和道德等非正式制度。社会文化的价值取向通过对企业和社会成员的行为产生道德约束，影响着会计行为。特定的社会正式制度情境与非正式制度对企业会计准则执行行动的共同作用，是制度对行动选择形塑的一个共同的特点，两者的协调作用是保障良好会计行为秩序的制度基础。

非正式制度对会计准则执行的作用机理有三种：一是基于管理者和会计人员的主观诚信和道德责任感遵从会计准则；二是基于惧怕诚信丧失和声誉惩罚、道德谴责而遵从会计准则；三是基于对长远的诚信收益和声誉的培养而遵从会计准则。因此，非正式制度发挥作用需要三个条件。

（1）社会文化、企业文化和道德教化与正式制度的目标一致，有利于形成管理者和会计人员的主观诚信和道德约束。

（2）企业嵌入的社会网络中具有信誉机制在运行，能够对不遵从会计准则生产和提供低质量的财务报告的企业进行惩罚。

（3）非正式制度的正式运行，即政府立法部门或行业监管部门将道德规范立法，形成规范性文件，并采取了赏罚分明的信誉监管和道德责任履行公示制度。

其中，（1）是非正式制度通过对会计准则执行主体的职业道德感的影响发挥作用，而（2）和（3）则是通过对企业执行会计准则的期望成本收益的影响发挥作用。

☞ 3.3.2　中、美非正式制度对会计准则执行作用的比较

上市公司的会计信息产权为利益相关者所公有后，客观上要求企业会计准则执行主体以满足利益相关者的会计信息需求为己任，以维护企业的资源和利益交换网络的持续发展。而企业嵌入的社会是否具有与这种会计文化和道德责任相容的非正式制度则影响了企业会计准则的遵从水平。

美国文化的主流是自由主义，而以资本为中心的企业文化形成了美国企业为股东服务的基本道德责任观（薛有志、郗沐平，2003）。追求成功和负有冒险精神形塑了美国股东的投机文化和企业的短期经营文化、风险偏好。这种文化和企业道德的诉求形成了与上市公司的会计文化和道德责任不协调的非正式制度。股东的投机文化给经营者造成很大压力，对企业信誉的培养缺乏信心，激发了企业管理者盈余管理或会计舞弊的行为；自由主义的文化，使道德规范监管权下放到行业自我监督，使道德规范缺乏权威性。美国尽管有世界上比较健全的会计准则、法律和监管制度，但是由于其非正式制度与正式制度缺乏很好的协调性，美国资本市场中以公司利益为借口的会计舞弊屡禁不止，盈余管理愈演愈烈。

中国文化的主流是集体主义，但是与同样奉行集体主义的德国文化不同，三千多年的封建王权统治，也造成了欺上瞒下的官场和商场作风，形成不管"闲事"的平民文化。这种文化造成企业市场信誉机制缺失，加大了对正式制度的需求。而企业管理者习惯于迎合制度，缺乏参与制度制定意识，奉行"上有政策，下有对策"的博弈规则。在改革过程中，企业自主权的扩大和企业负责人追求个人利益合理化，自发的信誉机制尚未形成，法规化的道德规范和监管处于完善过程，客观上使企业会计准则执行缺乏非正式制度的约束。非正式制度约束机制的缺失，不仅不能给正式制度以补充，反而进一步加大对正式制度的依赖。所以，非正式制度约束的低效率也是我国会计准则遵从低水平的重要原因。

本 章 小 结

（1）高质量会计准则是高质量财务报告的基础。高质量的会计准则应该具有使企业自我执行的能力。企业自我执行会计准则基于两种原因：一是遵从会计准则有利于实现其预期效用最大化目标，出于职业道德和理智使其认可遵从会计准则；二是不遵从会计准则的行为容易被识别，使执行者因畏惧而自动执行会计准则。在不同国家和地区以及同一个国家和地区的不同发展阶段，会计准则都具有这两种功能，使其具有不同的程度被自动执行的能力。但是，不同的会计准则的制定模式和质量，两种机制作用的程度不同，会计准则被自动执行的效率不同。

（2）强制实施制度为企业遵从会计准则提供了威慑机制，从心理和预期收益两个方面影响企业会计准则执行行为。但是，如果没有其他机制的支持，只依靠会计准则强制实施制度，保障会计准则的遵从需要付出高昂的成本。会计准则强制实施制度具有一定的局限性，需要通过建立诚信机制和道德规范等非正式制度来填补正式制度的疏漏。但是，非正式制度深受民族文化的影响，即使在发达国家也尚未形成与正式制度相协调的社会诚信机制和道德约束。

（3）我国会计制度体系虽然已经取得很大成绩，但是，企业对会计准则制定的参与程度不高，会计准则执行成本较高，企业对会计准则的认可度较低；在会计政策的选择空间扩大的情况下，会计确认和计量标准的可核性不高（新出台会计准则已经有所改进），会计准则的法律制约力度不高。这决定了我国会计准则被自动执行的效率不高，客观上提高了对强制执行机制的要求。但由于我国会计准则实施制度建设滞后，执行效率不高，缺乏会计诚信监督和企业道德约束，这是会计准则遵从水平不高的原因之一。

为了提高会计准则的遵从效果，本书建议：从提高企业自我遵从会计准则能力的角度，改革会计准则制定程序，提高会计准则的质量；在适当提高对不遵从会计准则行为的处罚率的基础上，提高对不遵从会计准则企业的查获概率；采取企业职业道德规范和诚信机制的正式化运作方式，尽快建立起会计准则实施的非正式制度。本章研究表明，正确认识强制实施制度的局限性，寻求可替代或互补性的约束机制是必要的。

第 *4* 章

会计信息需求激励与企业会计准则执行

前面分析发现，尽管会计准则实施制度的威慑机制对于促使会计准则有效执行、遏制肆意违反会计准则的行为是有效的，但是，这些"大棒"政策要达到让那些试图不遵从者不敢违背会计准则的理想程度，必须做到：一旦违法就会被发现，一旦发现就会受到严厉的惩罚。事实上，不但在管制者和被管制者之间信息不对称、法治体系不完善的情况下，这是不可能做到的，即使能够做到，会计准则实施成本也是高昂的，且并非最优的政策选择。从制度设计角度看，如果一种制度实施不能激发执行主体内在的动力，或者只强调执行者的义务，不兼顾执行者的利益诉求，这种制度就没有自我实施性。所以，在制度之外寻求一种激励机制，激发会计准则自我执行的动力，通过激励机制与威慑机制并用来提高会计准则遵从水平。本章讨论的就是会计信息需求对会计准则执行的激励问题。

§4.1 会计信息市场需求激励与会计准则执行

☛ 4.1.1 会计信息需求对会计准则遵从的作用机理

企业依法提供财务报告的目的是为了满足信息需求者的决策需求。从理论上讲，会计信息供给与需求相互作用，共同影响着会计信息质量。在有效市场竞争环境中，供给质量和需求质量首先经过各自的充分竞争达到自身的均衡，最终实现供给质量与需求质量的均衡。这时的会计报表信息应是信息供给方和需求方均能接受的信息，是程序理性和结果理性完美结合的结果，是供给和需求的合作博弈，是高质量的会计信息。会计信息需求作用的缺失，不可能形成高质量的财务会计信息供给。

有效的会计信息需求激励有利于促进企业会计行动目标与会计目标趋向一致，形成会计信息需求和供给的良性互动。在资本市场上，企业会计行动的主要动机是筹资和控制股价。企业如果将行为动机直接转化为会计行动的目标，这时企业会计行动目标与会计目标之间存在着一种差异，这种差异是造成会计信息披露中机会主义行为的原因。因此，将会计目标转化为企业会计行动目标，使企业在满足需求者对会计信息需求的基础和实现自身会计行动的目标，需要市场会计信息需求者给予约束和激励。财务资本投资者如果能有效地滤取所获得的各种信息，公正地对企业价值进行评价，在企业证券价格上作出及时的反应，无疑将会对企业提供高质量的会计信息形成一种有效的激励。诚然，现行会计信息披露制度已经规定了公众公司要依法提供财务会计信息，满足投资者的决策需求，但是，这种义务的履行动力在于对信息需求者的信赖和市场筹资效率的期待。高质量财务会计报告是社会公众利益的需要，会计信息需求者也有义务对提供高质量会计信息的企业给予回报。如果说会计信息需求是集体理性的选择，而财务会计报告的提供却是基于法人理性，特别是管理者的个人理性。实际上，法人理性或个体理性与社会集体理性并非水火不相容，社会利益的实现并不一定要企业单独承担信息披露的成本，会计信息需求者可以通过诚信激励和价格反应，促成企业法人理性与社会理性相容。如果投资者能够根据公司披露的财务会计信息质量作出理性的反应，通过市场评价对诚实、负责任的企业管理层提供的会计信息报告予以肯定的反应，对公司财务报告披露不透明、存在粉饰嫌疑的公司予以否定的反应，则很可能给予企业会计行动正向激励，鼓励越来越多的企业提供高质量的会计信息。

会计信息市场需求激励的主要方式是评价机制和价格机制。激励机制的原理是让行动主体自动地对其行为后果负责，即通过企业会计信息披露质量的信誉评价和价格反馈机制，将企业会计信息的外部性内部化。通过市场价格机制和评价机制使会计行动主体主动地显示自己的财务状况、经营业绩和现金流量，满足投资者的信息需求。

信息需求的激励本质是通过改变企业的收益函数影响企业会计行为。会计需求激励作用的条件是市场投资者能够对不同质量的会计信息进行识别，并通过股价、债券价格作出反应，使企业遵守会计监管制度的净收益大于等于不遵守时能得到的收益，使会计信息报告在满足市场投资需求的同时，也最大程度地满足自己的利益。以上市公司为例，企业上市的主要目的之一是筹集资本，信息披露是资本筹集过程中最重要的手段和媒介之一。如果企业遵从会计准则提供财务报告质量越高，则资本成本越低，或者资本市场的证券价格越高；反之，企业财务报告质量越低，将会提高企业资本的成本或降低其证券价格。这种需求反应将会激励企业竞相提高财务报告质量。

从理论上分析，高质量的信息披露具有透明度，显示管理层良好的社会责任，能够减少投资者决策的不确定性，因而减少投资者的投资风险；投资风险越低，投资者满足于较低的投资回报率；投资者较低的回报率意味着公司较低的资本成本和更高的证券价格。因此，较高的会计信息披露给企业带来较高的信息披露成本效益率。反之，较低质量的信息披露意味着投资者决策存在较大的不确定性，增加了投资者的投资风险。因此，投资者要求较高的投资回报率，投资者较高的回报率意味着公司较高的资本成本和更低的证券价格。所以，上市公司较低的财务报告质量会产生较低的财务报告披露收益率。市场会计信息需求激励作用过程可以表示如下：

高质量财务报告→较少不确定性→较低风险→较低的投资回报要求→较低资本成本→较高证券价格。

低质量财务报告→较大不确定性→较高风险→较高的投资回报要求→较高资本成本→较低的证券价格。

相关研究文献已经发现这种理论的证据。刘峰（2003）引用普华永道2001年进行的一项透明度的研究报告发现，一个国家（地区）的透明度与其资本成本之间存在直接关系，其透明度越高，则资本成本越低。以透明度最高的新加坡和美国为参照，被列为透明度较低的中国，其平均资本成本要高13.16%。[①]

会计信息需求激励是无形激励、自发激励，也是低成本激励，有利于投资者利益的自我保护。这种激励源于投资者在追逐自我利益最大化中的

---

① 刘峰：《信息披露：实话实说》，中国财政经济出版社2003年版，第96页。

市场行为，是成熟资本市场中投资者的理性行为。这种机制的形成需要资本市场上投资者与筹资企业的多次博弈，是资本市场发展到一定阶段的产物。

强大的会计信息需求激励的效力甚至会超过会计准则制定者的影响。股票期权会计就是这样一个典型例子。股票期权在20世纪70年代起源美国，80年代得到推广，90年代以后得到迅速发展，使美国各大公司的薪酬结构发生了重大变化。截止到1997年底，美国45%的企业采用股票期权计划；到1998年，美国最大的350家公司中有1/3的企业授予全体员工一定数量的股票期权，这些企业主要是高科技企业；到90年代末，期权收入在美国CEO薪酬收入的比重占到70%。[①]

1972年，美国会计原则委员会发布第25号意见书，规定经理人股票期权采用内在价值法进行计量并确认报酬成本。内在价值是赠与日股价与行权价的差额，只在行权价低于赠与日股价时才需要将其差额确认为薪酬成本。由于所得税原因，期权行权价总是被定的与市价相等，因此，一般不需要确认薪酬成本。

20世纪90年代后，随着期权计划的推广对股东权益产生影响的扩大，投资者要求确认期权成本。而期权定价模型的出现解决了期权定价的技术问题，FASB在1995年发布《财务报告准则公告123号》，要求按期权定价模型对期权进行估价，并作费用化处理。如果把股票期权列入费用，2001年标准普尔500家公司的每股收益至少要减少240%，其中微软、思科等公司的费用增加将超过10亿美元。所以，产业界对此反应激烈，它们通过游说国会，反对股票期权政策的生效。众议院和参议院都启动了立法程序，以决定是否要求SEC采用该建议。"FASB在东海岸和西海岸举行公开听证会，其中在硅谷边缘召开的西海岸听证会附近的会议厅里，数千名来自高科技公司的雇员也举行集会，声嘶力竭地激烈反对FASB，他们都从公司取得了半天假期，在递交给总统的请愿书上签名。"[②] 在FASB推进发布准则时，民主党参议员约瑟夫·立伯曼（Joseph Lieberman）甚至提出了一项议案，要求SEC举行听证会，表决FASB发布的每项准则。FASB在这些足以令自己寿终正寝的压力下最终未能通过股票期权费用化的规定，只是要求在报表附注中披露与股票期权有关的费

---

① 数据引自胡迟著：《利益相关者激励》，经济管理出版社2003年版，第166、168页。
② 引自斯蒂芬·A·泽夫教授论文集：《会计准则制定理论与实践》，中国财政经济出版社2005年版，第158页。

用以及对每股收益的影响。美国系列会计欺诈案发生后，股票期权及其会计问题再次受到瞩目，但是，FASB 关于股票期权会计处理方法的提议又一次受阻。高新经济企业是反对执行股票期权费用化的主要力量，它们以股票期权不会导致公司现金流出为由反对其费用化，并且又一次占据了上风。

但是，市场对股票期权会计作出越来越强的反应。BLMY 等（2002）调查了 85 家从事计算机软件开发的盈利性企业，发现股价与期权费用之间有正向联系。Mary E. Barth 和 Ron Kasznik（2004）通过大样本研究股票价格与股权费用之间的关系发现，投资者已经在他们的价值评估中充分反映了期权费用。也就说，企图反对期权费用影响股价是不可能的。

在广大投资者要求期权费用化的呼声和市场反应的激励下，可口可乐公司率先在 2002 年第四季度的报表中用公允价值确认股票期权的费用。2003 年 4 月，苹果电脑公司宣布无条件实行期权费用化，这是硅谷采取这类措施的第一家高科技公司，说明高科技行业也感受到了投资者的巨大压力，不得不改变以往的股票期权会计处理方法。此后相继有八十多家上市公司宣布改变股票期权的会计处理，其中包括全州保险公司（All State Corporation）、波音公司、陶氏化学公司（Dow Chemical）、通用汽车、马拉松油品公司（Marathon Oil）、美林（Merrill Lynch）、大都会人寿（Metlife）和沃尔玛等。这些公司会计改革的目的是期望在会计舞弊丑闻接连曝光之时，树立公司会计稳健的形象。现有 825 家上市公司已经开始或宣布即将在收益表中报告其股票股权费用，其中 120 家为标准普尔 500 指数的成份股。[①]

国际会计准则理事会已经通过一项改变股票期权入账方式的草案，要求应用国际会计准则的公司从 2004 年起将股票期权列入公司经营开支。2003 年 3 月 12 日，美国财务会计准则委员会也在其 2003 年工作议程中追加了一个关于股票期权强制费用化的项目，以期解决股票期权会计处理问题。

☛ 4.1.2　会计信息市场有效激励下的企业会计准则执行决策

如果市场是完全有效市场，市场中介和投资者能"看透"企业披露的

---

① 引自斯蒂芬·A·泽夫教授论文集：《会计准则制定理论与实践》，中国财政经济出版社 2005 年版，第 158 页。

财务信息，能对信息披露质量给予合理的评价，并影响到企业证券价格，则市场就存在一种有效的会计信息评价和反馈机制。这时，企业是无法通过虚假的财务报表获得增量收益的。但是这并不意味着非完全有效的市场就不能对高质量的财务报告行为产生激励效果。如果市场中介和投资者能够对发现的财务报告舞弊行为迅速地作出反应，调整对舞弊公司的市场评价，就同样能对提高财务报告的质量发挥有效的激励作用。因此，在式（4－1）中，假设变量 a、t、p、r、V 和 v 的含义和约束条件与式（3－1）相同，但增加了市场对会计信息披露质量评价的激励作用 $f(f>0)$，即假设市场根据获得的信息，一旦发现企业虚报业绩，就会立刻降低对企业价值的评价 $f(1-t)(V-v)$。在威慑机制和市场激励机制同时作用下，企业的预期效用为：

$$EU_1 = (1-p)U[a(1-t)V] + pU[a(1-t)V$$
$$-f(1-t)(V-v) - r(V-v)] \tag{4-1}$$

采取与第3章相同的几何解法，如图4－1，企业会计决策的预算约束线变为 AC，无差异曲线变为 U_1。在这种激励下，如果企业选择与图3－2同样的行动，报告相同的业绩，但得到的效用却降低了。企业如果不想降低理财效用，报告业绩要向真实业绩靠近，决策点需要向 A 点移动，结果将提高企业会计准则的遵从水平。

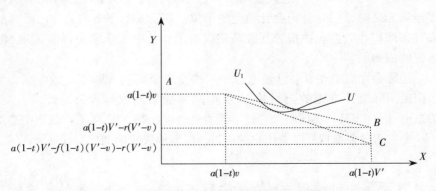

图4－1　会计信息需求激励下的企业会计准则遵从决策

图4－1中的预算约束线 AC 比原来约束线 AB 更陡。按照前面同样的分析思路，如果要保障企业选择遵从会计准则如实报告企业绩效，则需要满足 $p \geqslant 1/(1+K_{AC})$。解得保障企业选择遵从会计准则策略的最优政策设计是：

$$p = (a-f)(1-t)/r \tag{4-2}$$

由上述分析可以看出：在同样监管力度和处罚力度下，市场对虚报会计信息的合理反应可以提高企业会计准则的遵从率。会计信息市场的有效需求激励机制与法律机制有替代性和互补性，在会计信息披露质量一定情况下，市场会计需求激励越强，对强制实施制度需求就越低。因此，会计信息需求激励机制和强制实施的制度机制互相支撑，通过会计信息需求者、监管者和供给者之间的多维博弈，将会不断推动会计信息质量的提高。

§4.2　会计信息市场需求激励作用的条件和局限性

☞4.2.1　市场的有效性与会计信息市场需求激励

1. 有效的资本市场是一个供需双方良性互动的过程

有效市场理论假设，在有效的资本市场上，资本品在某一时点的价格都已反映了该资本品的全部信息，社会资本也在追逐价值增值的过程中得到有效配置。有效市场存在的四个条件是：信息公开有效性，即每一个证券的信息都能够充分、真实、及时地公开；信息传输有效性，即信息能够被关注它的投资者获得；信息被合理、一致、及时解读；信息被理性投资者用于投资决策。其中，第一个条件主要与信息供给方有关，第三和第四个条件主要与会计信息使用者有关，第二个条件主要受到信息传输方式和技术等多种因素的影响。这四个条件将会计信息的提供者和需求者联系起来，形成双方互动的链条（见图4-2）。

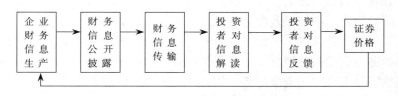

图4-2　会计信息供需互动链条

在市场有效性的研究中，强调企业信息披露对市场有效性的决定作用，并根据信息披露和被解读的程度，把市场分为强势有效市场、半强势有效市场和弱势有效市场，当四个条件全部不存在时，市场则被称为无效市场。但是，现实中并不存在完全有效的市场，市场机制发挥作用的过程是供需双方良性互动的过程。不仅公开披露的信息是市场投资者对证券定价的基础，而且市场价格对企业会计信息供给具有反作用。价格是企业信息披露的"牛鼻子"，投资者如果能充分地收集信息，有效地解读信息，理性地运用信息作出投资决策，将影响信息披露的质量，我们可以称之为会计信息市场需求的有效性。市场有效程度与会计信息市场需求激励的有效性密切相关。

2. 会计信息有效需求机制的形成过程

会计信息需求机制的有效性是在资金供求双方的反复博弈中形成的。资本市场为企业和投资者提供了资金供需交易的场所。但是，由于信息不对称的存在，经营者具有动机隐瞒不利信息，此种动机被市场观察到之后，会计信息使用者就会审慎地选择投资项目。为了保护自己利益，投资者按经验估计平均会计信息质量来辨别企业盈利质量，并作出投资决策。高质量的企业因没有拥有相应的筹资优势而退出市场，市场上企业的质量下降，投资者进一步降低根据会计信息质量确定的投资水平，直到市场彻底丧失资源配置功能，即市场发生逆向选择现象。

为了避免出现市场逆向选择行为，需要资金的企业具有主动披露信息的动力，即自愿信号显示。1971 年，詹姆斯·米尔利斯（James Mirrless）提出在信息非对称情况下决策的激励机制，这种机制是信息占有优势方通过自愿信息披露显示自己的竞争优势。根据信号显示原理，企业在资本市场中的筹资能力，不仅取决于其对外报告的财务状况和盈利能力，还取决于其在财务报告方面的良好声誉。因而，为了增加企业在资本市场的竞争力，降低筹资成本，经营者会自愿向资本市场发送信号，及时、完整地披露企业财务会计信息，不论是好消息、中性消息还是坏消息。在市场能够识别财务报告质量的情况下，公司管理层可以选择恰当、低成本的会计行动策略，显示自己的竞争优势。如通过稳健的会计政策选择，表明企业对盈利能力的信心；通过自愿减值准备和不利事件的及时披露，表明管理当局能客观地对待资产的损失，具有良好的社会责任。

企业对外部资金的依赖和外部资金的稀缺性是信息需求机制作用的前提条件，有效需求者队伍形成是会计信息需求机制形成的必要条件。资金供给者出于自我利益的保护而导致市场逆向选择是需求机制的自发作用表现，自愿信号显示是企业在资金需求约束下为了实现满意的理财目标而采取的积极行动。在资本市场发展初期，资金供给丰盈，证券价格在需求推动下快速上涨，需求对会计信息供给激励作用很小。随着资本市场的发展，资金供给相对于企业对资金的需求总是趋向短缺，只有在这种情况下，投资者的有效信息需求对企业信息的供给过程才会产生影响，才会对企业遵从会计准则的行动选择产生激励。在资金和信息需求双方反复博弈中，会计信息需求激励机制才会逐步形成。

☞ 4.2.2 有效会计信息市场需求的存在条件

1. 有效会计信息需求的条件

（1）形成以市场为导向的强有力的需求团体。蒋尧明（2003）提出有效需求主体的判别标准有四个：①使用者对信息需求内在动力的大小。当主体对企业的会计信息极为关注，具有渴望准确、及时了解企业会计信息的强烈冲动时，会计信息需求才有内在动力。②使用者的成熟程度。会计信息只有被使用者阅读、理解并被作为决策的依据时，才能发挥效用。会计报表的天然使用对象是那些拥有适当的财会专业知识和企业管理知识，又愿意花费精力去研究会计信息的人。③使用者群体影响力的大小。只有当使用者成为自觉的信息消费者，为了共同的利益能自觉地走到一起，能采取一致的行动，提出自己的见解，并能通过有效的途径反映自己的观点，成为一支足以与信息生产者抗衡的力量时，信息需求者才能成为制约会计供给质量的强大力量。④信息需求方的力量均衡。会计信息需求群体具有力量的非均衡性，它们对信息需求不完全相同。只有会计信息需求弱势群体能通过联合选出自己的利益代言人，与强势信息需求者达成基本一致的会计信息需求，才能形成有效的信息需求力量。

有效会计信息需求主体能够对高质量会计信息提出要求和作出评价，这不但对会计准则制定和会计监管产生影响，而且会对公司管理层自愿信息披露产生激励，有利于形成会计信息披露的监督力量。会计信息使用者出于对自我利益保护的目的，对会计信息报告、鉴证和监管行为具有主动监督的动力，可以防止会计信息编报者与审计者的合谋，监督监管者，避免监管者不作为和被收买的情况出现。在我国证券市场，虽然发生过许多财务造假案件，但是很少是由投资者发现的，这说明，会计信息的市场博弈均衡并未出现。

（2）形成通畅、便捷、高效的信息反馈机制。会计信息需求反作用于供给方，需要便捷、高效的反馈机制。这种反馈渠道包括：对已经发布的信息迅速在资本市场证券交易量上或者交易价格上反映出来；对通过其他渠道获得未经证实的消息可以向管理层询证；对发现的会计非法操纵行为能够及时披露或向监管机构报告。如果市场对会计信息的反应机制不及时、不灵敏，会计信息提供者缺乏市场需求的激励，会使信息供给成为不完全信息下的制度博弈，则最终市场整体信息质量不是最优的。

（3）信息取得渠道正当。会计信息披露并不是投资者获得信息的唯一渠道，新闻媒体、高管访谈、证券分析师的分析预测都是可能的正当渠道。非正当渠道是指投资者或中介机构通过内幕信息取得的财务信息。为了牟取非正常市场收益，会出现市场中介机构与企业合谋炒作，这种不正当的信息获取方式不可能对信息供给形成有效激励。

（4）投资理念强于投机。资本市场的投资者可以分为投资者和投机者两种，虽然二者的目的都在于盈利，但是投资与投机行为有着本质不同。投资者关注公司长期投资回报，分享企业的所有权，股票价格波动较小，对投资公司具有基本的信任，有助于公司治理机制的优化。以投资者为主导力量的市场有利于形成有效市场，有效市场才能产生有效需求激励。而投机者致力于短期证券买卖收益，股价波动明显，股票换手率高。以投机者为主导的市场是短视的证券市场，投机者喜欢跟风操作，对公司的"软投资"，比如研究开发、人力资源培训、社会资本投资缺乏关注，对管理层造成巨大的压力，容易激励公司的短期行为和机会主义行为。

只有当这四个要素同时具备，并相互磨合形成合力时，才能形成有效的会计信息需求力量。在充分竞争的、以理性投资者为主的市场，需求对企业会计决策提供有效的激励，这种激励将诱发自愿信息披露。这四个条件是资本市场成熟的产物，事实上即使是西方发达的资本主义国家，目前也没有形成这种均衡，而且在不同国家市场需求特点不同。

2. 影响会计信息市场需求力量形成的主要因素

（1）企业控制权类型。按照公司控制权配置方式，公司控制权类型可以分为关系型控制权和市场型控制权两种模式，前者以德、日公司为代表，后者以英、美公司为代表。两类不同控制权机制的公司，在实践中均有相当的合理性，均为工业化国家带来经济的繁荣。但是两种控制权市场对会计信息利用以及对会计准则执行的激励却是不同的。关系控制型公司往往通过内部交流直接获得会计信息，对公开会计信息披露需要较低，市场化会计信息需求不高。而市场控制型公司的股东和债权人，需要通过市场公开信息披露解决信息不对称，信息披露制度发达，市场化会计信息需求力量较强。

（2）资本市场的规模。资本市场的规模和流动性反映企业对外部市场融资的依赖性大小，可以作为衡量市场投资者需求对会计准则制定和执行影响力的一个重要指标。资本市场越发达，资本市场法律制度越健全，投资者权利得到保护的程度越高，市场会计信息需求有效性越高。在发达国家中，股票市场占 GDP 比例 1986 年平均达到73％，而发展中国家仅占13％。各工业化国家对证券市场利用程度，美、英等国家最活跃，其次是日本和瑞典，再是法国、比利时和意大利，最次是德国，因此这些国家会计信息市场需求水平也不同。

（3）法律对投资者利益保护程度。La Porta，Rafael，Florencio Lopesde-Silances，Andrei Shleifer 和 Vishny，Robert W.（1997）选择 49 个国家和地区，研究不同法律体系国家和地区的资本市场发育的程度。按照法律渊源，他们把这些地区和国家分为英国法系、法国法系、德国法系和斯堪的纳维亚法系四类法系国家，结果发现不同法系国家的资本市场发育和法律有密切关系。LISV（1999）以英国法系等四法系 49 个国家为样本，分析了股权集中度与各国股东权益保护法治、会计准则完善程度的密切关系。研究表明，投资者法律保护程度越高，资本市场越发达；而市场越发达，会计信息市场化需求水平就越高。

（4）公司治理结构的特点。公司治理是企业资本结构和公司法治的产物。公司治理的特点反映企业解决信息不对称的方式。按照公司治理的控制权来源，公司治理分为银行主导的利益相关者共同治理型和股权主导的市场治理型。德国公司治理模式是银行主导的共同治理的代表，大银行直接参与公司治理，可以直接获得企业会计信息，公开信息披露不发达。美国公司治理模式是股权主导的市场治理型的代表，市场投资者是会计信息的主要需求者，基于对市场经济收益追求而形成了强大的公开信息需求力量。

☞ 4.2.3 对市场需求激励机制的争论和再认识

从以上几个影响会计信息市场需求的主要因素看，世界上不同国家的市场需求激励方式不同，激励效果也不同，因此引发了对市场需求激励机制利弊的争论：一是主张市场机制是有效的。在市场控制型国家，企业股权相对分散，"用脚投票"是股东保护自身利益的最佳方式，因此，股价交易量和和交易价格波动比较大。股东在资本市场上的权利和灵活的退出机制，既是对其丧失在公司控制权的补救，也是对经营者机会主义行为的有效制约和矫正。市场控制型公司的大量存在，有利于形成市场的有效信息需求，有利于市场信息的传播，有利于自发形成对公司行为的监督。二是认为金融市场是缺乏忍耐性和短视的。他们根据股价变化的多样性，依据信息的短期性、无规律性，对信奉市场有效性的理论提出批评，提出市场具有短视效应的观点。因为投资者的操作行为使股价富有弹性，也容易造成股价极度灵敏，公司一有风吹草动，股东就抛售公司股份，更换经理，给公司管理层造成很大压力，增加了管理者对会计报告收益与市场预测差距权重的损失的评价，可能带来容易激励管理者的盈余管理和会计舞弊行为，导致经营者的短期行为。持有该观点的人比较称道以关系型控制权公司为主的市场，投资者主要利用"用手投票"保护其自身利益，公司股权交易比较少，股票和股市交易量相对稳定，投资者能够与股东同舟共济，市场对管理层压力不大，有利于培养管理层的长期行为。

对市场激励有效性的认识不同，政策主张也不同。市场短视模式认为，股价并非衡量公司业绩的最佳尺度，市场短视模式要求强化股东责任，培养关系投资者。而有效市场模式认为，股市信息是有效的，股市的信息波动有利于对管理者形成监督力量，遏止其牺牲股东利益，营造公司帝国的行为。他们主张加强股东权利，强化管理者责任，培养责任、诚信的经营者队伍，保护股东权益。

其实，不同市场激励模式各有优点和不足，都存在市场激励失灵的情况。在关系型控制权市场，控股股东和债权人利用与公司的密切合作获取内幕信息，造成投资者之间的信息不对称，影响会计信息质量的提高，所以，要通过法律和监管，保护外部中小投资者利益；市场控制型市场则因内部人控制而发生损害投资者利益的情况，应该通过强化公司的社会责任，通过投资者关系管理和投资者教育，培养投资者对公司的忠诚。因此，市场需求激励机制既是一个国家经济发展的自然产物，也是需要营造和维护的。只有这样，才能更好地发挥市场需求激励的作用。

§4.3　新兴市场与成熟市场会计信息需求激励有效性的比较

☞ 4.3.1　新兴市场与成熟市场需求条件的比较

新兴市场（emerged markets）与成熟市场（developed markets）由于处于不同的发展阶段，在市场信息需求方面有以下几个方面的区别：

（1）新兴市场的投资者结构处于快速调整过程，投资者队伍在形成期，缺乏成熟、稳定的需求者队伍。新兴市场规模小，但发展迅速。[①] 由于新兴市场正处于由小变大的过程，投资队伍也处于调整和形成期，缺乏成熟的投资者。

（2）市场规范化程度不同，信息取得渠道不规范。新兴市场普遍存在法规不健全，执法力度不够，监管技术落后等问题；由于法律约束机制较弱，内幕交易、股市操纵和欺诈行为较为严重，企业信息披露的透明度比较低，市场投资者热中于内幕消息和小道消息的追逐，信息取得渠道不规范。这些问题导致市场缺乏"公开、公平、公正"，影响了市场运行效率。而成熟股市经过多年的发展，基本上都拥有行之有效的法律规范和相应的监管机构及技术手段，规范化程度较高。

---

① 1995 年，新兴市场所在国家和地区的人口占全世界人口的 84%，国民生产总值占 19%，股市市值却只占 11%。然而，20 世纪 70 年代以来，发展中国家在经济自由化浪潮的冲击下，纷纷调整了原有的发展战略，更加重视证券融资，而发达国家则在经济全球化的背景下，通过证券方式大量向新兴市场投资，促使新兴市场得以迅速发展。1987 年，新兴市场的市值仅占世界股市总市值的 4%，以后逐年增长，1994 年超过了 12%。

（3）市场投资者投资理念不同。新兴市场波动程度大，高风险与高收益并存，表现出较强的不稳定性。这不利于投资者形成成熟的投资理念，也没有形成价值投资市场，投机利润高于投资报酬，投资者行为的突出特征是证券交易换手率高，成熟股市的换手率相对较低。

（4）投资者构成不同。新兴市场通常由于社会基金制度不完善，缺乏机构投资者，市场以个人投资者为主。而在成熟市场上，投资基金的发展历史较长，社会保险制度较为完善，因此以投资基金和社会保险基金为代表的机构投资者构成了市场投资者的主体。机构投资者拥有强大的企业信息研究队伍，极易形成对企业较有影响的投资者队伍。这不但大大提高了成熟市场的稳定性，并提高了投资行为的理性化程度和市场的运行效率。

（5）股价形成机制不同。成熟市场股价定位的主要因素是市盈率水平和上市公司连续稳定的投资回报，是名副其实的价值投资市场。新兴市场的股价受到宏观政策、企业绩效、市场扩容等复杂因素的影响，难以形成稳定的市场预期，二级市场价格经常背离企业投资价值，会计信息市场有效性较低。

（6）市场监管功能不同。在发达市场中，有效会计信息需求被作为会计管制前置条件，会计监管的主要目的是提高有效信息供给，会计监管的功能是支持性监管。在新兴市场上，信息供给不足和信息需求不足并存，会计监管既要保障有效信息供给，又要激励有效会计信息需求，支持性监管和替代性监管并存。

☛ 4.3.2　会计信息市场需求激励有效性的证据

从理论上可以论证会计信息需求赋予企业会计准则遵从的激励，但是因为遵从过程具有不可观察性，所以只能根据会计信息质量与证券价格的关系来验证。如果经检验，证券价格与会计信息质量之间存在正向变动关系，则说明存在有效会计信息需求激励机制。

1. 美国市场有效性及其市场对高质量信息供给激励效应的检验

在有效市场理论提出后，出现许多对美国资本市场有效性的检验，证明了美国市场已经达到半强式有效性。按照理论的逻辑，一个有效的市场理应存在有效的会计信息市场激励机制，应该存在由于高质量的信息供给减少了企业资本成本的证据。自 1995 年以来，美国许多学者对此作了许多实证检验。

迈克尔·维尔克（Michael Welker，1995）使用投资管理与研究协会（AIMR）公布的出版物《公司报告实务的年度回顾》中的会计信息评估结果作为会计信息质量等级，[①] 以公司的命令/要求的扩展作为资本成本替代变量，命令/要求的扩展越窄，代表资本成本越低，从而检验了信息披露质量等级与命令/要求扩展二者之间的相关性。他发现："比较得出，在披露等级的实证分布中处于最低三层的公司的命令/要求的扩展，比处于最高层次的大公司高出 50%。"[②]

马克·兰和拉塞尔·伦德霍尔姆（Mark Lang，Russell Lundholm，1996）采用分析师跟随率作为公司资本成本和投资者风险的替代变量，研究了资本成本与会计信息披露质量的关系发现："更多信息披露政策（即 AIMR 中得分高的）的公司会有更多的分析师跟随，更准确的分析师预测。"他们进一步说明："披露的潜在利益包括增加投资者跟随，减少估计以及减少信息不对称，每一项都会在理论上减少公司的资本成本。"[③]

克里斯汀·博特森（Christine Botosan，1997）采用自己设计度量信息质量的新方式"DSCORE"，提供了资本成本与披露水平之间关系的直接证据，并得出这一结果的数量关系：更多的披露与较低的资本成本相关。对有较少分析师跟踪的公司，披露预测信息和非财务信息尤为重要，有较多财务分析师跟踪的公司，披露历史成本信息更为有用。[④]

保罗·希利（Paul Healy）等 1999 年在《当代会计研究》发表"股票表现和围绕持续增加的披露的仲裁变化"，考察了 AIMR 分数变化与股票户保率的关系，结果发现"样本公司显示平均股票表现在披露增加当

①　这是由明星财务分析师组成的附属工业委员会对选定公司的实际信息披露有效性的评定，平均有来自各下属委员会的 13 位分析师对公布的 27 个行业中 460 家公司会计信息质量进行了评估。

②　迈克尔·维尔克（Michael Welker）：《公平市场中的披露政策：信息不对称与流动性》，原文载于《当代会计研究》1995 春季刊第 801 页。本书转引自保罗·B·W·米勒和保罗·R·班森著，阎达五、李勇译：《高质量财务报告》，机械工业出版社 2004 年版，第 94 页。

③　马克·兰和拉塞尔·伦德霍尔姆（Mark Lang，Russell Lundholm）：《公司披露政策与分析师行为》，载于《会计评论》，1996 年，第 467 页。本书转引自阎达五、李勇译著：《高质量财务报告》，机械工业出版社 2004 年版，第 94 页。

④　克里斯汀·博特森（Christine Botosan）：《披露水平和权益资本成本》，载于《会计评论》1997 年 7 月，第 346～347 页。转引自阎达五、李勇译：《高质量财务报告》，机械工业出版社 2004 年版，第 96 页。

年改善了7%，而在接下来的一年增加了8%"。①

2. 我国资本市场有效性及其需求激励机制有效性检验

俞乔（1994）运用 Box-Pierce 检验法、游程检验及非参量性检验均证明中国股市的股价变动存在很强的序列相关性，是非有效市场。高鸿桢（1996）运用序列相关检验和延续性检验两种方法分析，发现上海股市（1990年12月~1994年12月19日）的股价变化对消息的反应具有时滞性和过度反应，上海股市从1993年以后则处于从无效市场向有效市场过度的中间状态。吴世农（1996）对20种股票的日收益率（深圳1992年6月1日~1993年12月10日；上海1992年6月14日~1993年12月1日）进行序列研究表明不存在显著的系统性变动趋势，该文指出，并不能以此推断出我国股市已达到弱型效率，它恰恰说明我国股市尚未达到真正意义上的弱型效率，这是实证方法存在缺陷的缘故。张人骥（1998）在对上海证券市场过度反应的实证研究中发现，上海股市在1993年6月~1996年4月都不支持过度反应假设，这实际上说明上海股市对信息有反应滞后且不足的现象，显然不具有弱式有效市场的特征。魏刚（1998）和赵宇龙（1998）得出同样结论，但发现1996年度会计盈余具有较强烈的市场效应，上海股市对预期的好消息存在过度反应的现象，而对预期的坏消息存在反应不足的现象。同期研究只有杨朝军（1997）和陈小悦（1997）得出我国股市是弱式有效市场结论。而韩德宗、虞红丹（2002）使用序列自相关分析、游程检验、滤嘴法则和自回归残差检验四种方法，以上海证券交易所A股综合股价指数、深证A股成份股份指数、道－琼斯工业平均数和 NASDAQ 综合股份指数，对市场有效性作了检验，结果表明，美国两个股票市场呈弱式有效性，中国两个股票市场还不能确认呈弱式有效性。

以上研究帮助我们对我国股票市场的有效性有了一个相对理性的认识：我国的股票市场还不是一个有效市场，我国股票价格还缺乏坚实的企业价值基础，股价还不能对会计信息质量作出恰当的反应，尤其是对质量比较差的公司反应不足。这既有前述新兴市场的共性特点，也与转轨过程

---

① 转引自保罗·B·W·米勒和保罗·R·班森著，阎达五、李勇译：《高质量财务报告》，机械工业出版社2004年版，第97页。

中宏观经济调控政策影响权重大，股权分置下流通盘较小，易于被操纵等因素有关。张胜、陈金贤（2001）得出如下统计推断：以50%大户持仓比例为临界值来反映的庄家因素对股价超额振幅有显著效应，而业绩、行业、流通股规模均对股价超额振幅没有显著影响；而且庄家因素与业绩、行业、流通股规模这三个因素间不存在显著性的交互效应；他们由此而认为：1999～2000年的我国股票市场是一个典型的"庄股市场"。高锦萍、钟伟强（2005）基于1995～2003年间证监会处罚公告对上市公司财务信息欺诈与股价的关系进行的实证研究发现：在财务报告公布前40个交易日，上市公司二级市场股价存在明显的非常规收益，至财务信息公布后40个交易日，市场累计平均超额收益率为22.7%。他们研究认为，利用虚假表内信息是管理层操纵股价的手段之一，仅以表外信息欺诈的公司并未发现股价操纵的痕迹。

　　同时，由于我国银行利率并非完全浮动，银行决策集中于贷与不贷，是否要担保，不能通过利率的浮动激励企业依法提供高质量的会计信息。这一系列的研究说明，市场自发的、公正的评价机制和价格机制失灵，使我国企业会计准则执行行动缺乏来自会计信息需求市场的有效激励。

4.3.3 会计信息需求激励有效性的差异与不同的会计行动选择

　　会计信息市场需求激励通过对企业证券价格的反应，改变了企业执行会计准则的效用，对企业会计行动产生自我调整，这种调整通过企业会计准则执行行为和结果表现出来，回应了市场需求情境。

1. 市场博弈：基于市场多赢理念的会计准则执行

　　当市场有效性较高，能够识别公开披露的企业财务报告质量，并能够给予高质量会计信息披露企业有效激励时，企业间为了在竞争性资本市场上实现财务目标，重视与投资者保持良好的关系，主动地采取措施提高会计准则遵从水平，企业投资者关系管理部门通过对会计信息链管理，吸引更多分析师跟踪，使分析师预测更加准确，投资者利益增加，资本成本降低。因此，形成信息需求者和供给者之间的互惠行动。如索尼公司1992

年 8 月 12 日每股账面价值 BPS 为 4 119 日元，而股价不到 4 000 日元。通过建立由财务总监 Tamotsu 先生和 Morimoto 领导的资本市场部和投资者关系部，采取系列措施，加强投资者关系管理，并于 1995 年和 1996 年获得电子行业投资者关系最优奖，1998 年 7 月股价达到 13 490 日元。投资者关系管理给公司和投资者带来双赢结果。

2. 制度博弈：基于企业自利目的的会计准则执行

如果市场不能对企业高质量的财务报告给予市场反应，企业将以筹资、圈钱等自利性目标为会计行动的目标，在这种目标的引导下，企业更多地考虑会计管制的要求，其行为选择的标准是尽可能在不违法的前提下使会计信息披露质量达到市场管制的要求。企业会计行为的现实表现是：没有或很少有自愿性信息披露，以强制性信息披露标准为企业会计披露的最高标准；在收益质量达不到市场管制要求时，尽可能利用盈余管理手段；最后，在一切不违法的手段仍然无法实现行为目标时，法律威慑机制和自律机制的效率就是其决定是否采取不遵从会计准则策略的主要决定因素。

§4.4 替代性会计监管对会计准则执行的激励

☞ 4.4.1 替代性会计监管的本质

1. 市场会计信息需求激励机制失灵与替代性会计监管

许多研究文献已经证明了市场机制对资源优化配置起到基础性作用。但是，市场机制作用的前提是市场供需主体的人格化和利益的独立性，以及交易行为的互利性。事实上，市场是不能完全满足以上基本条件的，以下情况妨碍市场机制作用：一是产权主体不明确，公共物品和外部性将会导致市场失灵；二是市场有效需求主体缺乏，价格机制被扭曲；三是市场总体是有效的，但是在局部和特殊时期，市场是非理性的、盲目的。20

世纪 30 年代的经济危机让经济学家认识到政府管制的必要性。管制是对市场失灵的补救力量，事实证明，通过政府与市场作用的互为补充，才能发挥资源优化配置的作用。

会计信息供给方具有机会主义行为特征，而在新兴市场中又存在多种因素导致会计信息市场需求激励机制失灵，其结果是资本市场评价和反馈机制失灵，很可能会给投资者带来损失，给社会带来资源配置的无效和浪费。为了补救市场会计需求机制失灵，保护投资者利益，政府就要对会计信息需求采取替代性措施，通过设置融资门槛对融资企业进行筛选，设置"ST"和"PT"标准，弥补市场机制的缺陷。替代性监管的目的在于通过设置门槛、审核等手段，滤掉"业绩差"的项目，从而减少投资者在投资中的信息弱势。例如，在我国资本市场上，证监会就对 IPO 和再融资规定了以盈利能力为主的门槛，通过仔细审查投资银行报来的上市公司的材料，由股票发行审核委员会来确定是否批准再融资项目，只有业绩达到门槛要求的企业才能允许融资。

替代性会计监管的基本原因在于，市场自发会计信息需求机制乏力或市场需求机制失灵。但是，与市场需求主体不同，替代性监管主体是政府监管机构，监管机构作为属于行政行为，被监管的企业无法回避，也不可以对监管条件进行讨价还价，企业只能迎合或适应监管，不可能改变监管。上市融资、保护资本市场交易资格是我国上市公司会计行动目的重要目标，为了实现这个目的，达到监管部门的门槛要求是必要的，所以，监管部门设置监管门槛对市场会计信息需求机制进行替代，对企业会计准则执行行动必然产生激励。

2. 替代性会计监管的激励效应：基于前景理论的参照点框架效应的分析

企业会计准则执行行为主体通常是符合理性经济人的假设，表现出风险厌恶的行为特征。但是前景理论的创始人 Kahnenman 和 Tversky（1979）观察到，当人们面临损失时，其反应方式与他们面临收益前景时相反，特别是前景结果从收益转向损失时，[①] 人们行为表现出显著的偏好逆转现

---

① 收益和损失是决策者主观概念，并非指会计收益。收益代表决策者主观上认为是正面的结果，损失代表决策者认为的负面的结果，是相对于决策者的参照点而言。

象，从厌恶风险转向风险爱好。他们提出的参照点的框架效应强调，当人们对行为后果与参照点的相对偏离很敏感时，对这一行为后果的绝对水平并不敏感，而关注相对于参照点的偏离使其承受的相对损失；当参照点发生转移时，人们的风险偏好也会发生改变。

替代性会计监管为市场设置了企业融资和交易资格的限制，这种管制标准就为企业会计行动选择提供了一个参照点。当企业按照既定的会计政策核算的结果不能达到特定监管指标时，企业管理层就把其面临的预期前景框定为负，会计决策行为风险偏好逆转，企业将采取激进的会计政策进行盈余管理，甚至采取一些舞弊措施或制造非实质的交易影响会计业绩，当这些现象出现时，会计准则遵从效率下降；当企业按照既定的会计政策核算的结果能够满足特定监管目标，企业管理层就把其面临的预期前景框定为正，会计决策行为为风险厌恶，企业会遵守会计准则，保证会计报告的合法性和一贯性。

替代性会计监管机制由于为企业会计决策行为提供了一个参照点，诱发了参照点的框架效应，尤其是相对参照点面临负预期前景的企业更可能发生盈余管理或舞弊等行为。这表明这种政策具有一定局限性。所以，必须加强支持性监管，提高对这部分企业的检查面，加大对违规行为的处罚力度，增强实施制度的威慑力。同时，应该对替代性监管措施进行改革，消除其可能产生的参照点框架效应。否则，由于管制可能产生负效激励，反而降低了会计准则遵从的效率，导致会计信息故意性失真。

☛4.4.2　我国会计信息市场需求激励不足与替代性监管的效应

1. 我国会计信息需求有效性的理论研究评述

我国资本市场属于新兴市场，又处于经济转轨时期，许多因素导致市场价格运行远离企业业绩，波动大，市场对坏消息反映不足，缺乏识别虚假信息的能力，发生了市场会计信息激励机制缺失。会计信息有效需求激励不足的原因很复杂，如国家对企业的行政干预比较多，企业产权不明晰；上市公司股权分置和一股独大问题，不同股东信息获取渠道不同，利益获取方式不同，市场上没有形成一致的基于投资需求的会计信息使用者队伍；政策多变，而且在相关的法律、法规建设和执行方面，有诸多空白之处，政策有效性比较低；在中介服务方面，中介组织的发展和执业行为存在很多不规范的问题，存在许多市场中介和企业合谋操纵市场、欺诈投资者的现象；投资者也缺乏在资本市场上投资的经历，以至于理性不足，市场的投机强于投资，内幕交易频繁，有效信息需求主体缺失，等等。但是，其中缺乏真正的会计信息市场需求主体是主要原因。

（1）投资者公开信息市场需求不足。蒋尧明、罗新华（2003）和潘立新（2004）等研究认为，影响我国投资者需求不足的主要原因是投资者需求主体缺位。他们提出在我国的企业中，国有成分仍占 60% 左右，政府仍是大部分企业所有者的代言人，虽然我国政府也曾作出了各种努力，成立了国有资产管理部门和监事会等代表国家进行国有资产运营的监督管理，但迄今为止还没有哪个人格化的组织或个人能真正代表国家行使出资人的权利，国有资产管理委员会（以下简称国资委）在国有产权所有者人格化方面，仍没有解决根本问题，我国企业会计信息丧失了最大的需求主体。但是，笔者结合其他学者的研究成果，综合分析我国各阶层的投资者后认为，我国并非完全是需求者缺位，而是缺乏对公开信息的需求。

首先，无论国有资产管理者是否能代表国家行使出资人的权利，其作为信息需求者是客观存在的，其信息需求是明确的，只不过它利用了手中特权，在公开信息披露之外要求企业向自己提供专门的会计报告。国资委是国有产权的代表，作为出资人代表，需要通过会计信息考核企业资产保值和增值情况，以及企业价值评价和管理者业绩考核。因此，国资委要求企业向其提供大量的报表和数据，除了通用会计报表之外，还包括企业财务快报（每月）、年度财务决算报表，以及由企业会计报表和国有资产营运分析报告两部分组成的国有资产年度统计报告等，大大小小的报表加起来一共三十多张；企业除了按照会计准则和会计制度的要求提供报表之外，还要按照国资委的要求，将通用报表数据进行重新调整和计算。

其次，目前我国会计监管规范实施的主要对象还是上市公司，但是我国上市公司股权结构的特点是：2/3 的股票不能流通，很多企业被大股东所控制，董事会完全按照大股东的意愿行事，大股东或者控股股东甚至与经营者联合，完全掌握了会计信息的供给。在这种内部人控制的情况下，本应该是有效会计信息需求的战略投资者，却摇身一变，变成了企业会计信息供给的实际控制者。

再次，对于资本市场上的广大中小股东来说，如果会计信息的获取能提高其投资报酬，无疑会增加他们的会计信息需求。然而，我国资本市场的另一大特色就是中小投资者沉浸于"投机"而不是"投资"，会计信息对其收益的贡献远逊于内幕消息。陆正飞、刘桂进（2002）对公众投资者会计信息需求的调查表明，中小投资者在投资决策时非常重视"是否有人坐庄"、"是否有题材"及"流通盘子大小"等反映股票投机价值的信息，而对反映企业财务实力和资产质量的会计信息的关心远远低于前者，也低于"公司所在行业的前景"、"公司本身的前景"、"大市涨跌情况"，以及"国家总体经济形势"等基本面情况。"公司规模"、"资产变现能力"成为了最不重要的信息，"公司管理质量"对投资决策的影响也微乎其微。此项调查进一步证实了我国中小投资者的市场只是一个投机市场的论断，也说明缺乏有效的市场需求主体。

最后，机构投资者影响较小。相对于中小投资者而言，机构投资者向来是资本市场会计信息的专业用户，他们在资金、信息、技术、人才等方面的优势使其具有信息需求的能力。事实也是如此。蒋义宏、李东平（2001）针对基金管理人的调查表明，47%的专业用户表示会计信息是重要的投资决策信息，另外47%的被调查者认为会计信息是比较重要的决策依据，只有6%的专业用户认为会计信息不重要。被调查者还希望能严格执行会计准则和制度，提高会计信息质量。可见，机构投资者最有可能成为会计信息的有效需求主体。但是，从机构投资者总量看来，机构投资者对我国会计信息市场需求的影响还很小。

证监会在证券市场监管中，需要了解和使用上市公司的会计信息，既关注企业资产质量和盈利质量指标，又关心信息披露的全面、及时和公允（舒惠好、刘军、邓福贤，2005）。但是，证监会并不是资本投资的决策者，而且一个证监会并不能顾及到所有上市公司，所以，证监会并不能完全替代投资者的会计信息需求。

（2）债权人会计信息需求。债权人属于外部投资者，债权人将资金投入企业，也必须通过会计信息了解企业的偿债能力和财务风险，以防止和减少坏账、呆账的出现，并阻止其他利益相关者（比如大股东和经营者）对其权益的侵害。但是在处于经济转轨中的中国，有两个原因影响债权人对会计信息公开需求。第一，地方政府对银行贷款业务的干预。国有产权占主体的银行所有制结构，使这类债权人拥有国有企业的通病，受到政府干预，信用风险控制机制失灵。第二，银行是企业债务筹资的主要渠道，通过贷款发放审核和经办企业的结算业务，主银行可以以较低的成本及时掌握企业基本信息，对公开披露的会计信息并不十分依赖。

除了以上会计信息需求主体外，税收要以会计核算为基础，税收对会计标准制定和遵从有着重要影响。所以，从理论上税务机关是任何一个企业的会计信息使用者。但是，以下因素影响了税收对会计信息的需求：①国家对税务机关采取税收任务指标管理办法。由于长期计划管理所形成的路径依赖，我国采取税收计划管理方式，每年在上一年的实际税收任务完成的基础上层层下达税收任务，并把税收任务完成情况作为税务干部考核的指标和下一年税收任务制定的依据。在这种管理体制下，有些基层税务机关往往视任务完成情况决定税收征收行为。会计信息在税收中的基础性作用受到影响。②政府对税收工作的干预。政府既承担经济管理职能也肩负税收职能，而且，对于地方政府官员来说，地方经济的繁荣和社会安定是头等大事。发挥政府权力的作用，帮助企业争夺全国资源，为企业发展排忧解难成了地方政府自愿承担的任务。理论研究发现，我国有的地方政府通过向企业提供种种特殊税收优惠和直接的财政补贴等做法，支持、配合企业对会计盈余进行操纵。③税务机关不是市场主体，在会计与税收分离的情况下，税收对会计标准执行的激励是间接的。

综上所述，我国会计信息需求的主要特点是，政府对会计信息行政需求干预了市场会计信息需求，公开会计信息需求不足，企业会计信息缺乏市场化激励机制。其表现：一是在缺乏市场信息需求主体的情况下，市场评价机制和价格机制失灵，强制性制度管制虽然可以避免逆向选择出现，但市场上充斥的至多是按制度规定的最低信息披露。二是没有市场机制的作用，在公司利益相关者力量不均衡的情况下，会计政策选择是缺乏公允性的，会计信息质量缺乏公正性。从国际看，利用非公开信息渠道获得信息进行的投资决策，在投资者拥有完全产权的情况下，投资者或债权人可以直接介入公司治理，以保证投资者和债权人的自身利益。如德国公开资本市场并不发达，大股东和主银行利用直接进入董事会和监事会控制企业，保证自身权益，会计信息表现出债权利益导向。

2. 我国替代性会计监管对会计准则遵从负效激励的经验研究证据

我国债券市场不发达，企业融资渠道主要是银行贷款和股市融资。在企业资产报酬率不高、股东权益保护法律不完善、来自市场的约束机制乏力的情况下，股市融资成本低，管理层受到约束少，股权再融资可以迅速增加每股净资产，增加现金净流量，因此，上市公司具有股权融资的偏好。对于专门为圈钱而上市的、被集团公司控制的企业更是不可能错过再融资的机会。由于市场缺乏成熟的投资者队伍，为了保护投资者利益，我国证监会在 IPO、配股、增发、可转债等环节设置会计业绩指标作为替代性监管措施。这些替代性会计监管措施对过滤业绩差的公司确实起到一定作用，同时对企业会计决策过程也产生了激励。

平新乔等（2003）研究指出，中国上市公司的虚报发生的区域为 $t \in [t_0 - b(1 + t)/2pn(3 + 2m/n), t_0 + b(1 + t)/2pn]$，是上市公司与中介机构之间的一种纳什均衡，"虚报信息披露事件发生的区域与政府监管机构发布的上市公司再融资资格 t_0 有关，但是虚假信息的区域长度与再融资资格 t_0 无关"。根据他的研究结论，虚假信息的区域长度与真实业绩 t 和得益系数 b 成正比，与监管力度 p、对上市公司和中介的惩罚力度 m 和 n 成反比。其原因是证券管理当局基于经验估计的净资产收益率均值构成对上市公司再融资资格的管制。

陈晓教授围绕着上市公司变脸现象进行了为期三年的研究，他（2005）发现"我国上市公司的变脸现象很大程度上是监管政策诱导的。"[①] 如上市公司的变脸现象几乎发生在所有环节。首先，上市条件和发行价格直接与净资产收益率挂钩，为了能取得上市资格并尽可能多地筹集一些资金，在上市过程中，上市公司将会把利润包装得好一些。"天生劣质和 IPO 过程中盈余管理（为了特定目的调节利润数字的活动）的转回是这些公司在上市后亏损的主要原因。"其次，上市公司瞄准的不仅是首次发行筹集的资金，更多的是资本市场持续的融资机会。而如果要利用配股或再发筹集资金，必须符合证监会规定的连续盈利和净资产收益率的

①　本段引用陈晓教授的研究发现均来自于他发表的论文《治理会计信息失真的根本之道：市场机制、公司质量和治理结构》（见中国人民大学复印资料《财务与会计导刊》2005 年第 8 期，第 8~10 页）。

要求，公司必须通过盈余管理再次作高利润，再融资后会计盈余再下降是必然的，即被称为第二次变脸。陈晓教授根据我国上市公司 1998～2002年的净资产收益率的分布研究发现，我国企业净资产收益率的峰值出现在配股线附近，当配股资格线由 1998 年的 10% 下降到 6% 后，峰值中心也发生了转移。"上市公司净资产收益率的这种分布和分布的变迁不太可能是企业真实经营状况分布和变化的反映，最有可能的解释是为了满足监管要求而进行的利润操纵的结果，且围绕配股的操纵频度远远高于围绕保壳的操纵频度。"2001 年底，证监会取消了 1999 年起执行的 PT 制度，使得亏损公司面临着极大的退市风险，退市不仅是机会的丧失，而且会发生声誉损失，这是其利益相关者所不愿看到的。于是，维持上市资格也是企业的会计行为目标，实证研究不仅证实了以"保壳"为目的的盈余管理存在，而且发现了连续亏损公司比首次亏损公司表现出了更强烈的扭亏意愿。陈晓教授的研究发现，我国以迎合监管所采取的盈余管理手段与西方资本市场常见的利用应计利润操纵会计数字不同，我国大量使用的是关联交易和资产重组。

吴文锋等（2005）对 1998～2001 年在上海和深圳证券交易所增发和配股的 A 股企业增发或配股后 24 个月市场业绩和会计业绩走势进行的研究发现，增发前一年增发公司的平均净资产收益率为 13.37%，增发后当年、一年和两年逐步下降到 8.17%、5.44%、2.55%，总资产报酬率由增发前的 6.03% 下降到 1.87%；主营业务收入边际利润率从 30.7% 下降到 22.5%。增发公司净资产收益率和总资产报酬率低于市场平均值，而净资产收益率和主营业务边际利润率低于配对公司。这说明处于融资阶段的企业，对市场需求激励敏感性比不需要融资企业要高，监管门槛强化了需求激励，对会计行为选择作用有更加明显的激励。

姜国华、王汉生（2005）对股票特殊处理政策（ST）进行研究，他们发现，特殊处理的后果不仅局限于"ST"公司承受的交易限制和市值损失，为了避免被"ST"，上市公司往往会事先进行一些不利于公司本身，也不利于我国股票市场发展的行为，即盈余操纵。通过将我国与美国公司盈利水平（ROE）比较发现，中外企业都有避免亏损、追求微利的现象，表现在盈利水平的分布从亏损到利润的临界点附近有一个跳跃，在股东权益回报率的频度统计柱状图中，0 左边（亏损）低于右边，美国企业是 0.8% 对 1.4%，整体表现符合正态分布；中国企业是 0.4% 对 6.8%，太少的公司处于亏损状态，盈利水平分布和正态分布预期相差太远，他们估计亏损公司很可能通过盈余操纵达到微利目的。这个研究支持了"ST"政策对会计行动具有激励作用的结论。

3. 替代性会计监管负效激励的后果

（1）会计准则遵从水平低，会计报告质量低下。我国以净资产收益率作为资本市场融资的监管指标，以连续两年亏损作为"ST"的主要指标，上市公司的财务目标被单一的会计业绩指标所决定。在公司质量不高的情况下，财务压力比较大，激发了这些公司的冒险心理，采取许多盈余管理的措施，甚至超出会计准则的约束，采取了不遵从会计准则的行动；而业绩较好的企业，由于决定证券市场融资价格的市盈率指标被固定，市场效率不高，公司收益增长被封顶，所以采取了稳健的会计政策进行盈余管理。公司会计行动的这种特点影响会计信息的客观公允性，降低了会计准则遵从的水平和财务会计报告质量。

（2）资本市场的资源配置功能劣化。资源配置包括外部资本市场利用市场机制对资本的配置和企业内部以科层组织进行的内部资本配置。股权分置，缺少对流通股股东的权益保护机制，流通股股东投机性强，热中于挖掘炒作题材，跟风操作，市场需求激励不足；而政府替代性会计监管的负效激励扭曲了市场价格，改变了外部市场机制优化资金配置结果，降低了外部资本配置效率。外部资本配置与内部资本配置之间存在相互作用（邹薇、钱雪松，2005），外部市场不完善导致企业内部管理者缺少市场约束，企业内部资金运用效率低下。刘少波、戴文慧（2004）对我国上市公司募集资金投向变更现象进行研究发现：我国上市公司普遍存在较大程度地变更资金投向的现象，上市公司资金闲置问题突出。张为国，翟春燕（2005）研究发现，从 1999～2001 年，有 729 家公司新股发行、配股及增发，到 2003 年 440 家公司变更了募资投向，平均变更率 60.08%；其中首次发行公司的平均变更率 77.46%，配股公司变更率 51.16%，增发变更率 38.06%；有变更行为公司货币融资金额占市场融资净额的57.91%，变更金额占公司募资净额平均数的 34.17%，且变更两次以上的有 110 家。这说明，"上司公司决策水平普遍偏低；另一方面也可能是上司公司为了'圈钱'而随意拼凑投资项目，并无实质有效益的项目可投资，纯粹是为找项目而找项目。因此，资金一到位，就开始并更募集资金获或是闲置。"[①] 没有很好投资项目的企业热衷筹资，除了说明融资成本低廉外，其后果还在于，不缺少资金的企业拿到资金也不会有效地使用资金，资金闲置、被集团公司占有、或以委托理财方式进入资本市场，干扰市场价格，可能助长腐败和犯罪。

（3）分散了上市公司管理层的精力，增大上市公司压力，吓退了质优公司的上市欲望。公司会计业绩是公司经营业绩和会计准则制定和执行的函数，在会计准则一定的情况下，会计业绩就在于经营业绩和会计准则遵从行动的选择。但是，因为企业真实业绩受到宏观政策、市场环境、项目所处行业周期等多种因素的影响，具有波动性。而替代性监管政策又要求企业会计业绩必须达到一定水平。在双重压力下，公司管理层不得不在如何执行会计标准上费尽脑筋，与监管者和投资者玩起数字游戏，既分散了管理层的精力，又容易误导缺乏专业水平的投资者。而质量高、筹资渠道多的优质企业也不敢轻易动上市之念。

本 章 小 结

会计信息市场需求具有信息评价、企业定价和价格发现的功能，在有效市场中这种功能作用的结果是降低了依法提供高质量会计信息企业的资金成本，对高质量的会计信息供给起到了激励的作用。有效信息需求激励机制对会计准则强制实施制度效率将起到替代性和互补性的作用。

会计信息需求的市场激励是一种自发的激励机制，其有效作用需要一定的条件，这些条件即使现在发达的资本市场也不完全具备。另外，市场具有短视效应，存在着市场机制的失灵。更值得关注的是，新兴市场比成熟市场有效性低，机制失灵程度更高。因此，在新兴市场中政府常采取替代市场需求机制的会计监管措施，即替代性会计监管。替代性监管应该遵循管制性激励的原则，否则将会因为会计监管措施不当引起政府失灵。

我国资本市场是一个新兴加转轨的市场，市场有效性低，自发市场需求激励机制缺乏。其中一个重要原因是在会计信息从行政需求向市场需求

---

① 张为国、翟春燕：《上市公司变更募集资金投向动因研究》，载于《会计研究》2005 年第 7 期，第 20 页。

转变的过程中，由于独特的股权结构和资本市场管理体制，导致我国公开的市场化的会计信息需求不足，会计信息需求与供给错位，上市公司和庄家操纵价格，会计信息市场需求对会计准则遵从的激励不足。与发达国家企业会计行动相比，我国企业属于典型的以自利为目的的制度博弈行为。而许多实证研究证明，现阶段的政府替代性监管在过滤劣质企业、优化资源配置的过程中，因诱发参照点效应而产生负效激励，激发了盈余管理甚至是会计舞弊，降低了会计准则的遵从率。

针对我国会计信息需求的现状，一方面应该按照激励相容的原则，优化替代性监管政策；另一方面，政府要通过调整宏观管理政策，塑造市场需求主体，促进市场化的激励机制，策动企业重视投资者关系管理和财务报告供给价值链管理。因为会计信息需求机制优化不是短时间内能够生效的，所以，寻求企业自我执行会计准则的激励是必要的。

第 5 章

公司激励、监督制度与企业会计准则执行

前面两章在以法人组织为主体研究会计准则执行问题时，悬置了企业组织制度对会计准则执行的影响。事实上，企业会计准则执行的决策和行动受到公司组织制度制约，公司治理制度是会计准则执行的微观环境。大量的研究文献已经证明公司治理与会计准则执行存在密切的关系，如公司报酬契约与盈余管理和财务舞弊的研究，发现了公司报酬契约对盈余操纵的诱致作用，公司治理结构与会计信息披露质量的研究发现了公司治理结构与会计信息披露质量的相关性。公司治理机制对于外部人而言是企业会计准则的自我执行机制，而对于企业管理层而言，公司层次的激励和监督是一种他律机制。基于外部情境激励的局限性，本章重点研究公司治理机制对会计准则执行行为选择的作用机理。因为公司组织制度的存在，企业管理者不可能直接追求个人效用最大化，所以，本章是在结合企业激励和监督方式并基于管理者个人立场，讨论其会计准则执行的理性选择问题，进一步揭示企业组织制度的优化对提高财务会计报告质量的重要性。

§5.1　委托代理、公司治理与会计信息

5.1.1　委托代理关系与公司治理

现代企业与古典企业相比，在产权结构上有两大变化：一是所有权与经营权相分离；二是物质资本和人力资本的分离。这两种变化导致了委托代理关系的产生。一般认为，委托代理关系可以分解为两个层面：一是股东通过股东大会选举具有经营管理才能的人担任董事，形成股东与董事之间的委托代理关系；二是董事作为委托人通过董事会委托具有专门知识的经理人员从事公司管理活动，形成董事会与经理层之间的委托关系。委托代理关系是企业发展的必然结果和现代企业的典型特征，正如伯利和米恩斯教授在《现代股份公司和私有财产》一书中所指出的，"没有控制权的财产权和没有财产的控制权乃是股份公司发展的逻辑归结"。[1]

在现代企业发展过程中，公司的权力重心发生了两次转移。[2] 股份公司出现的初期，公司的所有权和经营权并未发生分离，由主要股东组成的"主要出资者会"同时行使所有权和经营权。18 世纪中叶，公司机关的职能开始分化，出现董事会，董事会是股东会下的执行机构。直到 19 世纪，英国公司法并不承认董事会拥有独立于股东大会的法定权力，股东会的权力仍然是至高无上的，董事会只是负责执行股东会决议，不享有决策权。这种权力分配格局被称为"股东会中心主义"。但是，随着 20 世纪资本主义发展进入自由竞争阶段，由于股东管理知识和经验的相对缺乏，股东会的决策效率不能适应激烈竞争下企业发展的需要。因此，公司决策权向董事会发生倾斜，出现了股东不一定享有决策权，享有决策权的董事不一定是股东的局面。20 世纪 30 年代，全美国 200 家非金融公司，属于经营者控制的占 58%，到 1968 年这一比例达到 85%。各国开始修订公司法，

① 转引自刘俊海：《股东权法律保护概论》，人民法院出版社 1995 年版，第 121～122 页。
② 参见王天习著：《公司治理与独立董事研究》，中国法制出版社 2005 年版，第 17～30 页。

赋予董事会更大的权力。① 这时，股东会享有的权力以法律或公司章程的形式确定，而董事会则享有法律或章程明确或未明确的剩余权力。这种权力分配格局就是"董事会中心主义"，公司权力重心由股东会转移到了董事会，这是公司权力重心的第一次转移。

董事会按照公司法的规定要执行"少数服从多数"的民主决策原则，容易产生扯皮和推诿，缺乏必要的决策效率；同时，董事会对企业财务会计信息要通过下级汇报，容易产生董事会和经理之间的信息不对称。为了提高公司的治理效率，董事会部分权力被转移到经理层。董事会作为一个公司的决策机关，将执行权再下移到经理层，因此产生了新一层次的委托代理关系。但是，这次权力的转移与上次不同，在世界各国表现形式也不同，存在经理和董事的竞合和分离两种情况。如在美国首席执行官有的是非股东董事，同时兼任总经理；日本董事会的董事大多担任高级管理职务，这些高级管理职务通称"干部"（王天习，2005）。Conyon 和 Leech（1994）发现，在他们研究的 470 家英国企业中，有 20% 的企业是由所有者控制的（公司的股份由少数大股东控制），约有 50% 的企业经营者（CEO）又兼董事长。这种公司控制权由董事会向经理层的转移，是企业权力重心的第二次转移。伯纳姆（J. Burnham）在 1941 年《经理革命：世界上正在发生的事情》一书中第一次称之为经理革命。

上述两次公司权力重心的转移和委托代理链的产生，股东权力减少到只保留了法定控制权和剩余索取权，而董事和经理作为代理人则取得除了股东控制权以外的控制权，包括法律和合同明确的控制权和剩余控制权。利用相对于外部股东的信息优势，董事与经理的"竞合"和"共谋"，股东会可能被架空，导致"内部人控制"现象出现。

股东效用函数与作为内部人的管理层的效用函数是不同的。企业投资收益最大化，净资产增长率和股票价格的稳定成长等是股东利益在企业内和外部利益的实现形式。而管理层追求的是控制权收益和薪酬最大化。这种效用目标的差异，是道德风险的经济根源。交易费用所引起信息不对称，中小股东搭便车，投机股东的"用脚投票"，弱化了股东对管理层的监督，使管理层机会主义行为缺乏抑制机制，这是道德风险发生的外部条

---

① 《美国示范公司法》§8.01（b）规定，"所有公司权应当由董事会行使或在它的许可下行使，公司的业务和事务也应在它的指导下管理"。1948 年英国公司法附表 A 第 870 条，授权董事行使公司法和公司章程未明确规定必须由股东行使的任何权力。德国 1937 年、1965 年、1993 年股份法有类似规定。欧共体 1968 年 1 号指令第 9（1）条规定，凡经董事会所决定的交易，对于与该公司进行交易的第三者而言，均应视为在该公司的能力范围之内的交易。

件。任其发展，难免出现损害股东利益，引发市场逆向选择的风险。逆向选择可以看作投资者在信息不对称下自我利益的保护行为，但是任由逆向选择现象的发展，必将导致市场的萎缩，影响整个市场经济的健康发展。为了抑制管理层的内部控制引起的机会主义行为的发生，避免道德风险和逆向选择风险的社会危害，公司治理顺势而生。

从法学角度看，公司治理就是在两权分离后，为了防止经营者的机会主义行为而在公司内部设计的法律制衡机制，包括股东大会、董事会、经理层和监事会之间的权力配置。我国法学教授王保树教授认为，"公司治理结构"有时可以理解为"公司组织结构"，而"公司组织结构的核心，是公司权力的合理分配和对经营者行使权力的监督"。①

从经济学视角看，只要存在代理问题和交易成本，公司治理问题必然存在。哈特（Oliver Hart，1995）提出了所有者和内部人之间的利益冲突和交易成本导致的合同的不完全性，代理问题不能通过合约解决，必须通过合理安排公司治理结构，建立公司治理机制解决。斯坦福大学的钱颖一教授在他的论文《中国公司治理结构改革和融资改革》（1995）中提出："公司治理结构是一种制度安排，用以支配若干在企业中有重大利害关系的团体，包括投资者、经理、工人之间的关系，并从这种制度中实现各自的经济利益。公司治理包括：如何配置和行使控制权；如何监督和评价董事会、经理人员和职工；如何设计和实施激励机制。"②

管理学对公司治理的认识与经济学基本是一致的。李维安教授在他的《公司治理》中提出公司治理是一个多角度、多层次的概念。从其产生和发展来看，可以从狭义和广义理解。狭义的公司治理是指所有者（主要股东）对经营者的一种监督和制衡机制，即通过这一制度安排，来合理地配置所有者和经营者之间的权利和责任关系。广义的公司治理是通过一套包括正式或非正式的、内部或外部的制度或机制来协调公司与所有利益相关者之间的利益关系，以保证公司决策的科学化，从而最终维护公司各方面的利益。③《OECD 公司治理结构的原则》（1999）的定义是，公司治理结构"是一种据以对公司进行管理和控制的体系，它明确规定了公司各个参与者的责任和权力分布，并清晰地说明了决策公司事务所要遵循的

---

① 转引自王天习著：《公司治理与独立董事研究》，中国法制出版社 2005 年版，第 35 页。
② 转引李维安等著：《公司治理》，南开大学出版社 2003 年版，第 25 页。
③ 如谢德仁（1998）提出：企业是一个要素使用权交易合约的履行过程。企业之所以存在，是因为要素之间的合作产生比不合作更大的收益，企业是要素所有者为了获取比较收益而签订的要素使用权的合约。

规则和程序。同时，它还提供了一种结构，使之用以设置公司目标，也提供了达到这些目标和监控营运的手段"。

5.1.2 委托代理关系与会计信息

1. 股东及其利益相关者与会计信息

企业是一个利益相关者契约的联合。利益相关者之所以要合作于企业，其动因在于通过企业的合作生产可以获得比较收益。利益相关者将本（投入要素）求利（依约分享收益），客观上要求会计要明确、清晰地记录利益相关者对企业的要素贡献、企业产出，并计算每一个利益相关者的收益。所以，会计信息可以看作是投入资源及其产出和分享的替代变量。

市场经济发展到今天，资本在企业所有的资源要素中仍具有强势地位。从企业契约组成看，股东作为企业发起人之间签订的股权契约是企业设立的必备文件，事实上，企业与股东以外的资源投资者之间的契约要以股权契约为基础，是派生性契约。因此，在企业与众多利益相关者的关系中，股东权益是企业权益的核心，股东与企业管理层之间的委托代理关系在众多委托代理关系中占主导地位，股东是会计报告的主要服务对象。

会计以货币为主要计量单位，连续、系统地反映了企业的财务状况、经营业绩和现金流量，反映了管理层受托义务的履行情况，会计信息成为委托人和代理人沟通的媒介，是委托人行使权力和享受权利的基础。委托人在以下方面需要利用会计信息：一是作出投资决策，委托人的理性投资决策建立在对企业价值的评估之上。证券市场会计研究表明，投资者通过建立企业价值模型，对企业价值进行评估，然后将其与市场价格比较，确定其投资决策；二是对代理人的受托责任进行考核；三是落实对代理人的薪酬和聘任事宜；四是对企业重大事项表决。利用会计信息评价企业经营管理责任的履行情况和落实对管理层的奖罚，是一个问题的两个方面。委托人一般通过设计薪酬计划，将代理人的薪酬与企业的会计收益或市场收益挂钩，以激励代理人采取有利于股东和企业生存发展的管理措施。

在现代企业制度下，随着股份发行和流通，资本所有者可以在资本市场上通过有价证券的买卖分享企业市场收益，按投资分享股利的形式不再是投资者分享企业收益的唯一形式，这使会计信息使用者进一步扩大到社会潜在投资者。管理者和员工持股计划的推广，人力资本也参与了企业剩余分享。同时，企业所得税的出现，国家也是会计信息的使用者，① 会计信息的利益相关者群体进一步扩大。② 这些变化使会计信息的外部性效应凸显，会计信息具有了公共产品的性质。但是，经过第二次企业权力重心的转移，会计信息使用者与企业代理人之间的信息不对称程度却进一步加深了。

为了保护股东利益，保护社会公众利益，要求企业会计信息能够可靠地、全面地披露企业经济收益和财务状况。

2. 经营管理者与会计信息

在现代企业中，经营权与所有权分离，企业控制权下落到经营者手中。由于经营者和所有者之间效用函数不一致，经营者机会主义行为将导致代理成本的产生。詹森和麦克林（1976）把代理成本归为三个方面：委托人监督代理人的监督成本；代理人向委托人保障不会采取有损委托人利益行动的担保支出；剩余损失，即代理人决策与委托人效用最大化决策差异给委托人带来的福利损失。

按照激励相容的原理，新制度经济学家阿尔钦和德姆塞茨（1972）提出解决代理成本问题的基本思路是，让管理者分享剩余索取权。这种思路的基本原理是让管理者这个企业道德风险的制造者，通过分享剩余而与股东共同分担剩余风险，以制约其机会主义行为。因此，现代企业所有权安排的基本框架是企业剩余控制权安排给企业经营者享有，而剩余索取权则安排给股东和经营者分享。

企业剩余索取权分享的传统方式是按贡献分配，在会计中表现为将本分利，同股同利。但是，由于人力资本与其所有者具有不可分割性，人力资本的效能发挥具有主观性等特点，其贡献难以定量化。这意味着，人力资本不可能具有一个客观的计量标准，通过事前资本化会计处理，使人力资本一起作为资本进入企业权益，成为人力资本和物质资本共同分享企业

---

① 所得税 1798 年初创于英国，1842 年罗伯特皮尔爵士提出：根据 1806 年所得税正式将所得税立法变成恒久性税种。美国因 1861 年的南北战争开征所得税，1913 年根据修订的新宪法，制定所得税制度。可见，所得税是在股份公司出现以后发展起来的。由于所得税计算要依据会计收益，所以，无论采取何种税务会计模式，所得税都要依赖于会计资料。

② 由于税收、潜在投资者及其国家经济管理部门对会计信息的依赖，会计信息的利益相关者实际上是超产权的，而且与企业利益相关者不完全相同。

剩余收益的基础。人力资本会计也试图采取产出法对人力资本计量进行探索。但是，企业产出是一个系统因素作用的结果，它是宏观政策、市场环境、管理者努力、会计机制等众多因素的作用结果，贡献计量也存在太多的不确定性因素。所以，这种探索并未取得公认的可行性结果。可以说，由于人力资本的产权特性和计量技术的限制，至今法律并不认可人力资本可以资本化。这说明任何一个企业的人力资本与物质资本的利益边界，只能在公司治理中通过利益相关者之间的博弈去解决，博弈的结果最终落实在报酬契约和聘任契约上。公司的激励机制将管理者利益与企业业绩联系起来，会计信息是对企业业绩的客观反映，激励机制又将管理者利益与会计信息联系起来。

在委托代理关系下，经营管理者拥有企业的剩余控制权，管理者在企业中的权力，使他们能够掌握会计信息生产和报告的决策权，有能力左右会计信息的质量。

第一，通用会计规则是不完备的。经济业务是复杂的，是不断创新和发展的。比如销售收入确认的一般含义比较容易把握，但是在实务中由于销售方式的创新，如租赁销售、返本销售、返利销售等，就使销售收入的确认变得十分复杂。而会计准则制定者的知识是有限的，不可能预料到所制定的会计准则要规范的交易和事项的所有情况，所以，会计准则是一个原则性规定，需要其执行者运用专业知识，把握会计事项实质并作出可靠的判断。

第二，企业经营管理者拥有剩余会计规则制定权。管制者拥有通用会计准则的制定权，同时，通过会计准则制定"充分而公允"的程序，为经营者参与通用会计准则的制定提供了平台。因此，经营管理者享有通用会计规则制定参与权和剩余会计规则制定权。

第三，经营管理者有能力安排经济业务的发生时间和性质，甚至可以安排特定交易。管理的职能包括对企业财务活动和经营活动的计划、决策、控制等，作为管理者，他们是富有创新能力和控制能力的群体，所以，管理人员具有从某些经济事项发生的源头上安排经济事项，针对会计准则的规定，改变交易事项的实质。

由此可见，经营管理者不仅控制着企业受托资源，影响着企业真实财富的生产，而且控制着会计决策，影响着会计信息的质量。财务会计报告作为会计信息的载体，难免不被管理层所"管理"。

📌5.1.3 公司会计治理的提出及其对公司治理含义的拓展

会计信息作为代理人受托资源及其绩效的反映，是企业确定员工、股东和国家等收益分配参与人所应分享的利益基础，是企业向要素所有者募集财务资源的依据。经营管理者作为以股东为代表的要素所有者的代理人，拥有企业的法人财产权，享有企业会计决策权，具有操纵财务会计信息的动机和条件。会计信息一旦被操纵，失去其必要的质量特性，将损害到广大会计信息使用者的利益，以权利制约权力成为利益相关者利益保护的唯一的、必然的选择，这客观上需要一套专门的治理制度安排。

公司会计治理是一套微观的制度安排，涉及三种权力——会计决策权、会计执行权和会计监督权及相关会计责任的安排。公司层次的会计决策权包括剩余会计规则的制定权和会计政策的选择权，属于剩余控制权的一部分，因此，公司会计决策权归属于管理层，包括 CEO 和 CFO。执行通用会计准则和公司会计决策的权力和责任就安排给公司会计机构及其会计人员群体，而以股东为核心的会计信息利益相关者享有公司会计监督权。

由于会计的专业技术性，会计监督权的行使主体必须具备三个条件：①具有会计专业知识和能力；②秉持独立、客观原则；③对企业运行情况具备一定的知情权，具有了解企业信息优势。

投资者、债权人、职工和国家在参与企业利益分配过程中既有一致性，也都有最大化自己利益分配的动机，难以坚持独立性，其中多数人也并不具备专业胜任能力，而且除了职工和内部董事会成员外，其他利益人不具备信息优势。而股东人数众多，股权处于高度流动和分散状态，许多股东并不具备行使会计监督权所必需的专业知识和时间，中小股东"搭便车"的行为比较普遍；一般员工取得的是固定薪酬，[①] 他们并不具有会计监督的动力。因此，委托具有专业胜任能力的会计师从事会计监督就成为公司会计治理的必要选择。

历史事实证明，审计制度是伴随着股份公司出现而产生的，是应公司

---

① 固定薪酬指员工与企业签订的报酬契约，不涉及剩余索取权。

内部会计监督机制需求而发展起来的，其形成经历了一个发展过程。①

（1）由股东负责会计报表审计阶段。在股份公司出现之初，尚未产生企业所得税，也没有员工持股计划，股东是唯一的剩余分享者，也是具有会计监督动力的经济利益主体。据郭道扬教授考证，1836 年的英国经济危机，促成了 1844 年《股份公司法》的颁布，该法要求公司注册前必须经过一定的审查程序，由审计员对公司注册中的会计规定审计是一项必须坚持的原则；在会计规定方面，必须正确登记账簿，并需定期进行试算平衡，要求编制"全面而公允"的资产负债表，并提交股东大会；公司账目与会计报表必须由从股东中推举的监事进行审查，这些负责审计的人员必须在公司开设之初，在股东所签订的协议中明确指定，为了保证审计职责的履行，审计人员在审查账簿时与报表过程中均应得到有关部门的协助。

（2）可以聘请会计师协助审计。1845 年英国对 1844 年《公司法》进行修订。该法开辟专门章节对审计进行规制，使公司审计内容具体化，并使之具有可操作性。公司必须编制报表详尽而公允地反映资本、银行存款和公司各类支出的真实状况，以及公司的各项债务和盈利情况。为了明确责任，编制者和负责人要同时具名。该法进一步规定，公司监事有权聘请会计师和其他适当的人员协助审计。其审计内容集中在公司账面记录和报表的真实性和完整性方面，目的在于保护股东和债权人利益。审计人员要按规定编制审计报告书，并在股东分红会召开之时，由审计人员宣读账目验证情况及审计报告。

（3）对受托社会责任进行规范化审计。1862 年《公司法》明确了股东可以聘请职业会计师以第三者的身份对公司账目进行审查，并明确了被审计公司受托责任和职业会计师的社会受托责任，列示了审计报告书的标准格式。自此，审计制度从公司股东与管理者的私人契约演变成社会契约，成为降低股东监督成本的企业制度安排。而美国等其他发达市场经济的国家在经济危机之后制定了会计准则和审计准则，审计专业化成为公司治理中会计监督的主流形式。独立性和职业胜任能力是其担当会计监督责任的前提，这也是注册会计师行业管理制度的重点。

注册会计师凭借其独立性和职业胜任能力而进入公司会计监督主体行列，但其也有一定局限性：①对企业信息占有的相对劣势。虽然法律赋予

---

① 参见郭道扬：《会计史研究》（第二卷），中国财经出版社 2004 年版，第 196～203 页。

其充分查证权，但受到成本/收益的限制，现代审计采取的审计技术是在评估内部控制有效性基础上的抽样审计，所以，相对于内部人，他们处于信息的相对劣势。②现代审计委托关系的委托方存在着功能缺位。在审计出现初期，股东作为审计委托人能够有效地行使对审计受托人的监督权力。但随着股权分散化和会计信息利益相关者中利益集团的增加，缺乏联合起来的主导力量，导致了委托人的实质缺位或被大股东独占，并因此而出现了审计中的合谋问题。

注册会计师的审计监督是在财务会计报告报出前的监督，相对于公司内部监督而言具有外部性、滞后性。为了实现对公司会计行为的事前和事中的监督，并为注册会计师监督提供内部协助机制，要在公司组织制度中安排内部控制机制。

内部控制属于企业内部管理制度，是由内部牵制制度发展而来。在20世纪40年代，内部牵制制度通过公司内部职责的分工、业务流程程序化及记录上的交叉检查来防止错误和舞弊，保护财产安全和组织运转效率。在20世纪70年代，内部控制进入制度化阶段，保证会计信息的可靠性成为内部控制的目标之一。到20世纪90年代，内部控制环境、会计制度、控制程序一起被纳入内部控制制度中，形成了由三大目标和五大要素组成的内部控制结构。①

内部控制为保障会计原始凭证的客观真实性，保障会计处理程序的规范性建立了良好的公司环境。把会计信息的可靠性和法规的遵循纳入内部控制的目标，遵循会计准则成为内部控制的基本要求。内部控制环境的建设，包括企业组织和管理的民主制度、社会责任的价值观念，为会计准则遵循提供了文化基础。风险评估和内部控制活动，包括审批、授权、验证、确认、复核等程序化业务管理，对经济业务发生的过程进行监督，有利于保证会计信息的原始凭证的真实性和会计处理正确性。信息和沟通为减少企业内部信息不对称，以及内部审计与外部审计的信息不对称，为保障会计准则执行的正当性提供了条件。

从企业组织机制设计角度，不仅需要内部控制和外部注册会计师监督制度，而且需要在公司权力机关设立与决策权、执行权相抗衡的监督权行使主体。这个主体一方面对管理层的重大决策进行审核和监督；同时，负

---

① 内部控制的目标包括：合理确保经营的效率和有效性，财务报告的可靠性和适用法规的遵循。内部控制的要素包括：控制环境、风险评估、控制活动、信息与沟通和监控。

责选聘外部注册会计师、外部会计师的报酬，对内部控制的评价及其与内部审计人员的沟通。其原因是：①内部控制领导权在于管理层，所以，内部控制机制可能屈服于领导权威，导致机制失灵。②外部审计一方面与企业管理层存在信息不对称，有可能发现不了管理层舞弊的风险，造成外部审计失效；另一方面审计监督属于有价行为，如果由管理层来委托审计并负责与审计师沟通，管理层和审计师以利益共享为基础可能成为共谋，这将导致外部审计失效。③外部审计监督属于会计报告编制后监督，具有潜后性。因此，公司治理中针对决策权和执行权的抗衡主体是必要的，它既是公司治理中的预防机制，又是内、外沟通的联络机制，对此项权力的安排事关整个会计监督机制的成败。（图 5 - 1）

图 5 - 1　公司会计治理中的会计监督主体

可见，公司会计治理中监督权应该是由一个以企业内部会计监督主体为中心，以内部控制为基础，① 以外部审计为业务依托主体，在功能上互为补充的治理整体行使，单独强调其中任何一个环节都是难以达到其功能需要。

在公司组织制度中并不存在独立的会计治理结构，而是将会计治理结构应有之功能内部化在公司组织制度中，形成公司治理的专门功能。正是这个缘故，我们明白了不同学科研究要对公司治理进行特别定义的原因。

法学、经济学、管理学和会计学研究公司治理的前提是一样的，但关注的重点是不一样的。法学注重公司的权责安排和利益保护的法律问题；经济学和管理学关注公司治理与代理成本、公司绩效的关系；会计学侧重于公司治理与会计信息披露的问题。公司组织中会计治理功能涉及主体的特殊性，正是许多会计研究文献从公司治理、内部控制角度研究会计信息

---

① 在有些文献中还提到内部审计。但目前企业内部审计设立是基于管理动机还是公司治理动机需要，并无准确答案。耿建新、续芹、李跃然等人的实证研究发现，我国上市公司在设立内审部门时，主要还是出于内部管理动机的需要，并不是基于公司治理层面的考虑。上市公司上市前存在的时间越长，资产规模越大，控股子公司与分公司数量越多，对单设内审部门的要求也就越强烈（见《审计研究》2006 年第 1 期）。从内部审计悠长的历史看，内部审计是为管理者服务的，对高管层缺乏制约力。本书不把它纳入会计治理之中。

质量的原因，是注册会计师制度成为广义公司治理的一部分的原因，也是在会计领域中研究公司治理时要特别定义的原因。[①] 公司通过设计激励机制和监督机制来构造管理者的经济行为及其会计行为选择的空间，从而通过保障公司决策的效率和会计信息的质量。本书研究视角决定了要从会计视角来探讨公司激励机制和监督机制对会计准则执行的作用机理。

§5.2 管理者利益激励与会计准则的执行

☞ 5.2.1 问题的提出

管理层作为有限理性的经济人，具有追求自身利益最大化的行为动机。根据前一节的分析，管理层利益与会计信息关系密切，所以，管理层具有为了自身利益而选择如何执行会计准则的自利动机。Watts & Zimmerman（1978）的研究表明，管理层报酬与会计收益挂钩，管理层就有动机采取使其报酬最大化的会计政策，提出了红利计划假设。希利（Healy，1985）研究了美国企业的薪酬契约（分红计划）与会计政策选择的关系，他的研究发现，当企业实际盈利高于目标盈利的上限时，经理人会选择会计政策将高出的盈利尽可能向未来期间递延；如果实际盈利低于目标盈利的下限，经理人则有可能进行"巨额冲销"，尽量确认未确认的损失，为未来积蓄盈利；当实际盈利介于红利计划的上、下限之间时，通过应计项目的符号检验，经理趋向增加收益的会计选择。他的实证研究表明，企业会计行为主体的决策受到企业薪酬激励方式的影响，管理人员会因个体利益影响企业的会计政策选择，这种选择与会计目标的要求是不完全一致的。我国会计学者王华、庄学敏（2005）的问卷调查表明，有26.79%的被调查者认为企业虚报利润的动机是为了单位负责人自身的利益；13.82%回答是应对上级考评，合计与负责人相关因素为40.61%。雷光勇（2005）采

---

① 在会计领域，公司治理指约束经理人行为以最大限度地实现委托人经济目标的控制方式。在实证会计中，通常选择公司治理可以量化的变量作为公司治理的替代变量，如董事会、股权结构、股东大会、外部审计师等层面特征，也有许多文献将内部控制作为会计标准自我执行机制的一部分。

用规范的方法研究管理层激励与会计行为异化的关系,他提出薪酬契约设计缺陷是导致会计行为异化的内在原因。

利益激励是公司治理中激励机制的一部分,国内外的研究文献表明,公司治理中采取的激励方式对企业会计行动具有激励效应。但是,这些研究并未对其机理进行详细剖析,结论过于笼统,可行性不大。本节在前人的基础上,首先对管理层激励与会计准则执行的关系进行理论研究,并从促进会计准则遵从效果的角度,提出优化公司治理中激励机制的政策建议。

☛5.2.2 公司激励机制之于会计准则执行:作用机理与证据

1. 激励机制与会计准则执行的选择:基于管理层报酬契约的分析

现代企业公司管理层在公司的收益包括合约收益和控制权收益。合约收益指报酬收入,管理层报酬收入一般包括工资和福利,奖金和期权或期股收入。所谓控制利益是指通过控制资产而获得的社会效用与在职消费之和。控制资产所获得的社会效用包括社会地位、个人在心理上的自我满足感。在职消费指管理层利用企业资产为个人谋取福利,如装修豪华办公室、乘坐高级轿车和商务专机,住豪华宾馆等。由于现代企业所有权与经营权并非彻底地分离,股东、尤其是大股东通过股东会和董事会掌握着重大经营决策权、经营者的选聘权、薪酬确定与考核权。遵照主流经济学的行为主体假设,管理者在企业中经济地位与利益取得的方式对企业会计准则执行方式的抉择具有重要影响。管理层属于管理型人力资本的所有者,随着委托代理关系的发展,管理型人力资本的所有者在企业中谈判能力不断提高。为此,企业资本所有者对管理者的激励机制的设计不断变化,使管理层会计行为呈现不同的时代和国别特征。

(1)将经营者视作稀缺型、创造型的人力资本,通过让管理层分享剩余索取权,防止其虐待物质资本,损害股东利益。企业收入分享公式变为:收入 - 物料和劳务成本 - 人工成本 - 税金 = 管理者分享利润 + 所有者剩余利润。经营者的报酬 $w = \alpha + \beta\pi$,其中 w 为管理层年度总收入,π 为利润,α 为年度固定薪酬,β 是分享系数,由管理层与企业所有者代表如董事会经过讨价还价决定。这种情况下，α 比较固定，属于经营者劳动报酬，是对劳动耗费的补偿，与所在行业和企业规模具有相关性；$\beta\pi$ 随业绩变化而浮动，需要在业绩经过考核以后才能确定，是对管理层的业绩激励。业绩激励 $\beta\pi$ 被看作是股东利润的让渡，是股东代理成本的一个组成部分，从股东角度，这部分可以计入税前成本，也可以从税后利润提取。[①]

在这种情况下，管理者利益被分割成两部分，管理者在企业的经济地位归属与其薪酬包的结构有关。管理者行为偏好也就随着这两部分在总薪酬中的比重和支付方式而变化。

在固定薪酬占较大的比例且以现金支付的情况下，企业管理者的经济地位仍然属于雇佣阶层，管理层利益将比较重视控制权收益和固定薪酬，二者都与企业规模有关，所以，管理层具有规模扩张的偏好。原因在于，控制利益是通过对企业资产控制而产生的，控制利益的大小与控制资产的规模密切相关，控制资产规模越大，控制利益越大；控制资产规模越小，控制利益就越小。另外，高管人员的工资收入与所控制资产的规模也呈相关关系。有证据显示，美国公司最高职位经理的收入的确随着企业规模扩大而增加。通过对 1969～1981 年间美国 73 家大公司的资料分析，经理每年薪水＋奖金对于销售弹性为 0.2～0.25，如一个公司平均比另一个公司大 10%，最高经理的报酬就多 2.5%；研究还表明，经理收入的资产弹性为 0.3 左右，如以英国 1969～1971 年间的数据所作的估计，资产弹性为 0.26（周业安，2000）。

在业绩薪酬比例比较大的情况下，管理层经济地位开始向股东利益倾斜，比较关心企业的财务绩效，能否实现企业的红利计划是企业会计决策时考虑的重要因素。当薪酬与短期业绩相关时，容易促成企业会计行为的短期化，管理人员盈余操纵行为即使没有突破会计准则的界限，也已经违背了可靠性会计原则所要求的中立性。实际上，管理层普遍具有扩大自己收益的倾向，但很难通过实证研究得出管理层对不同收益的偏好。

（2）通过授予管理层股票或期权，按照激励相容的规则实现了管理者利益与股东利益的一致性。管理者报酬结构为：$w = \alpha + \beta\pi + YP + \varepsilon$，

---

① 如果将业绩激励视为企业代理成本的一部分，在税前列支是可以的；如果将其看作是股东的让利，允许管理者参与剩余分享，应该从税后列支。其中的差异影响到国家税收。

将股票价格和会计净收益共同作为管理者业绩评价的标准，管理层的收入由底薪、短期红利、股票期权和养老金等其他长期激励构成。这种激励方式是将管理者利益与本书第3章讨论的企业会计决策的预期效用直接联结，这是20世纪90年代以后西方企业普遍采取的方式。如果股票与期权作为管理者业绩薪酬主要部分，从经济利益分层角度就把管理人员列入了投资者阶层，这种经济利益阶层归属的改变，自然会影响其会计决策。美国的企业激励现实及其研究文献为我们提供了佐证。

美国企业高管人员的薪酬自20世纪90年代以后发生很大变化，具体表现为：一是高管人员报酬水平与一般员工收入差距扩大；二是股权和股票激励所占比例高。美国《商业周刊》的调查表明，1990年，美国上市公司高管人员的平均报酬是在册员工的411倍；在过去十年，普通员工的薪资只增长了36%，但CEO的报酬却增长了340%，平均报酬已达到1 100万美元。[①] 美国规模在100亿美元以上的大公司，其首席执行官的薪酬构成是：基本年薪占17%，奖金占11%，福利计划占7%，长期激励占65%。1999年薪酬最高的50位总裁，其股权收益占其总报酬的94.92%。[②] 另外，美国还是员工持股计划的发源地，自20世纪六七十年代以来，美国在各类公司中推行员工持股计划。目前美国已在一万多家公司推行该计划。到1998年就已经有90%以上的上市公司实行员工持股计划。[③] 而且美国推行员工持股计划，是着眼于创造员工退休收入的多种来源，员工不需主动认购，而是由公司将股份和期权分享份额与员工职位、资历挂钩进行分配。美国员工持股计划注重利益激励，却淡化股权的充分行使，员工只在重大问题上（兼并、分离等）通过员工持股基金表决，对于公司董事的选举，高管人员的聘用等，不参与表决。这种薪酬体系，把美国员工的长远利益与公司的股票收益联系到一起，尤其是美国高管人员从经济地位上已经走入股东阶层，大量的期权激励使高管人员和市场投资者一样关注股票市场的价格走势。

股票价格与企业未来收益的相关性，使市场迫切需要提供盈利预测信

---

① 转引自黄世忠和陈建明：《美国财务舞弊症结探究》，载于《会计研究》2002年第10期，第26页。（原文引自《商业周刊》2002年5月6日刊登的题为《公司治理危机》的特别报道）

② 参见孙永祥著：《公司治理结构：理论与实证研究》，上海三联出版社、上海人民出版社2002年版，第244页。

③ 参见胡迟著：《利益相关者激励：理论·方法·案例》，经济管理出版社2003年版，第239页。

息。而资本市场的盈利预测和市场价格反馈机制使管理人员把证券分析师的盈利预测作为企业会计盈利追逐的目标，即盈利预测产生了参照点框架效应。黄世忠和陈建明发表在（2002）题为《美国财务舞弊症结探究》一文①中，有一段十分清楚地刻画了盈余预测的参照点框架效应："华尔街著名投资银行的财务分析师通过行业前景展望、企业财务分析、与高管人员交谈等手段，对股票交易比较活跃的上市公司的盈利前景，按照季度和年度进行预测并计算每股税后利润，形成对这些上市公司的盈利预期。如果上市公司公布的每股税后利润（通常剔除非经营性损益的影响）达到华尔街的盈利预测，则其股票价格便会上扬，否则，便会遭到华尔街严厉的惩罚。最为典型的是 IBM 公司，因在某一季度报告的每股税后利润（EPS）比华尔街财务分析师预期的少一分钱，导致一天内股票价格下跌了 6%，市值损失数十亿美元。久而久之，这种盈利预期机制使华尔街形成了'顺我者昌，逆我者亡'的霸气。其结果是显而易见的，上市公司的高管人员千方百计迎合华尔街的盈利预期。"SEC 前主席 Arthur levitt 在评价安然事件时尖锐地指出："美国现行的财务报告制度并不能向投资者提供关于上市公司健康状况的信息，在许多方面已演化为数字游戏。上市公司顶不住华尔街盈利预期的压力，纷纷采用激进的会计方法，有些甚至不惜采用欺诈的手段。"②

股票期权曾一度被誉为美国激励机制的创举，许多公司治理专家认为这是有效解决委托代理问题的利器。股票期权的推广让高管人员分享剩余收益，有机地协调经营者与所有者之间的利益关系，激励高管人员创造优异的业绩，对美国 20 世纪 90 年代经济的持续高速发展功不可没。但是过高的股票或期权激励的结果是不可取的，其原因：

第一，从美国实践看，过高的股权激励不仅加大了高管人员与普通员工之间的报酬鸿沟，而且诱导少数上市公司的高管人员过分关注股票价格的波动，甚至不惜采取激进的会计政策或会计舞弊行为以保持股价。高管人员有可能在行权前采用不稳健的收入确认政策，或推迟斟酌性支出，如研究开发、广告促销等费用，在极端情况下，甚至诉诸财务舞弊。

第二，股票期权激励机制有可能导致管理层控制财务信息的发布，使高管人员不能及时、如实地向投资者报告公司的经营状况。如甲骨（Ora-

---

① 参见黄世忠和陈建明：《美国财务舞弊症结探究》，载于《会计研究》2002 年第 10 期，第 24~25 页。

② Arthur levitt：Who audits the auditors？New York Times，2002，Journary 17。

cle）首席执行官（CEO）Laurence J. Ellison 因在 2001 年行使股票期权，在赚取了 7. 06 亿美元后才准许公司发布业绩预警，因而备受投资者和监管部门的质疑和责难（黄世忠、陈建明，2002）。在市场盈利预测目标的牵引下，管理者采取种种会计操纵手段，操纵会计报告披露，其行为偏离了公正地进行会计决策的目标。

在资本市场存在"功能锁定"现象和噪音投资者时，管理层的这种自利性行为很可能导致股票价格偏离其价值，使资源配置偏离帕累托最优。另外，股票期权激励机制可能使独立董事将太多的时间、精力耗费在薪酬事务，忽略了对公司财务报告系统真实性和可靠性的监督，降低了会计准则的实施效果。

2. 激励机制对管理层会计准则执行选择的激励：基于前景理论的解释

公司财务业绩不仅是确定经营者报酬的基础，而且通过对企业业绩的评价，对经营者的更换产生影响。无论是红利计划还是期权激励，都要将管理者的利益与某一个或几个会计指标挂钩，由此，这些指标能否实现在很大程度上决定着管理层经济利益实现的程度和地位的稳定性。经营者的报酬、更换率与企业业绩联系越强，经理人市场对资本市场信息披露的业绩反应越敏感，则管理层对财务业绩变化就越重视，盈余操纵的动机越强。Kaplan（1994a，1998）对 119 家日本企业、146 家美国企业、42 家德国大型企业研究发现，管理层报酬和更换与股票收益和会计收益有明显的关系，详见表 5 – 1、表 5 – 2。

表 5 – 1　　　　　　　　　　最高经营者报酬与业绩相关性

项　　目	日　　本	美　　国
股价变化	9. 1	8
销售额变化	5. 9	7. 5
发生亏损	– 13. 1	– 17. 8

资料来源：自朱羿锟：《公司控制权配置论——制度与效率分析》，经济管理出版社 2001 年版，第 37 页。

表 5 - 2　　　最高经营者更换率与股份回报、收入、销售额的相关性

项　　目	日　　本	德　　国	美　　国
业绩正常时	14.3	9.9	12.4
业绩恶化时	18.9	18.9	17.4
收入增长时	14.3	9.9	12.4
收入下降时	25.3	23.6	19.6
销售正常时	14.3	9.9	12.4
发生亏损时	23.1	10.4	21.1

　　资料来源：根据朱羿锟：《公司控制权配置论——制度与效率分析》，经济管理出版社 2001 年版，第 37 页表整理。

　　前景理论研究表明，管理者利益指标化的机制客观上为管理层提供了行为决策的参照点。而由表 5 - 1、表 5 - 2 可以看出，管理层地位的稳定性和报酬的高低对业绩降低比业绩增长具有更强的敏感性。这种市场反应和评价机制促使管理层增加了对业绩恶化的评价权重，当实际会计指标低于激励机制设计的指标时，管理层的风险偏好会发生逆转，从平时对风险的厌恶转向偏好。这种心理的变化导致管理层敢于采用激进的会计政策，构造没有经济实质的会计事项，或捏造收入、藏匿费用、隐瞒负债，以操纵财务业绩。

　　葛家澍先生（2003）也指出，在经济进入衰退期时，市场需求的变化导致企业盈利的困难，财务欺诈明显增多。这正印证了前景理论的学说，即企业经营环境恶化增大了管理层财务压力，强化企业激励机制和评价机制的参照点效应。在这种利益诱导机制下，为了避免自身利益的损失，玩弄会计数字游戏也是管理层生存博弈的一种选择。

▶ 5.2.3　我国管理层利益激励与会计准则执行行为的相关性分析

　　我国高管人员的年薪制基本模式是 $W = \alpha + \beta\pi$，分享系数 $\beta\pi$ 一般依据企业自身情况，与企业业绩考核指标实现程度有关。根据有关资料显示，我国国有企业年薪制方案一般由国有资产管理委员会（国资委）或政府部门制定，上市公司一般由董事会下属的薪酬委员会确定，其考核指标倚重会计指标。受到法律制度的限制，我国实行股票期权激励的还不多，除了这种年薪制模式外，还有几种薪酬方式：①准公务员模式：年薪 = 基本收入 + 津贴 + 养老金计划，其中具体报酬数量取决于企业性质、

规模和管理人员行政级别。②一揽子模式：单一固定数量的年度基本收入。只要满足考核指标（如减亏额、利润额等）就可以兑现。③非持股多元化：报酬结构 = 基本收入 + 津贴 + 风险收入（效益收入或奖金）+ 养老金计划。从各种年薪制方案设计看，其特点是：基薪与企业规模和行业相关；风险收入和奖励收入与利润率、净资产增长率、净资产收益增长率等指标有关。

由于我国上市公司质量平均水平不高，业绩收入在其收入结构中所占比例不高，采取目前这种激励方案可能的结果是：管理人员更重视控制权收益和固定收益。在经理人市场控制无效的情况下，我国上市公司的高管人员的利益与公司的规模存在着显著的正相关关系，即无论从薪酬收入的角度还是从控制权利益的角度，企业规模越大，高管人员利益越大。因此，公司高管人员具有扩大所控制公司资产规模的动机，这种动机与股东对每股净资产增加的诉求相容，与地方政府对企业规模的扩大、就业增加的诉求相容。高管人员的个体利益与利益相关者的利益诉求一致，将使管理层追求个体利益的行动合理化，即使采用过激的手段，仍然能够得到符合道德的借口。

资产规模的扩大有两条途径：提高资产使用效率和增资。相比之下，增资能够产生立竿见影的功效。由于负债融资的债务约束功能，使管理层具有股市融资配股的偏好。因此，管理人员行为动机与企业上市筹资的动机具有一致性。净资产收益率指标不但是证监会规定的再融资的主要指标，而且是考核管理层业绩的主要指标，管理层无论于公还是于私，都有高估净资产收益率的需求。这是我国上市公司和国有企业会计决策的主要特征，这种特征从证监会处罚公司的舞弊手段统计结果中可以得到很好证明。另外，由于控制权利益对较低薪酬的替代性，高管人员热衷于在职消费。陈冬华、陈信元、万华林（2005）发现国有上市企业高管偏好在职消费。这表现出在管理费用中，办公费、差旅费、通信费、小车和会议费等开支会比较大，而这些项目核算的原始凭证是会计人员难以核实的，只能从形式上审核，同时具有避免缴纳个人所得税的功能，因此，这些业务处理违背真实性和客观原则的概率非常高。

我国由于缺乏经理人市场的评价机制，高管人员薪酬缺乏市场化约束，所以，薪酬政策与企业业绩相关性并不强，因此，实证研究也没有得出二者显著相关的结论。贺宛男（2003）对 2002 年深、沪两市 1 221 家上市公司披露的高管薪酬统计发现：高管薪酬人均 9.27 万元，平均比上年增加了 19.15%，远远高于上市公司整体业绩增长 8.5% 的水平；盈利企业高管薪酬不一定高，亏损企业不一定低，ST 天鹅连续两年亏损，2002年亏损 4 亿多元，高管人员的薪酬却从人均 33 万元增加到 42 万元，前三名为人均 69 万元。四川长虹和海尔等企业高管薪酬反而不高，长虹平均为 18 万元，海尔不到 5 万元。这说明我国公司利益激励对会计准则执行的作用机制与国外不同。

☛ 5.2.4　利益激励与会计准则执行抉择之间关系研究的启示

（1）管理层利益由薪酬契约收益和控制权收益两部分构成，利益激励机制对高管人员的个人偏好和行为具有形塑的作用。当激励机制的设计与股东的利益诉求相容时，管理层可以通过追求股东利益最大化实现个体效用满意，这使管理层追求个体利益的行动合理化，即使采用过激的会计行动，仍然能够得到符合道德的借口。

（2）薪酬激励具有会计激励效应。管理学界所提出的通过薪酬激励使管理者利益与股东利益挂钩，实现激励相容。但是，无论是将管理层收益与会计业绩挂钩还是与股价挂钩，都会产生会计激励效应，当然不同激励方式的会计激励后果不同。在为了股东利益最大化的借口下，管理层因薪酬激励玩弄会计数字游戏，从长时期看会损害股东和利益相关者的利益，损害公众利益。

当薪酬激励使管理层重视短期会计业绩时，在财务压力过大时，管理层可能会采取少提折旧、低估当期销货成本，将采取潜亏挂账或虚报收入等手段，导致企业成本补偿不足或利润不实，虚盈实亏，损害企业长远利益。当管理层的收益与股价挂钩，管理层可能通过会计数字操纵股价，造成股价泡沫，当泡沫破碎时，股东利益深受影响，产生资本市场的信任危机。

现代企业薪酬管理重视激励机制的经济分析，忽视了其对会计行为合规性和公正性的激励，这种偏视行为具有严重的会计隐患和经济后果。21世纪美国会计欺诈案的出现从某种意义是股票期权激励的偏视效应的反应。薪酬激励是影响管理层会计行为决策的经济动因之一，会计准则执行的有效性要求管理层从公允立场上作出会计决策，科学设计激励机制具有重要的会计意义。

（3）道德约束和制度约束相结合必不可少。利益激励对会计行为的诱致性结果，显示了对管理层经管责任评价和奖罚制度设计的难度和激励契约设计的玄妙之处，意味着物质激励机制具有一定的局限性，强调管理层道德约束和诚信激励十分重要。管理人员不仅是经济人，而且是企业组织的法人，是社会人和契约人。这种区别于个体的身份意味着管理人员的行为与个体行为选择存在着差异，他受到组织文化、组织目标和制度约束，只有在组织制度和文化完全失效的情况下，他才会以个体利益为行为的动机和目标；否则，他将在制度框架下权衡企业利益和个人利益，选择有利于企业和个人利益的决策方案。因此，公司治理中的监督机制是提高会计准则执行有效性必不可少的制度安排。

§5.3　公司会计监督与会计准则执行

☞5.3.1　公司会计监督之于会计准则执行：机理与局限性

公司会计监督的制度性安排是一个互补性的机制系统，在财务会计报告披露前对财务会计过程进行全方位的控制和监督。内部控制机制功能在于对交易和事项的发生过程进行控制，有利于减少会计事项的舞弊行为和操纵行为。公司权力机构中的监督主体，如独立审计委员会的作用在于对管理者会计决策的监督，及时制止管理者采取不正当的、影响财务报告质量的决策；同时，它也是联系、监督内部控制和外部审计的中间环节，是内、外审计发挥功能作用的组织保证；外部审计属于事后监督，其监督效率在于审计报告的鉴证效果对管理层的约束作用。

公司会计监督机制的优势是低成本和及时性。由于会计监督主体在公司财务会计报告报出前，通过不同方式在各环节对公司会计准则执行过程进行全方位的监督，在各种操纵行为尚未造成严重社会后果之前，在自己职权范围内进行监督，与事后监督相比，具有及时性和低成本的特征。

公司会计监督机制的弱点是威慑力低，协作性要求高，独立性低。公司会计监督主体不具有强制力，只能对发现的不当行为提出意见、制止或对外披露，自己并不能对其进行处罚。同时，因为这些主体都需要从公司取得经济利益，许多行为受制于管理层，它们职务行为与管理层有比较多的合作，这造成其保持独立行使权力的困难。另外，从公司实践看，监督机制的效率很大程度上来自于各个监督主体之间的协作效率，一旦其中一个环节没有发挥其应有的作用，则将会影响整个监督体系的功能发挥。

也许正是这个原因，国内、外对独立董事和外部审计与财务报告质量关系的检验并未得出一致性的意见。Wright（1996）选出行业与规模相当的 34 对质量好和差的公司作比较，研究表明财务报告质量差的公司，审计委员会中独立董事的比例更低。Peasnell 等人（2000）发现在英国公司董事会中，外部董事的比例与调高会计盈余的可能性有负向关系，但没有证据表明外部董事影响会计盈余。而安然、施乐和世界通信等系列会计舞弊案表明，独立董事和世界著名的审计公司都没有发挥应有的会计治理作用。

公司会计监督机制是公司组织制度中重要的一环，它是外部强制机制的有利支持者。高效率的会计监督机制可以替代外部机制的作用，弥补外部实施机制的不足，提高会计准则遵从水平。公司会计监督机制也依赖于外部强制性机制。没有法律机制对监事、董事和注册会计师的监管，会计监督机制也就失去外部的约束力，则很难发挥其应有之功效。

☞5.3.2　两大公司治理模式中会计监督机制及其评述

从理论上，企业内部最高监督权力主体的法律地位应该高于或独立于内部董事和经理层，否则，将限制其职权的行使。在股份公司形成的早期，该权力被授予股东监事。在公司治理的演变中，形成两种公司治理模式：英美法系的一元制模式和欧洲大陆的二元制模式。无论哪一种类型的公司治理模式都形成财务报告的责任主体、监督主体和审批主体相分离的模式：①董事会（在英、美国家指执行董事，如 CEO）是财务报告的责任主体。财务报告责任主体负责按照会计准则的要求，选择适当会计政策，编制财务报告，公允反映企业的财务状况、经营成果和现金流量。而会计部门的会计群体则是执行会计决策，按会计程序编报会计报告的执行者。②会计监督主体。在英、美会计模式下，公司会计报告的监督机构是由独立董事组成的审计委员会；在实行双层制董事会下，监事会负有对公司财务报告的监督责任。监督主体职责包括独立决定外部审计机构人员的聘任和更换，就财务报告问题与外部审计人员沟通，监督公司内部审计，审核公司内部控制和财务报告，可以代表公司对董事和经理的违法行为提出诉讼。③财务报告的审批主体为股东大会或类似权力机关。公司对外报告要经过公司权力机构审批才有法律效率。在德国一般由监事会审批，在英、美国家一般由董事会审批，也有国家要股东大会审批。

由内部控制、外部审计、监事会或审计委员会形成公司治理中的会计监督体系，可以对会计准则执行过程进行事前、事中和事后（会计报告报出前）监督，具有外部会计管制无法比拟的优势。但是，作为公司权力机关中的会计监督主体，两大会计模式采取了两种不同方案，会计治理效果也不同。

1. "二元制"公司治理中的利益相关者会计监督模式及其有效性

监事会成员由股东、债权人、职工代表和独立的第三人组成。如荷兰的监事会是由股东监事、职工监事和债权人代表和外部第三人组成。股东监事和职工监事分别由股东大会和职工委员会选举产生，其他监事代表（按公司章程不超过 1/3）由国家、社区、债权持有人、银行代表组成。德国监事会由股东大会和职工委员会选举产生，监事会报酬由公司章程确定。

欧洲共同治理模式试图以利益相关者的监督，制衡公司大股东的控制权。其原理是：一是会计信息与利益相关者的利益相关，利益相关者具有监督的动力；二是债权人和职工直接参与公司治理，有利于减少信息不对称对监督职能行使的影响。但是，这种模式最大的问题是只看到利益相关者利益的一致性，忽视其冲突性，因此，这种监督模式并不能真正导致会计信息的全面和公允。

首先，政府与企业直接的利益在于税金的征收，由于税务会计要以日常会计核算为依据，政府对企业的直接治理就是税收法治。税务机关依据税法对企业实施监管的目的在于保证税款及时足额入库，具有明显的国家利益偏好，所以，税务机关主要监督的是少缴税金的会计行为。比如，税收在对企业关联交易的监管中，目标是防止关联交易导致企业少计应缴税金，对于操纵利润多缴税金的行为并不是其监督重点。因此，企业为了避免税收监管和处罚，在操纵利润时，往往选择多缴税金以减少税务监管的风险。

其次，职工参与公司治理旨在工资和福利报酬，因为西方劳动工资是通过雇员工会与业主谈判解决，同时雇员受到企业用工制度的限制，职工监督对管理层的制约作用并不大。

再次，债权人的监督在于贷款的安全性，贷款决策依赖于财务会计报告，但是债权人过多地干预企业会计行为，使会计政策选择体现出债权人利益要求。现实表明，债权人参与公司治理对提高公司治理绩效的确具有积极的作用。但是，债权人发挥会计治理作用的先决条件是债权人的独立性和利率管制的放松，否则，债权人缺乏可选择的治理手段。

2. "一元制"公司治理中由外部独立董事组成的会计监督模式及其效果

英、美是实行单层董事会的国家，独立董事是从企业外部选聘，与企业没有实质或形式上的利益关系。独立董事制度设立初衷是利用独立第三人的客观性、专业性加强对公司经营者监督，提高公司的决策科学性和效率。但是独立董事能否对企业会计的机会主义行为起到制约作用，能否对提高会计信息质量发挥作用，关键看其是否有动力和能力制衡公司控制权。

首先，如果发挥独立董事替代股东的监督作用，独立董事必须有动力。按照独立董事制度，独立董事不得在公司享有独立董事报酬以外的利益，而且独立董事并非终身任职，所以，从经济利益上分析，他们对经理的监督动力并不比中小股东高。支持独立董事制度的人士强调信誉对独立董事的制约。其实经理人也有市场机制和信誉机制的制约，也并不能完全抑制其机会主义行为，信誉如何能制约独立董事？

其次，独立董事必须有能力。虽然独立董事具有专业知识，但是，由于独立董事属于兼职行为，也并不只受聘于一家企业，参与企业活动的时间是有限的，并不享有完全信息，这必然限制其监督职能的行使。发生财务欺诈的公司，独立董事人数都超过半数以上。安然公司 17 名董事中，15 名为独立董事，审计委员会的 7 名委员皆为独立董事，其中不乏德高望重的社会名流，但是却未能有效实施对高层管理人员的监督。所以，目前舆论界对独立董事制度是损誉参半。

由上述分析可以看出，在不同民族文化和法律制度下发展起来的公司财务会计监督机制，各有特色。二元制公司治理以只有利益相关者才会真正关心企业及其会计信息质量为假设，一元公司治理以监督主体独立于公司利益才能真正发挥会计监督作用为假设。它们共同的特点是监督机构都独立于公司决策结构，但也都存在一定问题。正如王立彦、王靖（2002）的观点，"没有一个放之四海而皆准的约束或控制机制，有效的监控机制应该是针对可能产生最严重的利益冲突，在美国是管理者利益与股东利益，在德国则是大股东和控股股东利益和外部股东利益，因此中国上市公司采取何种监控模式，首先得认真分析其可能存在的利益冲突。"

总之，无论采取哪一种会计治理模式，都必须重视内部监督主体的设计，重视各个层次监督主体之间的协调和协作。美国 2002 年的公众公司会计改革法案，一方面，扩大了审计委员会在公司内部会计监督的权利，包括直接负责为公司提供审计服务或者其他有关工作的会计师事务所的聘用、报酬的确定和监督工作；负责解决公司管理层与外部审计师之间在财务报告上的分歧；对会计师事务所提供的所有审计服务和非审计服务拥有事先审批权；有权聘用履行职责所需要的独立顾问或者咨询人士；还可以要求外部审计师直接向其报告公司中的重大会计事项。另一方面，为了保证审计委员会履行职责，切实保护投资者利益，也对审计委员会的独立性作出了特别规定。审计委员会的委员应当由公司独立董事组成，并且不得从公司接受任何咨询费、顾问费或者其他酬金，也不得为公司或者任何子公司的关联人士。但是，只有解决了独立董事履行职责的约束，才能更好地发挥这些作用。由此我们大胆推断，美国这次改革仍然没有很好地解决这个问题。

5.3.3　我国公司会计监督低效率的原因

我国屡禁不绝的会计舞弊和比较普遍的盈余管理，造成大面积会计信息失真是公司会计监督整体功能缺失的结果，它说明我国公司会计监督机制的低效率。究其原因，应该包括以下几个方面。

1. 公司权力机构的监督主体形同虚设

按照我国《公司法》，我国公司内部由股东大会、董事会、监事会形成权力分工和制衡机构，同时，借鉴西方独立董事制度，在企业中形成监事会和审计委员会双重会计监督主体。但是，这种监督功能并未发挥效用。

（1）监事会成员缺乏独立性和必要权力。我国上市公司的监事会由职工代表和股东代表组成，监事主席 2/3 是由企业提拔上来，由工会主席或纪委书记、团委书记等担任，他们同时属于领导班子成员。首先，由于他们与管理者属于一种上下级关系，经过多年磨合，已经成为合作团队。其次，这些成员缺乏财务知识，对财务报告监督只是形式。再次，《公司法》规定监事会成员列席董事会会议，无表决权，更不能对董事会进行干预。但他们对董事会违反法规、公司章程和损害公众利益的决议可以提出异议，通知董事会停止其不法行为。如果董事会拒绝，监事会只能诉诸法院。

（2）内部人控制破坏了独立董事应有的独立性。我国上市公司多数是从国有企业改制而来，国有股和国有法人股一股独大，国有股权的行使主体要么虚置，出现美国式的内部人控制现象，股东没有发挥应有监督作用；要么控制上市公司的权力机构，通过控制董事会和总经理聘任，直接操纵上市公司，表现出欧洲国家公司治理中的核心代理问题。在这两种情况下，都在企业内部形成"霸权阶层"，前者是企业管理层，出现公司董事长和经理竞合，后者是大股东利益代表主宰董事会等权力机关。而独立董事本应由利益相关者代位机构选聘并对其负责，但是我国上市公司缺乏这样代位机构，独立董事选聘和对公司业务监督被内部人操纵，导致独立董事失去独立行使职能的组织基础。

2. 外部审计缺乏独立性，与管理层在财务舞弊中共谋获利情况时有发生

我国特殊的政治和经济体制背景，使注册会计师制度的恢复和发展也是政府强制供给的产物。虽然 1999 年以后注册会计师的脱钩改制从组织上保证了其独立性，但是由于在行政干预下发展起来的注册会计师服务市场的无序竞争，破坏了注册会计师与客户之间应有的业务承接和费用结算关系。同时，由于公司代理人的内部控制或核心代理问题的出现，内部会计监督主体缺位，出现代理人聘请注册会计师审计自己的现象。这种内外情境交织在一起，形成了内部控制人与注册会计师共谋现象。

3. 内部控制及其内部审计没有发挥应有的效果

公司决策权和监督权分离和制衡是内部控制及内部审计发挥效用的前提。当监督主体缺位后，自然使内部控制和内部审计全部置于代理人控制之下，内部控制失效在所难免，外部审计失去企业基础制度支持，增加了外部审计失败的概率。2004 年发生的中石油案件就是代理人霸权下内部控制形同虚设的典型例子。

§5.4　公司治理文化之于公司治理制度："世界通信案"的启示

☛5.4.1　世界通信的公司治理制度

世界通信公司在案发前是美国电信业第二大电信公司，有着奇迹般的发展史。[①] 该公司的前身——长途折扣服务有限公司诞生于 1983 年 9 月，发起股东就是后来成为该公司首席执行官的埃伯斯。在 20 世纪最后 20 年，埃伯斯乘美国解除对电信业管制的机会，通过收购和兼并等资本运营，使公司规模迅速扩大。1984 年长途折扣服务有限公司收入不到 100 万美元，到 1996 年，世界通信的营业收入已增至 48 亿美元，2000 年猛增至 390 亿美元。

世界通信具有健全的公司治理系统。公司董事会有 11 名董事，除了首席执行官埃伯斯和首席财务官苏利文外，其余 9 名是独立董事，董事会下设薪酬、提名委员会和审计委员会。董事会成员不存在胜任能力问题。董事会每年一般召开 4 次会议，若有重要并购交易需要董事会表决，则要召开临时会议。

审计委员会主席波比特及其两名成员具有财务专长，有首席财务官的职业背景和电信行业的背景。审计委员会主席马科斯·波比特有首席财务

---

① 该案例参考了黄世忠等著：《会计舞弊之反思》，东北财经大学出版社 2004 年版。

官和审计师经历，其他成员也具有胜任能力。按照审计委员会章程，审计委员会的根本使命是帮助董事会监控内部控制的执行情况，完成董事对股东和潜在股东的受托责任。审计委员会的根本任务包括：监控财务报告程序和内部控制系统；检查和评估独立审计师和内部审计部门的工作；为内部审计师、财务人员、高管人员、内部审计和董事们的交流提供一个开放的途径。审计委员会一年召开 3 ~ 5 次会议。

2002 年 3 月以前，其外部审计是世界著名的安达信公司，安然公司事件后改聘毕马威公司。与安然事件不同，世界通信公司案中未发现公司管理层与审计师合谋现象。内部审计负责人辛西亚具有"吹哨者"的性格，符合其职务所要求的个人品质。

高管人员薪酬由三部分构成：工资、奖金和股票期权。奖金计划与销售收入增长率挂钩。独立董事从 1999 ~ 2002 年 11 月，每人每年 35 000 美元薪酬，外加每次会议 1 000 美元和车马费津贴。埃伯斯个人持股 24 548 925 股，占高管和董事持股的 59.41%，苏利文持股 3 264 661 股，占高管和董事持股的 8%。由上述安排可知，世界通信采取典型的美国式薪酬激励。

☛ 5.4.2　公司治理制度的失灵

根据前面分析，该公司激励既具有促使高管人员决策取向与股东利益一致的优点，也有使首席执行官和财务官为追求个人财务利益、维持股市价格而进行盈余管理的动机。但是，公司完备的公司监督机制应该对其机会主义行为动机有所限制作用。

但是，世界通信公司发生了会计舞弊。自 1999 ~ 2002 年 7 月，在埃伯斯和苏利文的指挥下，世界通信采取线路成本资本化、编造收入、冲回递延所得税负债、设置和使用特定准备专户等方式，虚构盈利 310 亿美元。问题是：什么原因导致公司监督机制失灵？

世界通信案发后，人们对此案例研究得出的结论是，世界通信公司治理失败的主要原因在于：内部管理文化的独断风格，导致了公司治理中会计监督机制失灵。世界通信 20 年的迅速壮大，得益于埃伯斯的战略眼光和冒险精神，缔造了埃伯斯的"世界通信之父"的地位和权威，形成了以他为首的亲信管理团队，赢得了董事会等以及公司上下的信任和畏惧，形成了对核心管理层的盲从，使公司中的权力制衡架构失灵，会计监督体系形同虚设。表现在：

（1）根据董事会记录，至少在 1999～2002 年，世界通信所有需要董事会表决的事项都是获得一致通过的赞成票。

（2）内部审计的工作重点、预算经费、人员配备、薪酬和奖励计划由坎南达或苏利文与埃伯斯一起确定。内部审计在形式上应向审计委员会负责，但是，实质上受管理当局支配。内部审计工作报告也要先经坎南达或苏利文与埃伯斯以及其他高管人员评阅并提出修改意见，最后才送审计委员会。

（3）高管阶层的薪酬由首席执行官埃伯斯直接控制，薪酬委员会除了每年决定给埃伯斯一定数额的股票期权外，其他期权奖励对象、数额、条件等埃伯斯具有最终裁决权。2001 年由于股价一直下跌，薪酬委员会决议当年不发放埃伯斯和苏利文的奖金。但是，埃伯斯对此极为不满，迫使该委员会取消所有批准奖励的计划。

（4）审计委员会过分相信首席财务官、内部审计和安达信的工作，很少过问财务报告细节问题，对财务报告基本上持肯定态度。这使审计委员会没有发挥在内、外审计中的沟通作用和对管理层的监督作用，使内部与外部审计等部门缺乏沟通。

☛5.4.3　世界通信的启示：文化与制度的协调

现代大公司是资本社会化的产物，管理层是利益相关者的受托人，在组织管理上理应奉行民主管理的思想，现代公司治理机制就是利益相关者追求民主和科学决策的结果。但是，企业也具有个人魅力的企业家，企业家的个人作风成为企业文化的重要影响因素。公司制度能否有效，在于公司非正式制度——公司文化是否支持公司制衡制度。当公司文化与治理制度是和谐的时候，则会增强公司治理的效果，为公司会计监督机制发挥正常作用提供良好的运行环境；如果公司文化与公司治理制度相冲突，就可能牺牲制度的效率，使会计决策失去内部监督机制的制约，必然增加了对企业负责人个人道德的依赖。

该案例说明，公司激励机制和监督机制无论如何完善，它只是会计准则理性遵从的制度安排，只有同时配以管理层的道德自律和公司文化支持，只有在公司道德文化支持下会计准则的理性遵从，才能提高会计准则的自我执行效果，提高财务报告的质量。

本 章 小 结

（1）委托代理关系的发展，现代企业权力的重心转移到企业内部人手中，不但企业资源在内部人控制下的使用，企业业绩受到企业内部人的行为影响，而且会计信息作为对企业真实财富的反映，它的生产和披露过程也在内部人控制下，成为内部人控制的产物。公司治理要通过激励机制和监督机制的设计，构造管理者的经济行为及其会计行为选择的空间，从而通过保障公司决策的效率和会计信息的质量。

（2）对管理者的利益激励具有会计激励效应。无论是将管理层收益与会计业绩挂钩还是与股价挂钩，都会产生会计激励效应，当然不同激励方式的会计激励后果不同。在管理层利益激励相容的情况下，在为了股东利益最大化的借口下，降低了管理层操纵会计信息的心理压力。这是中、外会计信息失真的原因之一。

（3）公司治理中的监督权，应该是由一个以企业内部会计监督主体为中心，以内部控制和内部审计为基础，以外部审计为业务依托主体的环环相连，在功能上互为补充的治理整体行使，单独强调其中任何一个环节都是难以达到其功能需要的。在不同民族文化和法律制度下发展起来的公司治理中的会计监督机制各有特色。二元制公司治理以只有利益相关者才会真正关心企业及其会计信息质量为假设，一元制公司治理以监督主体只有与公司利益相独立才能真正发挥会计监督作用为假设。它们共同的特点是监督主体都独立于公司决策主体，但也都存在一定不足。中国试图借鉴国外两大公司治理的监督机制，建立具有中国特色的公司治理结构，但是，现实表明这并没有发挥有效的会计监督作用。

（4）公司文化必须支持公司会计治理制度，否则将会影响公司治理制度的效率。强化管理者道德自律，改善公司治理文化是中外企业提高会计准则自我执行有效性的长期策略，是将会计准则遵从从理性遵从推进到道德遵从，以提高会计准则遵从层次的必要选择。

在公司治理改革中，全面斟酌管理者的利益偏好，兼顾利益激励和会计激励效应是优化公司激励机制的关键；按照公司会计监督机理的要求，建立共同治理制度是提高我国公司会计监督效率的基本策略。

第 **6** 章

会计资源与企业会计准则的执行

　　企业作为利益相关者以契约形式形成的一个利益联合体，是一个开放性的组织。企业的可持续经营是建立在与利益相关者资源供给和利益分配的交换基础之上。财务会计信息是维系这种经济交换的纽带，财务会计报告能否有助于企业既定的理财目标的实现，依赖于企业所拥有的会计资源。会计资源是企业为实现会计报告目标可以利用的法律、信息、技术、人力资源、事件和各种关系的总称。企业对会计资源的占有和利用能力，是影响会计准则执行效果的重要因素。本章研究会计资源与企业会计准则执行的关系，重点探讨其中关系资源和会计人力资源对企业会计准则执行能力的影响，并从中外企业对资源占用和利用方式的差别，分析资源对财务报告质量的影响，期望得出有益的启示。

§6.1　会计资源与企业会计准则的执行能力

▬ 6.1.1　资源、会计资源的界定

　　会计准则执行能力与企业占有和可利用的资源有关。资源，辞海释义为资财的来源。经济学理论把能够带来物质财富的一切要素都称为资源，

如资本资源、自然资源和人力资源。资源的开发利用也是管理学关注的内容。资源学派将企业资源视作企业战略选择的约束条件，是特定企业在一定市场结构中持续竞争能力的来源，其代表人物巴尼在《企业资源和持续竞争优势》一文中，将一个企业所控制的能够使其改进效率和效能的所有资产、能力、组织过程、企业特性、信息等都视为资源（Barney，1991）。社会学研究的是结构约束下的选择行为，社会学家对资源的解释与经济学不同，与管理学具有一定相似性。如吉登思（Giddens，1981）将资源界定为使事情能够发生的能力。他认为资源有两种类型：权威性资源和配置性资源。林南（Lin Nan，1981）则把资源看作是在一个社会或一个群体中，经过某些程序而被认为是有价值的物品和符号，这些物品和符号的被占有会增加占有者的生存机遇。在大多数社会里，财富、资源和声望是被公认的资源。科尔曼（1999）将资源看作是能够满足人们需要和利益的物品和非物品、事件。刘爱玉（2005）在工人集体行动研究中，将资源定义为行动者想达到自己目的而欲展开行动时可以利用的条件，包括行动者自身拥有的以及能够利用的权力、知识、技能、工作经验、财物、社会关系、信息等各种要素。

企业作为一个独立的法人，对外报告财务会计信息的直接动机是为了维系企业与利益相关者之间的利益交换关系，保障理财目标的实现。会计准则执行的基本目标就是在不违背会计准则的前提下，反映企业的盈利能力和财务状况，以促成企业理财目标。企业要实现财务报告目标，在企业执行会计准则的行动选择中，就不能不依赖于企业的资源条件。因此，本书借鉴了社会学家对资源的认识，来界定企业会计准则执行过程中的会计资源。会计资源就是企业为了实现既定财务报告目标，在财务报告生成过程中可以利用的条件。会计资源可以表现为各种影响企业执行会计准则的要素，如会计人力资源，影响会计立法和执法的能力，会计事项、信息资源、关系等。会计资源通过企业的会计程序可以降低会计报告成本，提高企业执行会计准则的能力，有助于实现企业财务报告目标，改变企业在开放社会系统中的生存机遇。

会计资源按来源可以分为内部会计资源和外部会计资源。内部会计资源指企业本身所拥有的会计行动的资源条件，如：会计人员的构成及其能力，在企业经营中发生的会计事项，会计核算过程中的应用硬件和软件等。外部会计资源指企业可以控制和影响的、在对外财务会计报告形成过程中，可利用的制度资源、关系资源、信息资源等。内部会计资源是企业可以直接调动的资源，而外部会计资源需要企业通过与相关利益主体进行主动地沟通、游说等手段才能够被利用，这些资源经过转换程序才能成为影响财务会计报告的相关方面。

☛ 6.1.2　会计资源与会计准则的执行能力

不同的会计资源，从不同的角度影响企业执行会计准则的能力和效果。本书把会计准则的执行过程分成四个相关要素：一是会计准则执行的主体，包括会计决策主体和会计执行群体；二是会计准则规范的对象，即交易或事项的确认和计量；三是会计准则，是会计主体对会计交易和事项进行确认、计量和披露的依据；四是会计准则执行的结果，即财务报告质量。会计资源可以通过以上要素影响企业会计准则执行能力。

会计人力资源通过会计准则执行主体的执业能力影响企业财务报告的质量。会计人力资源不同于会计人员，是指会计准则执行主体所具有会计相关的能力和效率的通称。会计准则执行主体的职业判断能力和操作能力、协作能力和工作效率影响会计报告的成本和质量，管理者的能力影响会计政策的选择及其对外部会计资源的利用能力；会计准则执行主体对相关会计和法律知识的认识水平，对会计事项和交易的判断与会计程序的操作能力，决定了会计核算工作的精确性和正确性。在其他因素一定的情况下，非故意会计信息失真是会计准则执行主体能力不足的反映。

会计事项是企业在持续经营中所发生的各种经济业务。在会计政策一定、会计人力资源条件一定的情况下，会计事项自身质量的累积影响决定一个企业自身不需粉饰的、真实的财务状况和盈利能力。这里，会计事项的质量是以它对企业财务报告的影响而言的。企业面临的市场供需情况、竞争态势和自身的竞争力，决定了企业会计事项对财务状况、盈利能力和现金流量的影响。在同样的市场条件下，如产品成本一定，一项销售事项的市场价格越高，越有利于改善企业财务状况和盈利能力。如果企业财务报告的目标在于对外筹资，则会计事项质量越高，不需要会计行为主体专门的盈余管理，就可以实现企业资本市场融资的条件，企业遵从会计准则的能力就很强；当企业处于经营的低潮期时，盈利能力和财务状况可能趋向下滑态势，按照一贯的会计政策选择，企业财务报告提供的盈利质量就可能比较差，会计行为主体面临的压力就会增大，公允执行会计准则的能力就可能受到影响。会计的确认计量过程是以经济业务的经济实质为基础，会计事项性质和结构是会计人员确认和计量的方法，进而影响到财务报告的总体效果。真实盈余管理就是通过对交易事项发生的时间、结构和性质的管理，而达到对财务报告盈余管理的目的。

会计准则决定了企业会计政策选择的合理空间，对企业会计行动过程而言是一个给定的条件。但是，企业管理层如果能够通过公共选择的程序，影响会计准则制定过程中宏观会计政策的选择，将可能使会计准则的制定向有利于自身的方向发展，也就越容易提高自身对会计准则的遵从能力。

关系是一种资源，在社会资本理论中被提升为一种社会资本。企业本身就嵌入在社会关系网络之中，因此才有了利益相关者的定义。按照关系的性质，企业与利益相关者的关系可以分为股权关系、债权关系、法权关系和交易关系。关系资源的存在是以企业与其他组织间的依赖性为前提，以企业对外部组织的影响能力为依托，从不同角度影响到会计准则的执行效果。关系资源可以通过交易事项发生和质量而影响企业会计准则执行，如关系可以通过影响交易事项的发生、价格因素或构造会计事项，直接影响企业财务状况和经营业绩。关系可以通过影响会计准则制定影响财务会计报告，如公司可以影响宏观会计政策选择，提高自己适应会计准则的能力。

值得注意的是，关系存在并不一定形成会计准则执行的资源，只有能够被利用来实现企业会计行为目的，影响会计准则执行能力的才是企业的会计资源。在社会资本研究中，社会学家提到了社会资本的负面效应，实质指向的是社会关系对制度和市场效率的影响。以会计中关联关系为例，建立在投资控制基础的股权关系可能会增强企业执行会计准则能力，也可能弱化企业执行会计准则的能力。如外部大股东通过关联交易建立"隧道"转移上市公司财富的行为，这种情况就会弱化公司执行会计准则的能力，导致不遵从会计准则的压力增大。但是，在产权清晰的情况下，上市公司是一个独立主体，它的持续经营是包括股东在内关键利益相关者的利益基础，所以，恶意掏空是非正常股东行为。我国上市公司"壳资源"的稀缺，很多上市公司是利用关联交易粉饰财务报告，所以，关系对我国上市公司实现其财务报告目的起到支持作用，从这个角度看，我们称关系是一种资源。当我们将企业作为一个会计主体来分析时，因为假定可以将企业与其投资者的利益关系独立化，难免会对我们分析问题带来一些困难。但如果解开公司的"面纱",突破会计主体假设的限制,我们就会在一个更高的层面上看到企业利益关系对其利益相关者的影响,这个困扰我们的问题也许就不复存在。

会计核算的硬件和软件直接影响会计核算的效率和会计核算结果的准确性、安全性。在信息技术时代,会计信息技术不断更新,尤其是可扩展的财务报告语言技术的开发和利用,大大提高了财务报告的及时性,提高了财务报告质量。

各种资源对会计准则执行的影响最终都将反映在财务报告质量上,所以,财务报告质量是由交易和事项的质量、会计准则质量、会计准则执行质量等综合决定的。

6.1.3　相容性会计资源与排斥性会计资源

企业所占有或可利用的资源形塑了企业适应会计准则的变迁能力和实现会计行为目标的能力。从社会角度看,如果企业所依赖的会计资源是有利于会计目标的实现,则这些资源可以说是社会相容性资源;如果这些资源是不利于会计目标的实现的,那么它们就是社会排斥性资源。比如,随着会计事项的创新和会计准则质量的提高,会计准则将日益缜密,这对会计职业判断能力和操作能力提出了更高的要求,随着会计教育、培训和实践经验的积累,会计人员的职业能力也将不断提高,将减少会计人员在会计准则执行过程中的技术性错误,提高会计核算工作效率,相对减少财务会计报告的成本,所以,会计人力资源是社会相容性资源。企业拥有会计人力资源质量越高,越有能力提高财务报告质量。而企业利用社会关系,通过游说政府和会计准则制定机构,一方面有利于提高会计准则的企业认可性,提高会计准则能力;另一方面,它也可能使宏观会计政策选择有利于特定利益集团,这种资源可能破坏会计准则的逻辑一致性和中立性,不利于产生高质量的会计信息,不利于维护社会公众利益。随着财务会计概念框架的完善和会计准则制定程序的完善,这种资源将会在一定约束下得以发展。而如果关系资源被用来进行盈余操纵,以达到欺骗投资者或偷税的目的,就会影响会计选择的公允性,降低财务会计报告的质量,就是社会排斥性资源。随着法律的完善,这种会计资源也将受到管制,企业利用的机会将会越来越少。

会计资源是丰富多彩的，限于篇幅和主题，本书不可能探讨所有的会计资源。根据文献研究和企业调查，① 笔者认定会计人力资源和会计关系资源与企业资源占有水平和能力有关，是影响我国财务会计报告质量的两种重要的因素，也是我国与发达国家相比颇具特色的两种会计资源要素，对其深入研究具有较重要意义。所以，下面重点研究这两种会计资源与会计准则执行能力及财务会计报告的关系。

§6.2　关系资源与会计准则执行

☛ 6.2.1　关系资源与企业财务会计报告：基于资源依赖理论视角的认识

资源依赖理论属于组织理论的重要理论流派，萌芽于 20 世纪 40 年代，在 70 年代以后被广泛应用到组织关系的研究，目前和新制度主义理论被并列为组织研究中两个重要的流派（邓锁，2004；马迎贤，2005；费显政，2005 等）。资源依赖理论的集大成者费佛尔和萨兰奇科（1978）提出了四个重要假设：组织最重要的是关心生存；为了生存，组织需要资源，而组织自己通常不能生产这些资源；组织必须与它所依赖的环境中的因素互动，而这些因素通常属于其他组织；那些能帮助组织获得稀缺资源的参与者往往在组织中拥有更多的话语权，即资源依赖的状况决定了组织内部的权力分配问题。因此，组织建立在一个控制它与其他组织关系能力的基础之上。

资源依赖学派所说的组织环境不仅是一个客观、实际存在的东西，而是组织及其管理者通过自己的选择、理解、参与、设定而产生出来的，是组织和环境交互作用的一系列过程的结果。面对着同一外部环境，不同的组织，或者同一组织的不同管理者会有不同的选择、理解、参与、设定方

---

① 吴联生等研究认为，会计人员的有限理性与会计信息失真关系密切（参见《会计研究》2004 年第 2 期，第 16～22 页）；而其他学者的研究发现，上市公司利用政府补贴和关联交易操纵会计报告是非常普遍的。在笔者进行的深度调查中，关系对企业会计准则遵从行为的影响仅次于会计准则和会计监管。

式。因此，对环境的认识不同，会影响环境的实际作用，这都充分体现了"塑造的"环境观的特点。在组织与环境二者的关系上，组织也获得了充分的主动性。一方面，为了对资源需求作出反应，组织通过修正、操纵或控制其他组织来维持自身独立，与其他组织建立联系。另一方面，组织也要努力控制和改变环境因素，比如参与法律、政治性活动和改变合法性的定义等。像交易成本理论一样，资源依赖理论主张采取一种更明确的实现管理动机的政治方法，在自主和生存之间进行权衡。

资源依赖理论的重要贡献是揭示了组织与环境的依赖关系，使人们看到了组织采用各种策略来改变自己、选择环境和适应环境，为我们分析上市公司对关系资源的依赖和利用策略提供了理论工具。企业作为一个经济主体，持续经营是利益相关者利益得以维护的基础。财务资源是企业稀缺资源，保障外部财务资源的持续供给和限制财务资源的无偿流出是维护企业持续经营的基础，是企业管理者决策的基本原则。所以，募集资金、减少税金支付、避免政府监管，可以说是企业财务决策的重要目标，财务会计报告是决定这些目标能否实现的重要条件。财务会计报告这种经济后果决定了管理者不能不对财务报告的全过程进行"管理"。尤其是，在企业经营环境的不确定性、财务压力增大时，企业完全依赖自有的资源难以实现财务报告目标，管理者作为精明强干的企业家，充分调动企业的关系资源，选择风险最小策略达到预定的财务报告目标是情理之中的选择。

☞ 6.2.2　关系资源利用的经济基础与组织条件

1. 利益相关者与企业的利益共生性是关系成为会计资源的经济基础

股东、债权人、政府和供应商、经销商等是企业重要的利益相关者，他们通过经济契约或会计契约与企业发生资源供给和利益分配关系。工人劳动报酬、股东的剩余收益、债权人本息、供应商的货款、经销商的货源供给等相关利益都与企业的收益能力和可持续发展能力有关。其中企业财务资源的持续供给是保障企业可持续发展能力的财务基础，是关系到利益相关者长远利益的物质基础。股权筹资和债务筹资是企业解决财务资源供应的两条渠道。达到资本市场或债务契约的基本要求是企业筹集财务资源的最基本条件。因此，利益相关者具有出于自己利益而协助企业实现资本市场融资、扩大企业资源供给的动机。

不同的利益相关者在企业的利益份额和性质不同，对企业参与意识不同。其中大股东在企业中占有较大的股权份额，而且享有企业的剩余财产权和收益权；主债权人在企业债务中占有较大份额，在股东负有有限责任的情况下，其利益也具有相当大的风险。控股股东、主债权人在企业中的收益具有双重特点：一是在企业索取权中份额大；二是可以利用企业对他们资源的依赖，获取企业控制权，谋取控制权利益。所以，大股东和主债权人都是企业主要关系人。政府也是企业重要关系方。在市场经济体制下，政府已经不具有直接控制企业的权力，但大型企业可能为政府解决更多的就业人口和缴纳较多的税金；另外，政府利用手中股权、人事权和监管等权力仍然控制着某些国有企业。所以，在转轨经济国家中，政企关系也是不可忽视的关系。企业与这些重要的利益关系集团相互依赖，形成强互惠关系，由此决定了企业与其强势利益相关者之间的关系是企业可利用的重要会计资源。

从世界各国看，企业本身就处在与利益相关者之间的关系中，任何一个企业都具有一定的关系资源。强势利益相关者与企业的利益共生和谋取双重利益的驱动是其成为企业可以调动关系资源的物质条件，但能否被利用还取决于企业调动资源的能力。

企业调动资源的能力取决于两个条件：一是企业组织资源的主观能力，这是影响企业调动关系资源的内部因素；二是被调动资源的约束，这是制约企业利用关系资源的外部因素。

2. 企业对关系资源调动的组织基础

企业组织资源的主观能力取决于企业权力机构与强势利益相关者之间的竞合度。公司表决制度导致企业权力主体与大股东的竞合。企业表决制度经历了一人一票到一股一票的演化。从历史沿革来看，最原始意义上的公司实质是自治城市。在中世纪的中期和后期，欧洲的商业资本主义与为数众多的自治城市并存，城市共同体被称为公社或全城公会，由市民大会选举城市管理者，实行一人一票。而当时的公司是指行会，如布商会、金匠商会等，这些行会的特征是维护其行户之间的平等，实现一人一票的表决制。从 16 世纪起，英国、法国和荷兰出现了特许贸易公司，这些贸易公司继承了行会的许多制度，实行的表决权就是一人一票，每个商人交一笔费用就可以加入公司，并按自己意图独立从事贸易活动。在早期盈利性公司中，公司被看作像市政当局和行会一样，由其社员组成，而不是由股份组成，实行一人一票制度。如在早期的英国公司，视股东为公司社团"社员"，公司是由社员组成，而不是股份组成，因而实行一人一票的民主管理制度，直到 1818 年，英格兰银行仍然实行一人一票制度。1781 年北美银行公司也采用一股一票，并可以实行委托投票，这被认为是离经叛道。在 19 世纪以前，世界大公司很多是实行一人一票的民主管理制度，企业就是一个被共同分享所有权的民主管理的经济实体。

一人一票制没有给予大股东与其利益相称的权力，不能给予其充分的激励，在资本相对稀缺的时代，大股东所具有的强势谈判力量必然会改变这种情况。在 1816 年，美国国会通过美国财政部长汉密尔顿在 1790 年设计的北美银行六段表决权制度，开始设计按所持股份表决，但每个股东无论股份多少，最多表决权不超过 30 票。自此，美国各州设置了分段表决和最高表决权限制，以制约大股东的权力。但是大股东的权力得到强化后迅速发展，到 19 世纪中后期，分段表决制在美国逐步消失，取而代之的是一股一票制，并在南北战争后被立法所认可。到 19 世纪末期，美国大多数州的公司完成了从民主制到财阀制度的转变。公司表决权制度从一人一票到一股一票制的转变，实际上使公司从民主管理制度转向财阀制度。在这种制度下，大股东的利益索取权和控制权的相匹配，小股东成为搭便车者，大股东利用控制权可以使大量的兼并和一体化决策得以迅速表决通过，通过兼并活动迅速扩大控制权力量，形成了许多由控股公司直接或间接控制的企业集团。在美国反垄断法下，许多公司采取了一体化的策略，形成了股权结构复杂的大公司。欧洲在从民主制向财阀制转变的过程中进展缓慢，由于保留了许多民主色彩，就很难作出合并和一体化决策，结果形成许多横向联盟，在公司治理中体现更多的民主制。①

《公司法》保护了公司表决制度，导致了在选举公司权力机构中大股东占有强势地位，大股东与其控股公司的权力高度竞合，这为公司调动大股东的资源实现会计行动目的提供了组织条件。伯利和米恩斯（1932）在《财产权与近代公司》中分析认为，所有权和控制权的分离必然导致弱势所有者和强势经营者。其实，这只是美国上市公司的代表模式。无论

---

① 参阅朱羿锟：《公司控制权配置论》，经济管理出版社 2001 年版，第 8～19 页。

美国还是欧洲或东南亚，实际上家族控制企业是最典型的。意大利家族企业占企业总数99%，英国75%，加拿大80%。① 波特（La Porta al）等1998年对49个国家和地区最大10家公司所有权和控制权研究表明，无论是发达国家还是发展中国家，公司控制权集中度都较高，其终极控制权较大程度控制在家族和国家手中。终极控制者集中所有权的方式通常包括金字塔结构、交叉持股、公司董事或经营者具有亲缘关系。德国、意大利、法国和比利时倾向于采用金字塔结构，集中表决权，无需集中所有权。在金字塔和直线性控股集团中，控股股东通过控制杠杆可以获得高于其本身拥有控制权的利益。这种企业所有权的集中说明企业并非是一个独立原子单位，强势利益相关者为了自己的利益也会主动地调动自己的资源和影响力，干预上市公司的财务会计报告过程。

进一步，当家族、股东、政府要员发生竞合时，则为企业在国家和地区范围内调动关系资源创造了组织条件。东南亚所有权和控制权模式与欧洲相似，不但家族控制比例较高，而且与政府要员有密切关系。在印度尼西亚和菲律宾，16.6%和17.1%的证券融资可以分别追及到单个家族，即苏哈托家族和阿亚拉家族。印度尼西亚、菲律宾和泰国最大的10个家族分别控制了该国公司的1/2。中国香港和韩国最大的10个家族分别控制其公司的1/3。在许多国家中，家族企业的控制者和政府首脑是属于同一家族。这些政府与企业之间有千丝万缕的共生关系，企业通过这种关系影响政府法治，争取政府特权。许多公司兴旺发达源于其进口垄断、政府采购或排斥外商进入和获得社会稀缺资源。政企间关系为公司应付生存危机和避免监管提供了条件，政府成为企业重要的关系资源。

在德国等欧洲国家，资本市场不发达，债务资金成为企业的主要资金来源。企业对银行资金的依赖导致主债权银行主导公司治理，这也为企业调动债务关系资源提供了组织条件。

3. 企业关系资源应用的限制因素

法律是防止企业滥用关系资源的宏观机制。强势利益相关者与企业的强互惠关系，在强势利益相关者操纵下资源利用就可能产生两种结果：支

---

① 本节有关公司控制权的数字转引自朱羿锟《公司控制权配置论》，经济管理出版社，2001年8月出版，第50～55页。

持企业，给企业其他利益相关者带来利益，但可能损害资源转出方的相关者利益；转移企业利益，损害企业其他利益相关者的利益。前者则会提高企业会计准则遵从能力，后者则降低企业会计准则遵从压力，结果都导致企业会计信息缺乏公正性。法律为保护弱势利益相关者的利益，通过强制提高会计信息透明度，限制企业关系方对财务报告质量影响。

各国实践也证明了这一点。在美国，高度发达的市场和投资者保护机制，银企关系独立，企业的关系股东分散，会计信息披露透明度较高。而在欧洲或东南亚一些国家，所有权集中，表决权集中，控制者不存在严重的监督和激励问题，但是控制者具有谋取私利的动机，导致财务会计报告透明度较低。司法制度和司法效率对利用股权关系谋取利益具有制约作用。Nenova（2000）对控制权利益在各国进行比较，结果法律控制严格的国家控制权利益小，而稍微宽松的国家控制权利益大。在斯堪的纳维亚和英语国家，抽取控制权利益条件差，因此，控制权利益较小。如丹麦控制价值在公司资本化价值的 1% 左右，瑞典、美国和加拿大都处于较低水平，分别为 1% 、1% ~2% 、2% ~4% 。

法律越完善，资本市场越发达，市场机制也会对关系资源的滥用产生抑制作用。在资本市场比较发达国家，由于中小股东用脚投票可以导致公司的非控制股票一文不值，给公司带来巨大损失。如俄罗斯 Menatep 过度抽取其子公司 Ao Yukos 的利润，当 Menatep 意欲购买另一个公司时，该目标公司的股票价格大幅度下跌（Dow Jones，1998）。当意识到这种情况，控制股东有动力减少控制利益（La Porta et al. ，1999）。

可见，中小投资者利益保护机制健全、执法效率和市场效率较高的国家，关系资源对会计准则遵从水平的影响越小，会计信息披露透明度越高。

利益相关者的资源使用约束机制越强，被调动的可能性就越小。控股股东、债权银行和政府本身也是一个独立的组织，该组织对自身资源控制制度越严格，被其他企业调动的能力就越弱；反过来，组织对自身资源使用缺乏严格控制制度，被其他关系方利用的可能性就会增加。如银行贷款软约束，就可能发生被财务困难的客户通过游说而将贷款展期或进行减免性债务重组。政府缺乏依法行政的约束，企业就可能通过游说政府官员而获得补贴和税收减免，从而直接减轻会计准则遵从压力。

▰ 6.2.3 关系资源与企业会计准则执行能力的关联方式：对国外的研究

1. 从发达市场经济国家的视角

发达市场经济国家的特点是法律相对完备，政府与企业各自独立，政企关系比较规范。政府行为受到法律和政府行政法规的制约，依法民主行政效率比较高。这种社会政治和法律环境，决定了企业可以任意调动的政府资源能力受到约束，但是通过合法渠道改变法律制度的规定还是可能的。由此，各国形成了与其国内企业利益关系结构相匹配的会计准则及其信息披露模式。

欧洲和美国企业具有不同性质的强势利益相关者，并且在企业公司治理模式上表现出来。以英、美公司为代表的公司控制权配置模式被称为市场控制，采取股东利益导向的股权治理模式。以德、日公司为代表的公司控制权模式被称为关系型控制权，采取银行主导或法人主导的利益相关者治理模式。公司所有权和控制权关系模式不同，股东利益保护的方式不同，在各国也就形成了不同的会计准则的目标模式和会计信息披露模式。不同的会计准则目标取向与会计信息披露模式则进一步影响了会计准则执行能力，由此形成了"公司控制权—会计信息需求的内容和满足的方式—会计准则制定和执行—会计信息披露模式和质量"。

2. 从东南亚国家的视角

东南亚国家公司控制权很多属于家族、企业和政府首脑竞合的情况，政府与企业共生关系密切，政府干预比较深入。所以，虽然这些国家有的直接采用了国际会计准则，会计准则质量比较高，但是会计准则执行效率却参差不齐。瑞·保罗（Ray ball，2003）对新加坡、中国香港、泰国和马来西亚会计盈余特征进行研究发现，它们采用的会计准则分别来源于美国、英国和国际会计准则，但独特的会计报告环境，会计盈余质量有很大差异，结果发现中国香港最好，泰国、印度尼西亚较差。表 6-1 列示了几个亚洲国家和地区的企业可能利用的关系资源的情况，从中可以解释其会计信息质量差异的原因。

表6-1 东南亚六国或地区上市公司所有权与控制权分离途径及其法治环境

国家	获得20%控制权所需股份	金字塔结构（%）	交叉持股（%）	单一优势股东（%）	控制经营者人选（%）	司法效率	法治	腐败指数
印度尼西亚	19.17	66.9	1.3	50.9	84.6	2.5	3.98	2.15
新加坡	19.91	55	15.7	37	69.9	10	8.57	8.22
泰国	19.22	12.7	0.8	18.9	67.5	3.25	6.25	5.18
菲律宾	18.71	40.2	7.1	35.1	42.3	4.75	2.73	2.92
马来西亚	18.11	39.3	14.9	37.4	85	9	6.68	7.38
中国香港	18.84	25.2	9.3	68.1	53.4	10	8.22	8.52

说明：在第一大股东与第二大股东持股相差悬殊的情况下，大股东持股并不很多，就可以控制公司。东南亚国家50.6%的样本公司是控股股东独揽天下。金字塔和交叉持股的公司，控制权能力比直线控制的公司控股股东控制权要求低。

资料来源：根据朱羿锟著：《公司控制权配置论》的第187和第190页相关内容整理。

从表6-1可知，东南亚各国公司控制权配置特点是上市公司与控股股东具有较高的竞合度，具有调动股东资源的良好条件。但是，各国不同的法律和市场结构，又对上市公司滥用股东资源产生了约束。中国香港和新加坡相对来说社会法治化程度较高，司法效率和腐败程度较低，可以说会计环境较好，企业可滥用的会计关系资源得到控制，会计准则执行效率应该比较高，财务报告质量较高；而印度尼西亚、泰国、菲律宾的企业可滥用的会计关系资源比较多，法治化程度较低，会计准则执行效率应该较低，财务报告质量较低。

3. 对关系网络中一种共性问题的讨论：关联交易与会计准则执行

企业与控股公司及其延伸出来的其他关联人形成利益共生关系，形成公司与股东和其他关联关系人多种资源依赖模式。于是，在企业关系网络中出现了一种比较常见的交易方式——关联交易。

关联交易作为一种企业间经济交易类型存在具有经济上的合理性。在市场经济中充满了机会主义行为，机会主义是追寻自我利益的狡诈行为，包括说谎、偷窃和欺骗行为［威廉姆森（Williamson），1975］。机会主义与信息的不完全、信息披露的扭曲相关。市场的机会主义行为造成了高额的交易成本，公司间形成横向联盟或纵向一体化后，建立了企业间共生或依存关系，通过关联交易降低了企业的交易成本，减少了机会主义行为的影响，对企业的稳定和发展发挥了良好的作用。

但是，凡事都是利弊相伴生。这种建立在复杂的关联关系基础之上的多样化关联交易，在不确定性环境中可能被异化利用。在公司发展的实践中，关联交易也常被用来避税，或成为控股股东对企业利益掏空和输送手段。会计作为反映企业交易和事项的信息系统，如果如实反映这种关联交易，必然会将这种侵害其他利益相关者的行为曝光，对谋取非正当利益者造成威胁，所以，会计在公司中也是被控制和操纵的方面。这影响到会计的客观性和公允性，降低了会计准则的遵从水平和会计信息的透明度。

关联关系对上市公司利弊并存，说明关联交易有存在的合理性，不能取缔，只能通过监管使其透明化。这种监管力量应该来自于内部公司治理和外部证券市场、税务、中介机构或媒体。但是，现代公司的表决制度人为地造就了公司控制权结构，小股东既缺乏监管的条件也缺乏监管的激励，况且控股股东和控股公司对上市公司的利益输送行为，小股东也是受益者之一。所以，企业内部监管力量供给相对不足，而外部监管是控制关联交易、影响财务会计报告质量的主要措施。法律制度越有效，对中小投资者利益保护越好，关联交易对财务报告的影响越小。但是，由于公司利用关联关系的隐蔽性和多变性，管理层利用关联交易的策略不断创新，关联交易的管制难度很大。

§6.3　我国关系资源对上市公司遵从会计准则压力的缓解

6.3.1　中国上市公司关系资源的形成

与西方国家的大公司比较，独特的企业制度的演变历史和体制环境使我国上市公司具有独特的生成机制，形成了上市公司丰富的关系资源。

1. 经济体制转轨时期的政企关系

在新中国成立以后，我国建立了社会主义的计划经济体制。在计划经济体制下，建立了高度集中的全民所有制和计划经济管理体制，政府集产权主体和政权主体于一身，使国有产权主体和运营方式行政化。政府本身作为一个等级组织，由中央政府、省政府、地级政府和县级政府四级行政组织构成，政府职能按政府层级区域化、部门化。而政资不分则使政府通过企业科层网络又把国有企业区域化、等级化，国有企业也被条块分割，形成了各级政府和企业之间的政治、经济利益的一体性。各级政府对外通过行政化的产权边界筑起了企业间的经济壁垒，对内实行行政化的公司治理。财政决定税收、税收决定财务，企业成为一个没有独立自主权的大生产车间，政府对企业的全面干预和责任承担被形象地描述为"父爱主义"。在经济体制改革的第一个阶段，通过利润留成和利润包干等放权让利为主的经济改革，政府放松了对企业的控制权，但是政企关系的基本格局变化不大。企业财务制度改革，资金供给从"统收统支"转为"拨改贷"，利改税和经济承包制等系列改革进一步扩大了国有企业的自主权，扩大了企业各项权力。但是，负盈不负亏的企业改革没有从根本上改变国家对企业预算软约束问题，只是从国家对企业自主权的干预和限制转变为对企业的保护，被称为"母爱主义"。从 1992 年起，国有企业改革进入建立现代企业制度阶段，实行政企和政资分开，形成了新型的国有资产管理体制，采取了政府统一所有，中央政府和地方政府分级监管，企业独立运营的国有企业产权运营模式。但是，国有经济的主体地位和国家作为国有经济受托人的地位不可能隔断政府与国有企业的关系。在与非公有制经济的竞争中如何搞好国有企业是政府关注的重要问题之一。财政资金通过企业亏损补贴、财政价格补贴、企业挖潜改造支出、科技三项费用等预算项目大量进入了生产性、盈利性等非公共支出领域，而资本市场设立的初衷也是为国有企业改革和解困服务的。与此同时，我国实施政府分权改革，地方政府权利增加，地方企业发展与政府财政收入、就业密切相关，许多地方连公务员的工资也主要靠地方财政解决。而"以经济建设为中心"的方针使各级官员的政绩与地方经济的发达程度直接联系，地方政府对企业的态度变得更加积极。一方面，为实现地方利益最大化，地方政府有动因积极改善制度、建立市场，以争取处在不断流动之中的稀缺资源；另一方面，因为地区间的竞争，对地方企业实施补贴，形成地方保护主义。扶持地方企业上市和保护上市公司的"壳资源"是地方政府解决国有企业资金困难、争夺全国资源和改善地方形象的主要手段，是与地方政府经济利益和政府官员个人利益关系密切的事务。因此，上市公司与地方政府关系应该是密切的，上市公司和地方政府在争夺财务资源上的利益是一致的。

根据市场监管的制度，地方政府和上市公司通过上市争夺全国资源的目标能否实现，在很大程度上依赖上市公司的会计盈利能力。在遵从会计准则的情况下，会计盈利是按会计准则核算出来的，由于企业自身盈利能力受到主客观多种因素的制约，达不到监管部门要求的情况是经常发生的，政府行为特征为企业通过"官场寻租"解决财务困境提供了方便。正因为这些原因，我们把我国政府分权改革以后"政企关系"作为企业可以用来提升业绩、达到募集资金条件的关系资源。

在国有企业大面积亏损，将亏损企业推向市场增发股票，不仅可以帮助困难企业筹集巨额资金，暂缓危机，而且可增加当地经济的活力指数，上市公司数量曾一度成为各地方政府发展经济的一个评价指标。而帮助企业上市和募资解困也是符合监管部门的政策导向的。证监会（199713号文）指出，"为了利用股票市场促进国有经济的发展……各地、各部门在选择企业时，要优先推选符合发行上市条件的国家确定的1 000家重点国有企业、120家企业集团以及100家现代企业制度试点企业，特别要优先鼓励和支持优势国有企业通过发行股票收购兼并具有发展前景但目前还亏损的企业，实现优化组合，增强企业势力。"可见，政企关系绵延不断是经济改革的产物。

2. 上市公司形成的企业组织背景

我国上市公司很多是由国有企业改制而来的。在市场发展初期，由于担心发展规模失控，政府不但设立了股票发行和上市的门槛，并采取了"审批制和额度制"相结合的监管模式。为了满足监管部门的上市要求，大部分国有企业采取了剥离非核心资产的改制模式，将优质资产捆绑上市。这种上市公司的形成模式使其与原有的企业（即控股股东）必然存在着密不可分的利益关系，成为市场中的"共生体"，甚至上市公司与原有脱胎而来的企业（即上市公司的大股东）从人事和机构都是一套班子。上市公司是控股企业"最优秀的儿子"，一方面，控股股东对这个上市的"儿子"是百般呵护；另一方面，需要上市公司对其进行"反哺"。政府部门是原国有企业最大股东，所以，国家股、法人股占到上市公司总股本的 60% ~ 70%，终极所有权 84%。[①]

　　以上分析说明，我国上市公司拥有的关系资源与国外通过投资、兼并、交叉持股形成的企业关系不同，与依赖政治攻关形成的政企关系不同。我国企业关系资源是政府利用公权深入企业治理层次，是监管力量和法律约束更难以限制的。另外，我国关系资源对会计准则执行效率的影响方式也不同。国外关系资源通过影响会计准则制定和会计准则实施机制来提高会计准则执行能力，而我国则是通过关系资源减轻会计准则执行压力来影响会计准则执行效果。

6.3.2　关系资源对上市公司会计准则遵从压力的缓解：理论分析

1. 我国上市公司盈利能力不高，执行会计准则的自有资源基础比较差

　　在充分竞争的市场上，会计信息是股票定价的基础，从理论上分析，股价与公司业绩呈正相关关系。所以，上市公司对资金的追求和对股价的关注必然要重视会计盈余计量。但是，企业的盈利能力和业绩表现不仅取决于企业自身的运营能力，还受到宏观政策和市场供求影响。因此，企业盈利能力和业绩表现并不是稳定的，而是经常处于波动中。当企业处于发展的高峰期时，盈利状况较好，企业按照会计准则进行会计处理的约束较少，会计准则执行压力较小；而当企业处于发展的低潮期，盈利情况恶化，要稳定股价或避免被特殊处理或退市的压力比较大，这时会计政策选择的余地就较少，执行会计准则的压力就会加大，为了实现企业财务目标，不遵从会计准则的风险加大。

　　从我国企业改革的历程看，国有企业的资金利润率在 1987 年以后呈不断下降趋势，特别是 1990 年以来更加恶化，详见表 6-2。

---

① 姜英兵：《论会计标准实施》，东北财经大学出版社 2005 年版，第 141 页。

表 6 - 2　　　国有部门的利润率、亏损企业的比重以及非国有企业的产值比重

年份	国有企业利润率（%）	国有企业亏损比重（%）	非国有企业的产值比重（%）
1981	21.4	22.9	25.2
1982	20.5	20.8	25.6
1983	20.3	12.8	26.6
1984	20.8	10.2	30.9
1985	18.5	9.7	35.1
1986	15.2	13.1	37.3
1987	15.0	13.0	40.3
1988	14.8	10.9	43.2
1989	10.6	16.0	45.9
1990	4.8	27.6	45.4
1991	4.2	25.8	43.8
1992	4.9	23.4	48.5
1993	6.1	28.8	53.1
1994	5.3	30.9	62.7
1995	3.1	33.5	66.0
1996	1.7	37.7	63.7
1997	3.1	46.7	68.4
1998	1.7	42.9	71.7

资料来源：张军著：《中国的工业改革与经济增长：问题与解释》，三联书店 2003 年版，第 56 ~ 57 页。

为了解决国有企业面临的资金困难，优化资本结构，在 1990 年政府才批准在深圳和上海建立两个证券交易所，把为国有企业脱困服务和促进国有企业建立现代企业制度作为市场的目标定位，这样就使得一种最能体现市场化要义的金融范畴，在很大程度上服从和服务于政府目标的制度安排。在政府安排下，国有企业剥离不良资产和捆绑优势资产而上市。一些上市公司自身盈利能力不高，同时面临非国有经济日益强大的市场竞争，这种"内忧外患"使上市公司的盈利状况不容乐观，造成上市公司在资源竞争中处于不利地位。

2. 证监会的替代性监管政策导致企业会计准则遵从压力显性化

资本市场一旦发展起来，证券市场的监管部门则希望借鉴国际规范，

发挥资本市场在资金配置和企业制度优化等本属于资本市场的正常功能。因此，从 1996 年起，证监会采用了收益性指标为上市公司配股、增发、债转股、退市等行为设立了门槛，其目的在于保障将稀缺的资本资源配置到具有竞争力的企业。如 1996 年，证监会规定上市配股企业最近三年每年净资产收益率不得低于 10%，属于能源、原材料和基础设施的可以略低，但不得低于 9%；1999 年 3 月证监会对此作出了修正，规定上市配股企业最近三年平均净资产收益率不得低于 10%，属于能源、原材料和基础设施的可以略低，但不得低于 9%，其中任何一年净资产收益率不得低于 6%；2001 年 3 月，证监会对配股条件又进一步放宽为"可以有一或两个年度内净资产收益率低于 6%，只要三年内的净资产收益率平均不低于 6% 即可"。对连续两年亏损的公司要特殊处理，公司股票的涨跌幅控制在 5%；连续三年亏损的公司要强制退市。上市公司上市的诱因是明确的，许多公司自身竞争能力是较弱的，会计信息披露制度是具有强制性的，证监会的规定使自身盈利能力较差的上市公司管理层感到执行会计准则的强大压力。

3. 双重压力之下的选择

上市公司面临自身较差的业绩和证监会再融资必备资格的双重压力，不得不对如何回应会计监管作出策略的选择。上市公司解决困境的出路无非是：一是发挥会计人员的"天才"，改变会计政策选择；二是争取大股东或银行的支持，通过设计关联交易迅速使业绩变脸；三是争取政府"红包"，利用政府财政补贴、税收返还等提升业绩；四是会计造假。在会计人员发挥全部天才创造力仍不能实现资本市场会计目标的情况下，企业余下的策略就是有限的：①如果上市公司得不到关系方的支持，有两个选择：遵从会计准则，这要承受利益损失；不遵从会计准则，在实现资本市场目标的同时，要承受不遵从会计准则带来的风险和损失。②如果能够得到关系方支持，企业在遵从会计准则的情况下实现资本市场目标。

而控股股东和政府等利益相关者也面临着两种选择：①支持上市公司遵从会计准则。上市公司作为一种宝贵的"壳资源"，保住上市融资资格就保证了公司源源不断的资金输入渠道，在中国也是保住了一条低成本的资金获取渠道。这是大股东、上市公司管理层和地方政府在稀缺资金资源争夺战中的共同目标。帮助企业在遵从会计准则的前提下保住自己利益，这是一个多赢的方案。②不支持上市公司，则企业无论怎样选择，企业的风险和损失必将波及到自己，是一种多方损失的方案。显然，在经济（生存）博弈下，股东、政府等利益相关者选择支持策略，企业选择遵从会计准则策略是优势策略。

"上市公司经理人问卷调查"① 说明选择这种优势策略也是符合管理层道德选择。该调查结果显示：在 100 名被调查的上市公司经理人中，认为利润包装"值得做，要适度"的占 41%；关于利润包装的手法，55%的被调查者首选"关联交易"，44% 的被调查者首选"巧用会计政策"。关于如何防范利润包装的行为，82% 的被调查者认为要"严格执行会计准则和制度，保持会计政策的稳定性"。可见，"利润包装值得做"表明了经理人通过会计选择进行盈余管理以达到预期目标的自利价值观；"利润包装要适度"当然是指利润包装不能超越会计法规和会计制度规定的会计选择空间，这是经理人的自我选择的底线，其自身并不将会计造假作为上策。

现在仍然用第 3 章的分析方法，对上市公司利用关系资源的机理进行解析。假设企业效用是由财务报告的业绩 V 决定的，企业会计目标收益 V_0。在已知真实业绩水平 v 的情况下，确定了财务报告的业绩，也就确定了会计准则执行的策略。企业的预期期望效用为：

$$EU = (1-p)U[a(1-t)V]$$
$$+ pU[a(1-t)V - r(V-v)] \qquad (4-1)$$

式（4-1）中各项含义如前所述。企业利用关系资源，通过对交易事项进行管理，把遵从会计准则的收益从 v 提高到 v_0，会计准则遵从点从 A 移项 A_0，从而使预算约束线 A_0B_0 比原来的约束线 AB 更陡，企业在最大化自己效用的同时，离会计准则遵从点更近。随着关系资源作用幅度加大，v_0 将等于或大于 V_0，达到企业满意收益水平，实现企业预期效用最大化。

以图 6-1 所示的方式表示在该种策略下企业的选择及其期望收益。

---

① 参见《上市公司利润包装该不该》，载于《证券时报》1999 年 1 月 8 日。

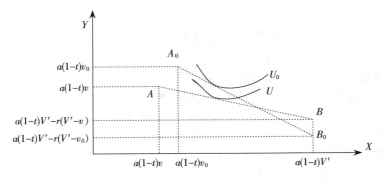

图 6 – 1　关系资源缓解了企业会计准则的遵从压力

在企业妥善安排下，通过关系方之间的系列交易，使上市公司在遵从会计准则的情况下实现预期财务报告目标，保障了企业、大股东、债权人和政府利益的多赢。在这种情况下，会计准则遵从的最优条件不变，即 $p = a(1 - t)/r$，意味着关系资源缓解了企业遵从会计准则的压力，关系资源的作用抵消了会计第三方强制实施的效率。

☛ 6.3.3　关系资源对上市公司会计准则遵从压力的缓解：经验研究的证据

我国上市公司天然的关系资源为上市公司执行这些决策提供了条件，于是才有中国特有的两种突出会计现象：大量的政府补贴，花样多变的、高比例的关联交易和高频度的会计政策变更和会计差错调整。这些措施在会计报告中突出表现为高比例非经常损益，统计表明 2000 ~ 2002 年度，非经常损益分别占上市公司的 11.67%、15.35% 和 4.46%，[①] 其中关系资源的支持力度尤为突出。

---

① 任春艳著：《上市公司盈余管理与会计准则制定》，中国财政经济出版社 2004 年版，第 138 页。

1. 政企关系的利用：地方政府补贴

陈晓、李静（2001）提出地方政府补贴采取的手段有五种，[①] 除了出于产业调整的需要外，不乏为了直接帮助上市公司解困的补贴和税收返还。根据统计，1997～1999 年只有不到 5% 的上市公司实际税率为 33%，85% 的上市公司执行 15% 的所得税税率是由省级政府批准，或是按先征后返的方式实现，3% 多的公司享受零税率。享受地方补贴收入的公司，从 1997 年的 20% 上升到 1999 年 54%。如果剔除了补贴（保守算法）和税收优惠之后，他们发现 1999 年配股公司中有 65 家会丧失配股资格，占当年配股公司总数的 44%，该年所有配股公司的平均净资产收益率从 16.67% 下滑到 12.68%；2000 年则将有 116 家公司的配股资格受到影响，高达当年配股公司的 65%，所有配股公司的平均净资产收益率从 14.23% 下滑到 10.14%。

2000 年财政部取消所得税"先征后返"这一政策的出台，使通过该渠道得到政府补贴的公司减少，从总量上减少了地方政府补贴的总量。2004 年中期，1 365 家公司共获得补贴收入 26.45 亿元，与 2003 年的 20.3 亿元及 2002 年的 17.61 亿元相比，增加比较明显。不过，从补贴收入占上市公司净利润的比例看，却呈现出逐年减少的趋势。2004 年中期补贴收入占净利润总额比例为 2.71%，与 2002 年的 3.77% 相比有明显下降。但是，在总量减少的同时，个别企业补贴收入仍然很大。在 1 365 家公司中，有 60 家公司其补贴收入占到净利润的 50% 以上。其中 ST 华信、大唐电信、华联控股等 16 家公司的补贴收入超过了净利润。值得关注的是大唐电信，该公司 2004 年中期补贴收入为 2 411.82 亿元，为其净利润的 8.97 倍。[②]

诚然，市场经济中政府为了实现产业发展政策也会采取税收或财政补贴政策，但是陈晓、李静对补贴原因进行行业、地区和股权检验表明，

---

① 一是所得税返还，一部分享受地方政府所得税先征后返政策的上市公司，将收到的所得税返还直接计入补贴收入。二是其他税款返还，主要为增值税。增值税的返还有的属于国家政策原因，如出口产品退税、进口原材料退税等；有些增值税的返还是地方政府将增值税属于地方留成的 25% 部分退还企业。三是补偿性收入，如动迁补偿、市政建设补偿等。四是特殊行业或特殊项目的补贴，如环保治理、技术改造补贴、价格补贴、专项资金贷款利息补贴等。五是地方政府直接给予财政资金，帮助上市公司解决资金困难等。

② 任春艳著：《上市公司盈余管理与会计准则制定》，中国财经出版社 2004 年版，第 68～69 页。

"补贴并没有如我们所预期的那样倾向于某些政策性补贴的行业，公用事业并没有享受更多的财政补贴，虽然农业类公司中获得补贴的公司比例很高，但其补贴率却相对比较低。"同时，他们还发现一个现象，税收返还和财政补贴作为地方政府支持上市公司的两种手段是交互应用的。如果公司所在的行业不容易得到税收返还或补贴收入，那么政府就利用另一种手段来支持上市公司，如机械和房地产行业，它们的补贴率要高于其他行业，而享受税收返还政策的比例就相对较低；旅游行业的公司补贴率很低，但是享受税收返还比例是最高的。对于高科技和电子电器这样的行业，国家已经给予了政策上的很多优惠，所获得的补贴率和税收返还比例都很小；而商贸和综合类的公司，政府的支持很小，不论是补贴还是税收返还都不高。"这意味着地方政府在决定是否对某一上市公司进行补贴时，谁是大股东并非主要考虑因素，只要把资金吸引到本地区就行。"[①]

2. 关联关系应用：关联交易和债务重组

上市公司与集团公司的密切关系，为关联交易发生提供了天然条件。自证监会 1996 年出台再融资和 ST 等替代性监管措施后，我国就出现大量利用关联交易操纵盈余的情况。陈晓、王琨（2005）对 1998～2002 年我国所有上市公司的关联交易进行了全面统计分析，将全部关联交易划分为 12 类进行统计分析发现，近 90% 的上市公司存在关联交易行为。根据同期我国上市公司净资产收益率的分布研究发现，企业净资产收益率的峰值出现在配股线附近，当配股资格线由 1998 年的 10% 下降到 6% 后，峰值中心也发生了转移。这种现象的可能解释是，上市公司为了迎合监管而进行了盈余管理行为；关联交易是上市公司盈余管理的主要方式，关联交易已经成为困扰我国资本市场健康发展的重要会计问题。[②]

企业财务状况恶化，很可能给其贷款银行和债权企业带来不良资产或坏账，使其遭受经济损失。所以，对于企业的债权人来说，帮助债务企业渡过难关对解决自身危机也是有利的。因此，债权人往往愿意通过债务重组帮助上市公司改善再融资条件，尤其是债权人同时是企业的关联方时，

---

① 参见陈晓、李静：《地方政府财政行为对提升企业业绩中的作用探析》，载于《会计研究》2001 年第 12 期，第 20～30 页。
② 陈晓、王琨：《关联交易、公司治理与国有股权改革》，载于《经济研究》2005 年第 4 期，第 79 页。

债务重组发生概率更高。1999 年的重组准则规定将债务重组收益计入当期损益，许多上市公司，尤其是业绩较差的企业，为了获得上市资格或配股资格，利用"突击性"重组来维持账面利润。李现宗，杨红娟（2005）通过实证研究发现，确认收益的重组企业确实存在盈余管理现象，从 2000 年、2001 年、2002 年三年平均 ROE 的分布来看，重组企业有明显的保盈和保配动机，ROE 主要集中在（0% ~3%）微利区和（6% ~12%）配股区域。①

通化金马药业股份有限公司（下称通化金马，000766）的发展给我们提供了一个了解上市公司利用股权关系、政企关系缓解其会计准则执行压力的过程。通化金马在 2000 ~2001 年间，由大股东三利化工主导了一次天价收购，标的物是距吉林通化千里之遥的芜湖张恒春药业有限公司（下称张恒春）。通化金马共计付出 3. 45 亿元现金，其中 3. 18 亿元用于收购张恒春（三利化工之关联企业）拥有的"中国的伟哥"奇圣胶囊全部技术和生产经销权，创下了当时中国单项科技成果转让最高纪录。由于该药销路不畅，通化金马 2001 年从 2000 年的盈利 2. 42 亿元一下子变成亏损 5. 84 亿元。为了避免 2002 年继续亏损，通化金马董事所具有的通化市政府从政背景发挥了作用。通化金马以其部分一年以上应收账款、其他应收款与二道江国有资产公司拥有的位于通化市境内"老太沟"、"枯龙杨村沟"、"猪场后山"、"正沟沟里"、"正沟"的总面积为 819.5 公顷林地资产及 49 287 立方米林木资产进行了置换，置进的林地和林木资产评估价值合计为 41 005 万元（包括林地资产 17 814 万元和林木资产 23 192 万元）。学界有人②认为，这是一起很罕见的资产置换，置入资产与通化金马主业基本没有联系，但是，通化金马因此在 2002 年实现微利 1 666 万元，避免连续两年亏损的后果。

这次"救助"没有从根本上挽救该公司。通化金马 2005 年 12 月 31 日、2004 年 12 月 31 日、2003 年 12 月 31 日的每股净资产（元）分别为 0. 10、0. 08、0. 656；2005 ~2003 年每年的净利润（万元）分别为 847. 61、 - 24 567. 93、 - 19 426. 98；每股收益（元）分别为 0. 02、 - 0. 55、 - 0. 433；通化金马沦为 ST 通化金马药业股份有限公司。截至

① 李现宗、杨红娟：《新债务重组准则与盈余管理策略的转变——基于 2001 年债务重组的上市公司盈余管理的实证检验》，载于《经济问题探索》2005 年第 5 期，第 74 ~80 页。
② 参见申草文：《ST 通金巨亏 10 亿幕后有黑手　政府挽救慷国资之慨》www.XINHUANET.com，2005 年 10 月 17 日。

2006 年 5 月 31 日，公司资产负债率（母公司）达到 91.93%，严重影响了公司的正常发展。2006 年 7 月 31 日召开的公司 2006 年第一次临时股东大会暨相关股东会议审议，通过了股权分置改革方案。① 方案将股权分置改革与债务重组、豁免债务相结合，公司以账面净值为 381 577 385.62 元的资产（其中，其他应收款 283 746 466.99 元、预付账款 23 313 610.49 元、应收补贴款 74 517 308.14 元）抵偿所欠的第一大股东——通化市永信投资有限责任公司（以下简称"永信投资"）的等额债务，同时永信投资以其所持公司债权归还所欠本公司欠款 32 232 297 元（含已计提的坏账准备 3 112 777.73 元）后，永信投资豁免本公司其余全部欠款计461 290 753.24 元。股权分置改革方案实施后，以 2006 年 5 月 31 日为基准日，公司净资产增加了 924.28%，每股净资产上升为 1.15 元，资产负债率（母公司）降低至 20.77%。

3. 企业关系应用：交易设计

企业在长期的市场交易中，与供应商、经销商之间形成了利益共生关系，这种关系也被某些上市公司利用，其方式是通过与找到的关系企业协商，签订上市公司拟定的交易合同，形成交易凭证，帮助上市公司达到预期收益目的。在资本市场会计实务中流传着一种真实盈余管理的方式：通道填充，即公司在销售渠道中填充商品，然后公司宣布已经将这些商品售出。在我国不但有上市公司利用通道填充进行盈余管理，而且通过关系联系到非经销商配合，使通道填充出现新的形式。如某公司 2003 年年报披露，该公司 2003 年度销售给报刊媒体及广告公司的产品（药品、保健品及食品）使应收账款增加了 2.79 亿元，货款由媒体和广告公司承诺在未来 1~3 年内以广告版面偿还本公司债务。

随着会计准则的完善和相关领域的改革，企业可利用关系的内容和方式也在变化。银企关系被利用的机会在减少，关联关系利用的方式越来越隐蔽，关联交易非关联化，非关联关系利用也将越来越多。从微观角度，上市公司利用关系资源，提升了所报告的会计业绩，改善了股价的市场表现，维护了公司利益相关者的短期利益。但是，关系资源的调动和利用，

---

① 参见《通化金马药业集团股份有限公司股权分置改革实施公告》，http://finance.sina.com.cn，2006 年 8 月 4 日，中国证券网－上海证券报。

一方面占用上市公司管理层的精力；另一方面根据资源依赖理论，滥用股权关系，可能使上市公司丧失自主权，被大股东所控制。大股东往往帮助上市公司保住融资资格，后谋控制权利益，导致上市公司缺乏自身独立发展的能力，降低了企业竞争能力，损害双方中小投资者利益。

从宏观角度，这种行为具有严重的负面影响。首先，这种短期"救急"操作，改写了企业财务报告的业绩，但是并未从根本上提高企业盈利能力，降低了会计信息的客观性和相关性，干扰市场机制对经济资源优化配置的作用。其次，调动政企关系，异化了政府税收优惠和财政政策的初衷，这不但破坏了财政税收制度的严肃性，而且干扰了财政税收杠杆的正常作用，影响政府正常职能的行使。调动其他利益相关者关系，破坏了正常的经济利益关系，破坏了市场经济的秩序。

由上述分析可知，正如社会资本具有负面效应一样，关系资源的会计作用效果也具有负面性。从企业个体理性的角度，利用关系"管理"财务报告，实现理财目标是合情合理的选择。从社会角度看，如果企业利用这些关系资源操纵盈余，不利于会计目标的实现，那么它们就是社会排斥性资源。为了提高财务会计报告的质量，保证会计目标的实现，我们应该在改革过程限制企业对关系资源的滥用。

§6.4 会计人力资源与会计准则执行能力

☛6.4.1 会计人力资源对会计准则执行能力的作用机理

企业的财务会计报告过程是在企业具体目标引导下能动地反映经济真实的过程。企业会计决策者同时是企业经营者，有能力创造性地安排经济事项的发生过程和结果，其规划和控制能力直接影响交易或事项发生的质量。会计部门负责人是会计决策的参与者，会计人员作为会计准则的执行者，其工作的效率和准确率直接影响了会计准则的遵从成本，影响了财务会计信息的质量。除了主观动机外，会计人力资源水平还可以从以下方面影响会计准则执行效果：

（1）是否正确理解准则。企业会计准则是会计信息的利益相关者所达成的一套专业性的公共契约，会计准则本身是复杂的，需要会计人员正确理解具体会计准则对交易或事项的界定，掌握确认、计量和披露的基本原则和具体方法。正确理解会计准则可以避免会计准则的滥用。

（2）是否把握交易和事项的实质。会计处理过程是运用会计准则对交易和事项进行会计处理的过程，对交易和事项经济实质的准确把握是正确执行会计准则的前提。交易或事项的经济本质常常会被其形式所掩盖，会计人员对每一个交易事项的形式和实质准确把握，是正确进行职业判断的前提。

（3）是否能够进行合理的推理。相对于丰富多彩的交易或事项，相对于经济业务的不断创新，会计准则是不完备的，这导致会计领域存在许多公共领域，需要会计人员发挥主观能动性，进行合理的职业判断，弥补会计准则的不完备。吴水澎、刘启亮（2005）根据会计规则是否对会计事项作出相应的处理规定，将经济业务分为确定性处理的会计事项与不确定性处理的会计事项。如果由于会计人员不能以会计准则理论为指导，根据基本会计准则提供的会计原则，合理地推定不确定性会计事件的会计处理，则可能影响财务报告质量。

（4）是否能够秉承独立客观原则。如果会计信息是一种纯粹的会计技术产品，则会计人员基本上都会保持独立客观的原则进行会计处理。但是，当会计信息与企业契约联系起来后，会计信息就具有了经济后果。这时，会计人员就面临着各方面利益诱惑或权力制约，会计活动过程就成为一个权衡的过程。会计准则所提供会计政策的可选择性和会计准则的公共领域为这种权衡和选择提供了可能。会计人员能否抵制各种压力或诱惑，坚守独立性原则是影响会计信息质量的重要因素。

如果会计人员能够高效、准确、独立地遵从会计准则，一方面将会减少财务报告的直接人工成本，减少因重大错误和遗漏造成财务会计报告的重编而给企业带来的声誉损失和成本；另一方面，提高财务会计报告的质量有利于提升企业信用等级和声誉，将会提高企业遵从会计准则的期望收益。

影响会计人员会计准则执业能力的主观因素包括：

（1）会计人员的知识和能力。国际会计师联合会（IFAC，2003）按照功能法和能力法结合起来思路提出职业会计师角色和会计师职业能力。与职业会计师相关的领域至少应包括财务与会计报告、审计与鉴证（内部和外部）、管理和成本会计、税务、财务管理、一般管理、IT 技术、公司治理与伦理。职业团体可以在该基础上视具体情况拓展。职业会计至少应具备与核心领域职能相匹配的知识、技能和职业价值观。知识可以分为一般知识、组织行为和经营知识、会计与会计相关的知识及信息技术。能力包括技术技能、分析与设计技能、理解技能、人际关系协调技能和组织技能、应变技能。职业价值观包括正直、客观、独立、遵守职业道德、关注公众利益和社会责任、终身学习的品质。知识和能力的缺陷往往会造成会计人员职业判断和操作能力的供给不足，影响到其执行会计准则的能力。

（2）会计人员的职业道德约束能力。会计人员的职业约束机制包括正式制度和非正式制度，前者指以法律和法规等形式颁布的有关会计行为的法规，后者指会计人员的职业道德。大量事实证明，由于制度成本和有限理性的约束，正式制度安排至多处于点完备状态，不完备性是法律制度的常态，因此，如果没有会计人员自我约束，任何法律和规范都不能产生很高的效率。职业道德包括主观职业道德和客观职业道德（吴水澎、刘启亮，2005），客观职业道德是由会计行业管理主体以正式文件强加给会计人员的行为义务，其作用机制接近正式制度安排，只是不需通过正式的惩罚机制保证实施。主观职业道德是会计行为主体自身对会计职业的信念和责任感，这种自我约束能力越强，主体自愿、公正地遵从会计准则的能力就越强。

（3）会计人员面临的压力。由于会计人员的经济利益和职业前途与其所服务的公司命运是一体的，而且在面临执法抉择时，其承受的来自企业内部的压力是可置信的、确定的，而来自职业监管部门压力是不确定的。所以，从利益需求和认知心理的角度，很多会计人员可能具有冒险心理，屈从于领导安排。

6.4.2 我国会计人力资源现状与会计准则遵从水平关系

根据王华、庄学敏（2005）对上市公司调查，目前具有本科以上学历的会计人员占46.77%，具有研究生以上学历的为2.49%，具有会计师以上职称的占38.39%，4.04%获得注册会计师考试全科合格证书。从我国对各层次资格要求内容看，具备会计师资格的人员具备比较全面的会计知识，会计职业判断能力相应也比较高，但目前达到这一要求的人员不到

40%。而我国会计标准和相关法律制度正处于巨大变革时期，对会计人员的知识更新要求比较高。从会计人员的调查情况看，会计人员后续教育还存在死角。如许家林（2005）主持的"关于我国会计规范体系建设的调查"发现，对《会计法》、《企业会计准则》、《会计基础工作规范》、《企业财务报告条例》、《企业财务通则》、《内部控制规范》等通用型会计规范比较熟悉，但对《总会计师条例》和《金融企业会计制度》等特殊会计规范熟悉的人数不到50%；对1997～1998年颁布的会计准则基本都了解，但对2000～2001年间颁布的新准则和2001年修订准则了解的程度则依次降低。各单位组织学习《会计法》、《企业会计制度》的比例分别为92.65%和94%，高于学习具体会计准则的比例86.5%，而对《内部会计控制规范》的学习率仅为69.85%。从以上调查发现看，我国会计人员的职业能力还需要大幅度提高，否则，即使不考虑契约性要求对会计信息的影响，也不能保障会计准则被恰当地执行。

暂且不考虑故意不遵从会计准则导致的财务会计报告质量问题，从我国上市公司报告中存在着纯粹技术上的错误可以看出，我国会计人员的执业能力并不高。

上海物贸信息工程公司对1999年3月1日～3月16日刊登年报的59家上市公司年报编制的正确性进行分析，结果发现13家上市公司年报编制不平衡，占上市公司总数的22.03%，不平衡涉及项目数23个，会计数据和业务数据摘要出现错误的共有12家上市公司，占上市公司总数的20.34%，错误涉及项目为17个（吴联生，2003）。

祖建新等（2005）以在上海证券交易所和深圳证券交易所上市的1 199家A股上市公司2002年度年报为样本，按照《企业会计制度》和《金融企业会计制度》所给出会计报表格式，运用报表项目应有的逻辑关系，对会计报告进行检验发现：有545家上市公司会计报表未通过勾稽检验，占总数的45.37%，尾数不符、笔误、遗漏等问题比较普遍。

张为国、王霞（2004）统计了1999～2000年有402家公司披露以前年度存在的重大会计差错。其中5家未披露调整金额，12家涉及账目之间调整，不影响损益；42家是以前年度少计了利润；343家公司会计差错是以前年度高报了盈余，占样本总数的86.4%。他们的研究结论认为：盈余增长缓慢，资产负债率越高，以及亏损公司的经理人员出于职位安全的考虑，更多地利用高报错误进行盈余管理；外部审计监督对高报的产生没有显著的解释力，高报错误的样本与配对样本的审计意见也没有显著的差异，注册会计师并未给予存在高报错误的报表更多的非标意见。但是，我们不能凭借统计性研究结论否定非故意性会计处理差错的存在，这种差错从会计凭证的编制就已经存在，不是内部控制和外部审计能够轻易发现的。从会计工作的要求看，我国会计人员还有待于提高其职业能力。

本 章 小 结

（1）会计资源是企业为实现会计行为目标可以利用的法律、信息、技术、人力资源、事件和各种关系的总称。会计资源按来源可以分为内部会计资源和外部会计资源。内部会计资源是企业可以直接控制的资源，而外部会计资源需要企业通过与相关利益主体进行主动地沟通、游说等手段才能够被利用，需要经过转换成财务会计活动相关的方面才能成为会计资源。

政治体制和法律制度、企业组织制度和市场共同形塑了企业的资源能力，企业所占有资源及其所形塑的会计准则执行能力决定了企业适应会计准则的变迁能力和实现会计行为目标的能力。不同的会计资源从不同的角度影响企业执行会计准则的能力和效果。本章重点探讨其中会计人力资源和关系资源对企业会计准则执行能力的影响，并从提高会计准则遵从效果的角度提出政策建议。

（2）资源依赖理论说明，企业管理层充分调动企业的关系资源，选择风险最小的满意方案是情理之中的选择。关系资源的利用受到经济基础与组织条件的限制，这些条件涉及法律制度、执法环境、政企关系、企业治理等因素，不同国家这些条件不一样，也形成不同模式和质量的财务会计报告。

（3）我国上市公司对关系资源的利用与发达国家不同。国外利用关系影响企业财务报告过程的宏观制度环境或市场竞争优势来实现企业财务战略；我国是企业直接利用关系资源进行盈余管理，关系资源的作用体现为缓解会计准则遵从压力，提升企业对资本资源的市场竞争能力。

（4）会计人员作为会计准则的执行者，其职业能力决定了工作的效率和准确率，直接影响了会计准则的遵从成本，影响了会计信息的质量。许多的研究从我国上市公司报告中存在着纯粹技术上的错误方面分析了我国会计人员的执业能力有待提高。

（5）我国企业在生存博弈下利用了股权关系、债权关系、政企关系和企业间的关系资源进行盈余管理。这虽然降低了不遵从会计准则的水平，但是，过度的盈余管理导致我国会计信息质量并不高。随着法治建设和政府行为的规范，许多不相容的会计资源将被限制使用。所以，从长远角度，提高相容性资源的支持能力，约束不相容资源的使用，建立规范的会计准则遵从资源支持系统，是提高我国财务报告质量的必要选择。

第 7 章

情境要素协同作用下的企业会计准则执行

通过情境要素对企业执行会计准则的作用机理的专题分析，我们认识到，不同的情境及其产生的机制对企业执行会计准则都有着不同的作用机理和效果。但财务会计实践是情境要素相互协调、共同作用的过程，情境要素的相互作用形成情境架构，情境架构与会计准则执行诸要素构成了一个企业财务会计的工作系统。按照系统的研究方法，前几章是将这个系统分解成为子系统，进行了部分分析和重构，遵循的方法论是还原论。在这种研究方法下，虽然对问题的认识可以越来越精细，但对系统的整体认识反而越来越模糊，需要结合整体性分析。因为，系统由于其各个组成部分的相互作用、相互制约将会涌现出一种相干效应，即结构效应。整体性的研究可以从情境要素协同作用下的结构效应认识会计准则执行的特点和财务报告质量的形成机制，可以从情境架构演化的角度认识高质量财务报告的过去和未来前景。所以，只有将还原论与整体论结合起来，才能建立起企业会计准则执行的理论框架。

本章研究思路是从前面几章的还原论回到整体论，研究目的就是要从整体角度认识会计准则执行问题。首先，本书从系统论的角度提出情境架构下企业会计准则执行的系统观点，并构建了会计准则执行的系统框架；然后，通过会计准则执行系统的历史演变分析，揭示会计准则执行情境发展的不平衡性及其对企业会计行为形塑（Moulding）的历史过程，突出在时空脉络中情境与会计行为的互动过程；通过中国与美国的比较，从系统、整体的角度揭示情境要素作用方向的一致性、互补性对提高会计准则遵从水平，提高财务报告质量的重要性，这对从整体角度认识和整合会计准则执行的情境架构具有重要启示；最后，从会计国际化的大背景去认识情境要素的国际趋同对财务报告质量的影响，认识中国所面临的机遇和挑战。

§7.1　企业会计准则执行的系统框架

☞ 7.1.1　企业会计准则执行的系统论观点

1. "情境—会计准则执行"是一个财务会计工作系统

"会计系统是由相互联系和相互作用的若干组成部分结合形成具有特定功能的有机整体。"[①] 于玉林先生提出会计工作系统是由会计主体、会计客体和会计软体三个要素构成。现代财务会计是一个在规则约束下的会计工作系统，笔者理解情境架构中内生的会计准则执行机制是会计软体的组成部分，依存于特定会计环境。会计准则及其实施制度体系依存于一个国家或地区的政治和法律体制；会计信息需求情境依存于资本市场；资源是制度和市场等多因素共同作用的产物，其中关系资源情境依存于制度和市场所形塑的政企之间、银企之间及企业之间的关系，会计人力资源水平依存于会计教育与培训环境；会计治理结构与公司治理基本同构，会计治理机制与公司治理机制形成互动关系并依存于企业组织制度。所以，情境架构下的会计准则执行是一个财务会计工作系统，具有嵌入性特征。

对会计系统的分析有很多方法，其中按照会计系统要素的组成部分进行分别研究可以说是一种横向划分子系统的研究，本书按"会计准则执行主体—会计准则执行情境—会计准则执行行为—财务会计报告"的研究是一种纵向划分子系统的研究方法，如图 7-1 所示。

---

① 引自于玉林著：《现代会计哲学》，经济科学出版社 2002 年版，第 120 页。

图 7 – 1　情境、会计准则执行机制、会计准则执行行为和财务会计报告之间的关系

从整体角度看，财务会计工作各子系统将相互作用、相互制约，使其呈现出一般系统所共有的特征：目的性、层次性、有序性、开放性、封闭性、功能性、技术性、适应性、整体性。情境要素与企业会计准则执行行为互动形成了会计系统的秩序，即会计域秩序。

2. 财务会计工作系统的秩序

秩序是符合可识别模式的重复事件或行为，包括行动秩序和规则秩序（柯武刚、史漫飞，2000）。行动秩序是在进行调适和遵循规则的无数参与者之间形成的互动网络的秩序，或称为行动结构。规则秩序是由业已产生规则系统构成的内部严密、逻辑一致的组合。规则秩序可以通过人为的设计产生，也可能是在原有的社会习惯的基础上自发地演化出来。财务会计工作系统秩序是规则秩序和行为秩序相互作用的整体。

掀开情境架构的面纱，可以看到情境背后的经济主体，看到这些经济主体与企业会计行为主体之间的互动方式及其对会计行为的影响，看到企业会计的嵌入性特征使现代财务会计行为处于一个复杂的关系体系中，这就是会计域的网络结构。通用会计规则与剩余会计规则形成了会计技术规则秩序，利益相关者之间的相互博弈形塑了企业的会计行为秩序，而财务会计报告成为评价会计秩序的"晴雨"表。财务会计信息的大面积失真说明了会计工作系统的结构处于耗散结构状态，会计准则执行机制是低效的，会计秩序有待于整顿和提高。会计治理就是要整顿会计域秩序，但其前提是必须认识会计域秩序的特征。

（1）衍生性。现代财务会计系统是要素所有者在合作生产中产生和发展起来的。马克思经济学认为，人类的物质财富的生产过程依赖于生产资料、劳动力、劳动对象相结合的过程，人类经济活动过程就是一个合作分工的过程。这种合作的过程形成了哈耶克笔下的扩展的秩序。这种扩展秩序里一个重要功能就是参与者共同获益。现代会计通过计量要素所有者的投入和报酬，维护企业法人与要素所有者之间的契约关系，保护他们的共同利益。而且，会计信息作为企业要素投入和产出的替代，成为要素所有者和企业之间交流的媒介，通过在资本市场上信息公开披露机制，为不断扩大的合作秩序提供了交流的信息基础。所以，会计作为扩展秩序的产物也具有了嵌入性，而且会计的嵌入性是企业嵌入性的衍生物，这个衍生物对企业契约的维护和扩展秩序的发展具有重要作用。

现代会计的情境架构是随着现代企业制度和资本市场的发展而发展起来的，随着企业规模和资本市场从国家和地区范围扩展到全球范围而得以扩展。从嵌入性的角度，我们看到会计对不断扩展的经济合作秩序的重要作用，理解了在世界范围内协调会计规则秩序的必要性，意识到全面建设高效率的会计域秩序的艰巨性。会计国际化将使会计及其所服务的人类合作的秩序前景变得更加广阔。

（2）目标的抽象性。回顾会计准则和资本市场会计的发展，我们发现，公众利益是指导会计系统秩序发展的目标。现代企业这种合作秩序的出现，并没有改变经济学对人性的基本假设，没有否定个体对自身利益追求的合理化。但是，财务会计系统提供了一个使任何社会成员都可以将自己的知识用于个人目标的共同架构。因此，会计系统秩序的目标是不可以、也不可能被定义为个体所要达到的已知的特定结果的总和，它仅仅提供一个抽象的、公正的会计域追求的秩序目标，即为了实现处于合作秩序中公众的利益。从这个意义上，财务会计工作系统作为一种以人为设计为主的秩序，其目标只能是一个抽象的目标。

（3）适应性与整体性。世界各国的会计环境各具特色，因此嵌入其中的与会计相关的法律制度、会计信息市场需求、会计资源和公司治理各具特征。当各种情境作为一个整体架构存在，其蕴涵的对企业执行会计准则的作用机制则构成一个机制框架，会计准则执行机制的系统框架也就具有时代特征和区域特征。企业会计准则执行主体既然是情境架构下积极的、具有适应性的主体，则现代企业的会计准则执行行为必然具有适应性，适应性特征则是情境架构整体特征对企业会计准则执行行为作用的表现。

各种情境要素对会计准则执行决策的作用机制不同，情境要素与财务会计信息质量之间的相关性特征不同。在情境架构下，由于各种机制之间的互补、替代、相抵等相互作用，产生一种协同作用，这种作用结果就表现为企业会计准则执行行为特征和财务会计信息质量特征。这就是会计工

作系统的整体性特征，是系统结构效应。情境架构的时代性和区域性及其
会计行为主体的适应性，造成各国会计系统结构性效应不同，会计准则的
遵从水平不同，财务会计信息的质量特征不同。

（4）嵌入性与演化性。企业的嵌入性特征说明了企业作为一个微观主体
并非是一个独立的原子性单位，而是通过企业关系潜入到社会网络之中。现
代企业作为一个契约的耦合体，反映了各类要素所有者在社会经济活动中的
合作方式以及所形成的合作秩序。企业会计行为及其情境以企业的契约关系
为纽带，随着社会经济、制度和市场机构及其企业制度的变迁而共同演化着。
而且，这种演化速度和特征离不开整个会计系统所处的国家环境和国际背景。

☛7.2.2 "情境—会计准则执行"互动的系统框架

情境架构内涵各种机制互为支撑、相互牵制，形成会计准则执行的机
制系统。企业会计就在这个机制系统下运行，并与之一起形成了财务会计
的系统框架。这个系统框架的骨干是"情境—机制—会计准则执行行动
—财务会计报告"，其中情境蕴涵的会计准则执行机制的系统效率决定着
会计准则遵从水平和财务报告的质量；会计准则执行的行为及其结果反过
来又推动着会计准则执行机制的变革和情境的再造（见图7-2）。

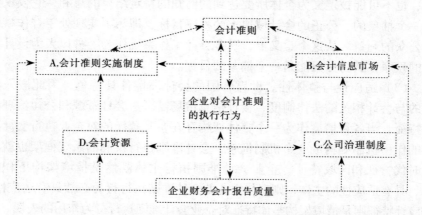

图7-2　情境架构与会计准则执行互动的系统框架①

---

① 说明：会计准则与情境要素也存在相互关系，基于要突出的骨干内容，这部分图中没有
完全标出。

高质量的会计准则为公平处理利益相关者的关系，公正地评价和反映公司治理绩效提供了制度基础。高质量会计准则有利于减少会计职业判断的模糊性，合理确定会计政策选择的空间，保证了会计信息使用者信息需求的满足。高质量的会计准则具有较高的被自动执行的能力，有利于减少对强制性制度的依赖。

公司治理制度是会计准则的自我执行机制。通过激励和监督机制的合理设计，对企业会计决策者自我遵从会计准则产生有效激励，将对会计信息需求激励和会计准则强制实施制度产生替代效应，为保障会计准则的高效遵从提供有利的支撑。

会计信息使用者对会计信息的评价和利用是第二方对企业执行会计准则的激励，有效的会计市场需求激励使企业遵从会计准则，提供高质量会计信息的行为建立在与信息使用者双赢的原则之上。在新兴的市场经济国家，缺少了有效会计信息需求的激励，企业高质量的会计信息披露可能带来企业成本的提高而无相对的回报。所以，高质量的财务报告必然要以高效率的强制性执行机制和公司治理制度为条件。否则，高质量的会计信息只是公众的期望。

会计准则实施制度安排是会计准则遵从的第三方强制执行机制，是一种高成本的、保障会计行为社会公正的执行机制。在会计准则出现早期，会计准则实施制度发挥重要作用。随着自我执行机制和市场激励机制的日益完善，强制实施机制将慢慢退为一种预防性机制，但却是不可或缺的，因为，如果没有威慑性制度安排，自我执行机制就失去了外部支撑。

高质量的会计资源为会计准则的强制遵从和自我遵从提供了有利的支持，使整个会计系统运行建立在一个良好的社会关系基础之上。

以上会计准则执行机制必须相互适应，互为补充，形成一个高度协调的机制系统，才能促进财务会计信息质量的不断提高。而企业会计信息质量对会计准则执行机制的效率形成反馈机制，使企业与会计监管者、会计信息使用者等多方在反复博弈过程中，不断调整自己的策略，改变情境要素的特征，促进制度完善和市场机制的发育，改进公司激励和监督机制，以减少各种机制作用之间的冲突，提高其协调性和作用效果的一致性，以促进企业会计行为越来越规范，会计准则遵从水平不断提高，财务会计报告质量逐步提高。如是，情境及其机制与财务会计行为的互动将逐步形成一个良性的会计工作系统，形成一个相对平衡的开放系统。当会计环境发生变化，原有的系统平衡被打破，将诱致新一轮宏观制度和企业制度的创新，整个会计工作系统将进入一个新的创新的过程。

高质量财务报告产生于会计准则执行的有效性，而会计准则执行的有效性依赖于会计准则执行机制整体结构的协调和动态有效。但是，在不同经济发展阶段和不同经济体制下，各国的制度、会计信息需求、会计资源和公司治理情境发育是不同的，这决定了现实中会计准则执行机制体系并不完善。因此，在同一国家或地区发展的不同阶段或者同一时期的不同国家或地区，形塑财务会计行为的主导因素是不同的，使会计准则执行表现出不同特征。

§7.2　情境要素协同作用下企业会计准则执行：历史分析

☞7.2.1　情境架构与企业会计行为的演化过程

从传统会计到现代财务会计经过了一个历史演变的过程，情境架构就是在这一过程中逐步形成的。在情境架构的演变过程，财务会计报告的实践也在逐步地规范化。会计是按照"企业生产方式的转变—资金需求的扩大—企业组织形态的演变—会计信息产权再分配—情境架构及会计行为演变"这样一个逻辑发展的。本书追溯这一历史发展过程，解释情境架构的演化和财务会计报告实践的关系。这将使我们通过对会计准则执行情境系统发育过程的梳理，认识财务会计报告质量形成机制的阶段性和差异性。

1. 业主企业："业主垄断"下的会计行为

业主企业规模较小，企业的所有权由业主独享。在这种情况下，不存在委托代理的关系，不存在现代意义上的所得税体系。这时，企业会计主要是服务企业管理，会计提供的信息是为了用于产品生产和劳务提供，可称之为经营会计。经营会计的信息是企业家的私人产品，如何生产及其如何报告完全是企业家自己的事情。会计信息需求与供给合一，会计信息供求呈现"点"状特征，不存在会计信息的外部性，企业会计处于自我运行阶段。

当个人财富积累到一定程度，业主可以委托专门的管理者代理企业经营，业主拥有企业绝对的所有权以及会计信息产权，向业主报告受托责任是委托代理契约的一部分，这时人力资本相对于财务资本处于弱谈判力时期，代理人只领取固定报酬，业主实质控制企业，因此拥有会计决策权，会计信息需求与供给处于"直线"状态，实质仍是"点"状态。

2. 合伙企业："需求者集体监督"下的会计行为

在合伙企业中，有的合伙人并不参与企业的管理，所有者和管理者出现部分分离，受托管理企业的合伙人负有向其他合伙人报告企业财务和盈利信息的义务。但是，会计信息并未受到代理问题的影响，因为合伙企业的机制具有自我监督的效应：①由于股权不能转让和合伙人对企业的无限责任，激励着每一个合伙人去监督受托经营的合伙人；②有限合伙人的集体行动的成本相对不高，使合伙人通过契约行使权利，保障自己知情权成为可能；③合伙人对合伙企业责任的无限性，对受托管理企业的合伙人形成自我约束，减少了滥用职权的行为发生。所以，合伙企业的会计行为仍然属于"合伙人集体监督"的性质，会计信息需求主体对会计信息生产具有直接控制力，呈现"合伙人需求—受托合伙人会计信息供给"线状特征，属于强会计信息需求机制直接作用阶段。

3. 公司制的早期阶段："需求者监督＋公司自我治理"下的会计行为

在有限责任公司中，由于企业规模不断扩大和企业运营环境日趋复杂，受到个人知识和管理禀赋的限制，所有者直接经营或委托少数亲信管理企业逐渐变得不可能，职业经理层开始出现，会计信息的供给和需求正式分离。但是，这时企业处于股东重心主义阶段，代理人只享有合同控制权，由投资者组成的"出资者委员会"直接行使除了管理者控制权以外的所有权力。由于各投资人投资份额较大，股东人数有限，股东联合起来选举"出资者委员会"，解决了委托代理关系带来的信息不对称问题。所以，公司制的早期阶段，会计信息属于所有者和代理人共同控制的产物，

"会计信息具有俱乐部物品性质"。①

　　随着委托代理关系的发展，有限责任公司已经形成了稳定的会计信息需求力量，出现了由出资者委员会和管理者共同组成的公司治理结构。由于投资者具有集体参与企业决策和控制的能力，企业的剩余索取权和控制权是直接匹配的，会计信息的外部性被内化在投资者之间，会计供求模式是"投资者会计信息需求—出资者委员会 + 管理者会计决策—会计人员执行"的扇状特征，会计信息属于微观机制作用结果。

4. 现代企业："立体式情境架构下"的会计准则执行行为

　　股份公司出现后，随着股份发行和流通，股权日益分散，企业的利益分享结构和方式发生了变化。资本所有者不仅以股利的形式分享企业剩余收益，而且可以通过有价证券的买卖分享企业市场收益，资本市场使会计信息使用者进一步扩大到社会潜在投资者。管理者和员工持股计划的推广，人力资本也参与了企业剩余分享。同时，企业所得税的出现，国家也成为会计信息的使用者。这些变化使会计信息的外部性效应凸显，会计信息具有了公共物品的性质。

　　委托方受交易成本的限制，联合起来行使集体决策权和监督权是不经济的、低效的，出现越来越多"搭便车"的行动者，企业的权力重心转向管理层。结果，股东取得了法律和合同规定的控制权和剩余索取权，而管理者获得了剩余控制权。管理层享有会计决策权，其管辖下的会计机构享有会计执行权。由于委托和代理人追求的效用目标不一致，在内部人控制下，会计信息作为代理人受托资源及其经营绩效的反映，是企业确定员工、股东和国家等收益分配参与人所应分享利益的基础，是企业向要素所有者募集财务资源的依据，财务会计报告就不可避免地也成为机会主义行为的产物。

　　会计信息需求的激励机制因投资者分散化和非理性而弱化，上市公司的机会主义会计行为缺乏第二方的监督。在本书第 2 章论述过，企业会计行为动机和会计社会目标是有差异的，当这种差异失去外部机制的约束而过重依赖公司自我执行机制时，虚假会计信息开始出现。虚假会计信息进一步扩大了资本市场的泡沫，当泡沫破裂，经济危机就必然发生。1929 ~

---

① 参见杜兴强：《契约·会计信息产权·博弈》，2001 年厦门大学博士论文，第 28 页。

1933 年世界经济危机的发生，使会计信息的外部性被世人所重视，政府对资本市场的会计管制地位才正式确立。可见，会计管制情境的形成和进入会计工作系统，弥补了会计信息需求社会化而导致的市场需求机制的弱化，缓解了会计信息供给者势力强化所造成自我执行机制的乏力，是会计准则执行机制互补性强化的革新之举。

在企业管理者和管制者之间反复博弈的过程中，会计准则及其实施的制度体系日益完善，形成了企业会计运行的制度情境，会计也就成为宏观机制和微观机制的共同产物。在"会计制度＋会计信息需求＋公司治理制度"的情境架构下，会计行为成为会计规范约束性行为，即会计准则的执行行为，财务会计报告从直接报告转变成标准化的公开披露。

随着会计业务和制度创新，以及会计专业化和标准化的发展，会计本身成为一个专门职业，会计人员的能力成为企业会计重要资源。而企业会计信息的社会性，利益相关者对会计过程的干预，关系成为影响会计准则执行的重要资源。会计资源影响上达会计管制过程，下至公司治理，成为联结宏观机制和微观机制的重要因素。由此，现代会计情境的"立体"架构形成，企业财务会计成为一个情境架构下会计准则的执行过程。

7.2.2 我国国有企业会计准则执行的阶段性特征

1. 1949～1980 年的情境架构与会计制度执行

新中国成立后，为了保护新生的社会主义国家政权，通过没收官僚资本和对私营经济进行改造，逐步形成了"一大二公"的国有国营的经济格局，为中央政府实行有计划的社会主义经济提供了经济基础。同时，针对当时的国内外政治、经济形势，确立了优先发展重工业的国民经济发展战略。为了实现社会发展的目标，政府采取了"统收统支、统负盈亏"财政经济体制，不但控制了企业的剩余分配，而且企业的固定资产折旧费也要上缴财政，由政府统一安排使用。国有企业的供、产、销和人、财、物等一切经济活动都通过计划安排，由计委、物价、劳动与人事部门、财政和各行业主管部门分享，计划替代了市场，企业没有经济自主权。这种情况被形象地描述为：国家是一个超级大企业，国有企业是国家这一

"大企业"的一个工厂或车间，而国家财政事实上成为这个"大企业"的财务。因为企业人事安排及工资和福利制度由国家统一规定，与企业经济效益没有直接关系，企业既不负盈也不负亏，所以，企业内部人与会计收益没有利益关联。在此情形下，会计信息主要是为国家计划管理服务，为实现社会产品的初次分配和再分配服务。

但是，在高度集中的计划经济体制下，国家与企业管理层存在事实上的委托代理关系。国家作为会计信息的需求者与企业管理者之间仍然存在信息不对称。虽然企业收入分配体制割断了管理层与企业利益的直接联系，限制了道德风险等代理问题出现，但是，管理层的浪费和渎职行为是难以避免的。所以，国家通过制定严格的、刚性的财务制度对企业财务活动进行管制，通过实施分所有制、分行业与分部门的统一会计核算制度，对企业会计核算过程进行严格控制。企业几乎没有剩余会计规则制定权，企业会计信息揭示采取层层上报的方式，形成纵向的会计报表制度。上级主管部门通过会计报表对企业计划执行情况进行考核。这就是所谓"计划决定财政，财政决定财务，财务决定会计"的财务与会计管理模式。可见，当时企业会计运行的情境架构是由宏观管理主导的会计信息需求，严格的会计制度体系，行政主导的公司治理。① 在此情境架构下，财务会计行为属于被动的、盲目的遵从制度的行为。

但是应该指出的是，在这一阶段中，会计工作曾经经历过"三起两落"，会计工作规范始终没有系统建立起来。尤其在"大跃进"和"十年动乱"这"两落"阶段，中央会计管理部门被撤销，会计制度被视为"管、卡、压"而处于事实上的无效状态，会计工作实际上是无规范可循，在厂长、书记的考核和晋升激励制度下，有时会计信息沦为政治工具，会计制度的遵从行为曾经变成遵从厂长和书记命令的行为。在浮夸成风的年代，会计信息失真业已存在。

2. 1981～1991 年情境架构局部演变中的企业会计制度遵从

从 1978 年开始，我国开始实行对外开放、对内搞活的经济改革，

---

① 郭金林（2002）提出我国企业公司治理 1949～1952 年执行民主管理委员会制度，1953～1957 年执行科室一长制，技术专家负责制，1958～1960 年是书记挂帅制，1961～1965 年是党委领导下的厂长负责制，1966～1978 年实行党的一元化领导。其特点表现为治理主体一元制，治理机制行政命令制，激励机制职务晋升制（笔者加）。

改革的显著特征就是"以增量为主的渐进式改革",即对体制内的存量部分在维持原有格局的基础上进行局部改革,对增量部分进行全面改革。会计改革始终围绕着经济改革的目标和步骤,并服务于经济改革。如对国有企业折旧制度和留利制度进行逐步改革,是服务于国有企业放权让利的改革和拨改贷的改革;制定《中华人民共和国中外合资经营企业会计制度》(1985 年 3 月)及其《关于中外合资经营企业、外国企业委托会计师查账的若干规定》(1988 年 12 月 26 日颁布),《股份制企业会计制度》等都是适应于新增的外商投资企业、股份制企业的国际化运行模式。

在改革的初期,虽然搞活企业的系列改革扩大了企业自主权,但"计划决定财政、财政决定财务、财务决定会计"的财政经济体制并没有根本改变。① 同时,没有形成市场化会计信息需求主体,国家对国有企业的"父爱情结"延续为"母爱情结",形成企业负盈不负亏,银行预算软约束。因此,改革并没有使国有企业对外成为独立的经济主体,对内没有形成规范的公司治理结构。这一切导致企业缺乏自身追求的财务目标,会计主体行为体现了内部人自利的特征。在企业留利和承包契约下,企业会计行为目标是扩大当期利润,提高包括管理层在内的职工收入,增加管理者升迁的砝码。企业会计决策的偏好是不提、少提折旧,潜亏挂账,虚夸利润,其结果造成会计信息失真现象日益严重。

3. 1992～2004 年情境架构全面形成时期会计准则执行

从 1988 年起,我国会计学术界和财政部会计司开始酝酿构建"企业会计准则"。1992 年随着社会主义市场经济体制改革目标的确立,我国进入全面经济改革阶段。①1992 年底,财政部颁布了《企业会计准则》,并对原有会计制度进行改革,制定并颁布了十三个行业的会计制度。为了保证会计准则和制度的执行,修订了《中华人民共和国会计法》,颁布了《中华人民共和国注册会计师法》等系列实施制度。在经济体制转轨过程中,会计制度改革大量借鉴国际会计准则,但制度制定完全属于政府行为,具有较强的外生性制度供给的特征,企业会计主体对会计制度认可性

---

① 如1985 年《国营工业企业会计制度——会计科目与会计报表》保留了企业"三段平衡"的会计平衡表,会计体制转变是从1992 以后开始的。

不高，自我实施激励不足。会计信息披露的法律责任制度建设滞后，缺乏有效保护投资者权益的司法制度。[①] ②企业改革也随着税利分流和股份制试点改革而进入了现代企业制度建立阶段，我国国有企业逐步成为一个独立的经济主体，从形式上建立了现代公司治理结构，但是由于所有者缺位，实质上并未形成会计运行所需要的公司治理机制。③由于转轨过程中的国有企业普遍面临资金紧张、债务负担沉重、盈利能力较差的问题，为了解决国有企业资金紧张、资产负债率过高的问题，促进企业制度建立，我国开始在上海和深圳恢复证券交易制度，催生了中国资本市场。初建的资本市场的资金供大于求，市场有效性低，市场不能对高质量的公司信息披露以有效的激励。④由于上市公司特殊的上市背景和转制经历，客观上造成了上市公司先天盈利能力不足，关系资源丰富。同时，由于企业高管人员的基础薪酬与企业规模相关，业绩奖励与企业业绩相关度不高，但因与职工收入挂钩，受到人工成本增长水平的控制。这种激励机制使高管人员具有扩大企业规模的动力，上市、配股、增发成为企业、政府、管理者的共同目标。如何执行会计准则就成为企业为了筹资、应付业绩考核而形成的针对制度的博弈过程，出现了国外少见的盈余操纵现象。

随着制度约束力增强和政府职能的转换，企业能够从政府得到的补贴和优惠减免越来越少，资本市场约束力也越来越高，企业会计行为规范化程度有了很大提高，表现为会计信息质量整体有了大幅度提高。但是，对盈利能力比较差的企业来说，当企业可利用的资源在制度认可的范围内不能实现企业目标时，企业可能铤而走险——财务信息舞弊。在选择会计舞弊之前，上市公司也充分考虑其面临的风险，但是由于我国资本市场司法制度建设滞后，对违法会计行为打击力度不够，上市公司会计舞弊被发现的相对较少，付出代价较轻，这足以让更多的企业敢于冒险。

---

① 尽管我国《公司法》、《证券法》和《会计法》都涉及会计行为的法律责任，但是直到2002年1月15日最高人民法院发布《关于受理证券市场因虚假陈述引发民事侵权纠纷案件有关问题的通知》，民事赔偿责任才进入司法程序，但该通知设置了四项前置条件，这大大降低了惩戒机制的效果。为此，我国会计行为主体对违法行为选择成本很低，强制实施机制有效率低。

§7.3　情境要素协同作用下的企业会计准则执行：中、美比较分析

21 世纪初，中、美两国处于两种不同发展阶段，却同时出现了资本市场会计丑闻。美国属于发达的市场经济国家，经过百年之久的资本市场发展和民主法治建设，形成了相对完善的会计管制制度体系，有效会计信息市场需求机制，竞争性的企业行为和有限的政府权力，会计准则执行机制处于相对完善阶段；而中国是新兴的经济转轨国家，市场机制残缺，制度不完善，政、企关系尚未理顺，银企关系和企业之间关系比较密切，会计准则执行机制处于非均衡阶段。在这两种不同情境架构下，会计准则执行机制的协同效应不同，企业会计准则执行行为特征和效率存在着明显不同，那么，会计信息失真的原因和表现有什么区别？我们从中能够取得哪些启示呢？

7.3.1　我国上市公司会计准则执行的特点

我国上市公司会计准则执行的情境架构是在对传统财务会计系统改革的基础上形成的。由于会计改革与企业改革是平行推进的，会计改革缺乏市场体系、企业治理制度和政府行政改革的支撑，会计准则执行机制处于系统重建阶段，因此其表现出机制框架的不完善。残缺的市场机制意味着市场对企业会计准则遵从缺乏必要的激励；而不健全的公司治理机制使上市公司自我执行会计准则的机制弱化；自上而下的强制性制度变迁之路，会计人员对从传统的会计制度主导会计标准转向由会计准则主导的会计标准，还需要从基本概念和基本理念学起，这增加了财务会计报告成本。这些缺失增加了对会计准则实施制度的依赖，而会计信息披露质量水平取决于会计制度体系的完善程度。但是，由于我国法律制度和资本市场会计管制制度落后，强制威慑机制效率并不高。政府、大股东和银行之间的强关系机制的作用和会计人力资源的低水平，又进一步抵消了会计制度改革的效果。而随着企业自主权和会计政策选择权的同步扩大，企业的自主意识

和创造力被唤醒，建设中的会计准则体系为企业利用政策空子提供了良机。所以，企业执行会计准则表现为制度博弈特征。表现在：①最低信息披露，几乎没有自愿信息披露行为出现。②会计政策选择表现为针对会计准则的博弈过程。在企业实际业绩难以达到预期目标，威胁到企业理财目标的实现时，企业首先选择利用政府资源或关联企业资源进行盈余管理，而且盈余管理的方式随着会计管制政策的转变而变化。典型案例是关联交易规范的实施过程。我国上市公司最初偏爱的关联交易方式是资产置换；随着 2001 年财政部对《企业会计准则——非货币交易准则》的修改，限制了资产置换收益确认，资产置换的关联交易方法遭到冷遇，转向关联企业之间的资产买卖。2002 年《关联方之间出售资产等有关会计处理的暂行规定》出台，限制了资产出售收益计入当期损益，上市公司又转向利用关联方之间收购和转让股权之类交易，绕开直接资产出售进行利润调节。如此，针对具体的制度博弈还在进行，这种行为诱致政府不断进行会计准则和披露制度的变迁，会计准则和披露规范不断细化，由原则导向向规则导向变迁。③对会计准则制定保持理智的冷漠。所有者缺位，公司激励机制和监督机制不健全，管理层偏好于控制权收益和在职消费等隐性收入。① 同时，由于会计实务人员对会计准则制定程序公开性关注程度和认同感不高，缺乏参与准则制定的动力和条件。④会计舞弊屡禁不止，会计舞弊手段不断翻新。低效的会计准则执行机制，无法杜绝会计舞弊行为，但是在政府会计管制制度变迁过程和政府行为转变过程中，上市公司财务会计舞弊手段出现阶段性特征。

☛ 7.3.2　美国上市公司会计准则执行的特点

在法律和制度环境相对健全的情况下，投资者利益得到保护，市场有效性逐步提高，会计信息市场激励与实施制度的威慑机制产生了互补和替代的效应；在制度和市场完善的情况下，政府行为也趋向规范。在这种情境下，公司会计准则执行行为主要取决于公司治理制度的安排。当管理层激励和投资者关注的市场收益目标高度一致时，企业推动股价上涨的动力

① 陈冬华，陈信元，万华林（2005）实证研究发现，我国国有企业对高管人员的薪酬管制、在职消费成为国有企业管理人员的替代性选择。

会更高，管理层对市场评价十分在意，这些激励因素可能会促使管理层为了迎合市场评价而采取会计决策。其表现是：①上市公司主动地披露公司更多的财务信息，自愿性信息披露成为企业与投资者互惠的选择；②企业利益相关者积极参与会计准则的制定，通过游说准则制定机构以争取有利于自身的宏观会计政策；③通过会计创新进行盈余管理也是其常用手段，这种创新又推动会计准则创新。

因为制度和市场均是外部强制机制和激励机制，而且完全有效的市场目前还没有出现，投资者缺乏对会计信息质量水平的识别能力。如果公司层次的会计监督、道德和文化约束不能抑制公司不遵从会计准则行为，企业缺少了自我遵从会计准则的机制约束，以股权激励为主的公司激励机制作用最终会突破制度的约束，出现会计欺诈行为。

21 世纪初，美国社会出现的系列财务欺诈案就是这样的一个样本。在安然公司等系列财务欺诈案曝光之前，美国会计准则运行机制被誉为国际会计体制的典范：发达的市场，规范化的法制制度，制度化的行业监管体制，发达的注册会计制度，独具特色的公司治理结构曾是各国效仿的对象。但是，在美国却出现了系列会计丑闻。事后大量的诊断研究得出的共同结论是：公司治理中审计委员会控制失灵，注册会计师缺乏独立性，这导致公司会计监督失效；以行业监管为主导的会计监管体系缺乏独立性，法律责任制度缺乏威慑力，这使强制实施机制失灵；股票期权制度和市场预测的压力对会计舞弊产生激励；会计准则的规则化，缺乏高效率执行的约束力，等等。事后的分析可以找出很多原因，因为会计准则执行机制永远只是趋向完备，而没有绝对的完备，但是，各种因素共同作用下总有一个主要原因，它激发并导致整个会计准则执行机制出现失灵。笔者认为，导致美国会计准则运行机制系统失灵的主要原因是公司监督和激励机制失当，根植于民族文化的企业道德和诚信与正式会计制度的价值取向不协调，导致企业缺乏自我执行会计准则的约束，表现为虚报的推力强而监督力薄弱。

首先，股票激励激发了企业以资本市场价格为会计行为关注点。管理层是执行会计准则的决策主体，从法人组织的角度，管理层应该从企业整体利益出发进行会计决策。但是，在美国公司法理念中，企业本身是一个法律的虚构，股东才是企业的所有者，法律保护的是股东利益。所以，管理层所需要兼顾的企业和自身的利益就是股东和管理者自己的利益。巨额的股票激励恰好将股东利益与管理层个人利益捆绑到一起，为了股东利益就成为管理层采取任何手段推动股票价格上涨的合理借口。这个借口战胜了管理层自身的道德防线，并赋予管理层充分的动力。

其次，缺乏对公司治理中会计治理专业性地位的重视。外部审计制度在其产生之初，审计契约关系是合理而且明确的。20世纪90年代以后，由于剩余索取权分享的利益集团增多，股权日益分散，企业所有权观念应该与时俱进。原来由股东作为审计委托人理应让位于代位主体，并应该重新对内部控制、外部审计和审计委员会进行功能定位；客观地界定独立董事的会计责任，实行法律责任追究制度。但是，这在美国公司治理改革中并没有受到应有的重视，在外部审计缺乏组织制度保障和诚信、道德责任支持的情况下，仍然倚重外部审计的独立性。结果，管理层与审计师等信息优势者形成合谋，使公司治理中会计监督机制失灵，使处于信息劣势的监管方、信息需求方被蒙骗，导致制度机制和需求激励机制失灵。

☛ 7.3.3 比较研究的启示

1. 会计信息治理是一个系统的、长期的社会工程

财务会计报告质量问题是社会问题而不仅是会计领域问题。嵌入性的理论分析表明，从不完善到完善，情境架构及其会计准则执行机制的发育是一个伴随着整个社会制度、市场结构、文化教育和社会关系及其企业制度演变的过程，会计系统的人为设计性并不能超脱现实社会背景。目前世界各国都没有达到高质量会计信息产生的社会条件，会计信息的治理必然是一个长期的社会过程。

2. 公司激励机制和监督机制的设计是会计系统治理的关键

没有企业自我遵从机制作为基础，再好的制度也容易失效，所以，会计信息治理应该以公司治理为导向，而公司治理要保证其激励和监督机制的设计与其他会计准则执行机制和系统的目标具有一致性。在公司治理中，要注意公司对管理层利益激励的会计效应，将公司会计激励与利益激励相结合，设计新的公司激励机制。这是公司治理机制的敏感点和着力点。利益相关者理论和民主管理是现代公司理念的精髓，是培育管理层道

德自律的肥沃土壤。公司监督机制则要体现监督主体之间的分工和协调，通过内部控制、审计委员会或独立监事、外部审计功能协调实现公司会计监督的公正和有效。

3. 主导因素的差异导致会计准则执行具有阶段性特征

在任何一个国家或地区发展的每一个阶段，都有一个或多个主导因素，形塑会计准则执行的阶段性特征。在初级阶段，市场不发达时，强化制度功能是必然的选择，企业会计行为表现为制度适应或制度博弈，最低质量的财务会计报告成为市场主流。在其发展的高级阶段，完善的制度和发达的市场成为一个外在条件，财务会计报告表现为企业间为争夺稀缺资源而进行的市场博弈，主动披露高质量财务报告成为市场的主流。在其中过渡阶段，制度和市场都进入相对完善期，则处于多因素主导阶段，企业会计行为取决于多方（监管者、投资者、企业竞争者、管理者）的博弈结果，财务会计报告处于低质量和高质量混同均衡阶段。目前我国尚处于初级阶段，而发达国家处于中间阶段。

会计准则执行系统的演进采取了否定之否定的方式不断提高其系统效率，以服务于社会、经济系统。如中国计划经济体制下的会计制度执行的系统结构已被改革，将按照市场经济体制要求而重构；美国等发达国家的会计改革正是新一轮的会计准则执行系统的制度创新过程，其目的是修正20 世纪 80 年代以后企业制度和金融制度创新显现的会计系统缺陷。从制度适应、制度博弈、多维博弈到市场博弈，情境架构下会计准则执行就是这样逐步走向规范和公允，企业会计行为目标日益逼近会计系统的社会目标，财务会计报告的质量逐步提高，会计制度的功能日益完善。

4. 会计准则及其实施制度体系完善是相对的

情境架构的协调也是暂时的，随着环境的变化和会计业务的创新，原有的系统均衡将被打破，诱致新一轮制度创新，使会计准则执行系统出现阶段性特征。正式制度的完善只是相对于制度颁布这一点而言，正所谓"点完备"，且正式制度安排的高成本使相当的公共领域需要依赖于道德和诚信机制来补充。从会计准则发展的历史看，日新月异的会计环境决定了会计准则及其实施制度体系创新的周期越来越短。从正式制度和非正式制度的协调看，发达国家目前也根本未达到会计准则运行机制协调有序的阶段。所以，真实而公允的会计选择缺乏机制基础，高质量的会计信息还是会计人不懈追求的目标。

§7.4 全球会计准则趋同、实施体系的协调：行动与前景

贸易和投资国际化、资本市场全球化对会计信息的可比性提出新的要求。会计信息可比必须是会计准则趋同先行。发达国家通过国际组织的力量，从上到下、从外到内推动着全球会计准则及其会计信息披露制度趋同。跨国公司作为微观主体，从下至上推动了东道国会计准则与国际会计准则接轨，推动了各国公司治理模式趋同。国家和地区经济转轨和制度创新回应着国内、国外会计国际化要求。这在全球形成会计准则实施制度体系国际化的潮流。

☞7.4.1 会计准则全球趋同及其对会计与税法关系的影响

1. 会计准则全球趋同

会计准则全球趋同是国际会计准则委员会及其相关国际组织致力于会计国际化的结果。20 世纪 70 年代以后，贸易、资本市场全球化和跨国公司的发展，对财务会计报告提出了新要求。为了适应这一要求，1972 年在悉尼国际会计师大会上，班森爵士提出成立一个更有代表性的机构，不仅要从事研究，而且能制定国际会计准则。[①] 1973 年 6 月，九国 16 个职业团体在英国发起成立了 IASC，其目标是：按照公众利益制定并发布编制会计报告应遵循的会计准则，并推动这些准则在全球被接受和遵循。但是，一项调查表明，直到 20 世纪 80 年代末，经济发达国家对国际会计准则认可程度

---

① IASC 会计准则委员会的前身是由 CICA、AICPA 和 ICAEW 在 1966 年联合成立的三国合作研究小组：会计师国际研究小组。其倡导者正是 IASC 的首任主席亨利·班森爵士。在该组织存续的 11 年，共发布了 20 份会计和审计问题的研究报告，但没有任何约束力。

并不高，作为国际会计领头羊的美国 GAAP 完全独立于国际会计准则。

为了本机构的生存和发展，为了提高国际会计准则的影响力，IASC 在 1982 年 11 月将其目标修改为：本着公众利益制定并发布编制会计报告应遵循的会计准则，并推动国际会计准则在全球范围内被遵循；为逐步改进、协调编制财务报告列报的法规、会计准则和程序，广泛地开展工作。为了实现该目标，从 20 世纪 80 年代起，IASC 采取了多种措施。针对外界对国际会计准则质量的批评，国际会计准则委员会 IASC 一方面制定国际会计准则的概念框架，以提高了国际会计准则的理论基础；另一方面于 1987 年正式启动了"可比性"项目研究计划，发起了国际会计准则的修改和重编。

在实施 1989~1995 年可比性计划的同时，IASC 积极采取措施，寻求各种具有较大国际影响力或实际管制权力的国际组织的支持。首先，IASC 与国际会计师联合会（IFAC）达成协议，使 IFAC 支持 IASC 制定和发布国际会计准则，避免了相互"撞车"，保证 IASC 成了唯一的国际会计准则的制定机构。同时，专门设立了一个咨询团，将一些有影响的国际组织，如国际财务经理协会联合会（IAFEI）、国际商会（ICC）、国际自由工会联合会（ICFTU）、劳工联合会、证券交易委员会国际组织（IOSCO）、国际银行协会、国际律师协会、国际金融协会、世界银行、经济合作与发展组织等，请入咨询团，从而间接获得了这些国际权威机构的支持与合作。1988 年，IASC 开始了与证券交易委员会国际组织（IOSCO）的合作，寻求其支持，1993 年，IOSCO 与 IASC 达成了制定一套"核心准则"的协定，1995 年 IOSCO 正式批准了这一计划，在 1998 年底，IASC 完成了"核心准则"的制定。该计划的成功，使国际会计准则在国际上成为很有影响力的会计规范。

国际会计准则的成功改革引起了美国的关注。1996 年 5 月美国 SEC 宣布支持 IASC 制定用于跨国融资的国际会计准则。为推动美国公认会计原则与国际会计准则的协调提供了契机。[1] 为了主导会计准则国际化方向，在美国会计准则委员会的斡旋下，2001 年 4 月 IASC 完成改组，在 14 位 IASB 的新理事会成员中美国代表占了 5 位，SEC 前主席阿瑟·利维特

① SEC 的这些举动具有双重含义：一方面表示对 FASC 制定准则质量不满，将威胁 FASC 的准则制定权；另一方面，为美国入主 IASC 埋下伏笔。因此，从 1996 年到 1998 年，美国会计协会 AAA 与会计准则委员会 FASC 组织研讨会，在美国引发了高质量会计准则的讨论，推动美国主动参与会计准则国际化。

担任提名委员会主席。IASB 在新修订的 IASC 的章程中，以世界资本市场的公众利益为出发点，把制定高质量会计准则，促进这些准则的应用，实现国际会计准则和各国会计准则的趋同列为三大目标，[①] 其中高质量的全球准则的主要评价标准是信息透明和可比（国际会计准则，2002）。2002年 10 月，FASB 和 IASB 签署了一份谅解备忘录，承诺共同制定适用于国内公司和跨国公司财务报表编制的高质量、可比的会计准则。双方主席都公开表示对通过合作达到会计准则趋同目标充满信心（朱海林等，2003）。目前，修订后的"国际标准"已得到广泛的认可。据统计，到2005 年，要求本国公司采用国际财务报告准则编制财务报告的国家将达到 65 个（冯淑萍，2004）。

从以上分析可以看出：高质量会计准则的标准是以高质量财务报告为分析基础的。但由于欧盟和美国在国际会计准则理事会的主导作用，国际会计准则未来发展具有欧、美倾向性，它将以发达的资本市场为前提条件，高质量的国际会计准则并不是一个"全球会计公约"，缺乏国际企业界的认可性。所以，尽管已经有越来越多的国家支持国际会计准则，但是能否被遵循仍然存在很大的不确定性。由于各国会计准则实施机制的巨大差异，这意味着下一步的核心工作是实施机制的协调，否则，会计准则趋同的前期努力将前功尽弃。

2. 税法与会计关系的调整

世界税务会计有三种模式：一体化模式，即税会合一模式；完全分离模式，即税会分离模式；调整模式，即财税混合模式。税务会计模式正在随着税制和会计准则的变迁而调整。

在经济全球化过程中，各国为了促进本国对国际资本的引进和跨国经济的发展，纷纷进行税制改革和国际税收协调，形成了一种税收国际竞争和国际协调的新形势。税收竞争和协调两股势力促进了税收国际化的发展。但是，会计准则全球趋同和税收国际化不尽相同：会计准则作为政府会计管制制度的组成部分虽然与国家主权发生联系，但是会计准则国际趋

---

① IASC 在 2000 年 5 月 24 日改组后称为 IASB，目标为：其一，本着公众利益，编制一套高质量的、易理解并具有强制力的全球会计准则。这套准则要求在财务报告提供高质量的、透明的并且可比的信息，以帮助资本市场参与者和其他信息使用者进行经济决策。其二，推动这些准则的使用和严格的适用。其三，促进各国准则和国际会计准则达到高质量解决方法的趋同。

同是通过对微观主体经济活动的影响间接地对国家利益产生影响，因此，国家利益对会计准则全球趋同发展步伐的制约相对较松；而税制和税收政策表现为税收主权，直接关系到本国对全球经济利益的分配，影响到国家财政收入，是一国经济主权中最难以让渡的部分。因此，税收国际化比会计准则全球趋同所面临的阻力更大，二者的国际化进程也将有所区别，会计准则国际趋同的步伐会快于税收国际化。所以，会计准则的国际化在经历了国际比较、国际协调之后将有望实现某种程度的全球趋同；而税收国际化从税收合作、税制趋近到区域税收一体化已近极致，全球税收一体化似乎是一个难以企及的愿望。会计准则协调与税收协调不可能同步，会计准则国际趋同加速了税务会计和财务会计分离。

欧洲已经着手研究税务会计模式的转换问题。由于历史和法律体系的差异，世界税务会计的三种模式在欧洲都有代表。2002 年欧洲议会通过了到 2005 年在欧洲上市公司要统一执行国际会计规范。但是，由于许多成员国采用的是税会一体化模式或者混合模式，欧盟会计一体化必须考虑会计准则与税法的协调问题。2004 年，欧盟 OECD 研究报告提出了两种可能的解决方法：一是税务报告与财务报告一致，在报表上披露会计处理中涉及的税务因素的影响；二是把财务会计报告分为税务报告和财务报告。经过比较，OECD 倡导各成员国采用财务报告和税务报告相分离的模式。

欧盟是世界会计国际化的主体力量之一，欧盟税务会计模式的协调证明，税会分离模式成为国际化的主流和方向。这不但有利于会计准则国际趋同，而且为会计准则实施体系的协调提供了政策方便。

☛7.4.2　欧洲和美国制度性监管体系的改革

1. 欧洲证券监管委员会关于实施财务报告准则的准则

欧洲国家包括了不同法系的国家，会计准则实施体系各具特色。为了保证国际财务报告框架体系得到严格一致的应用，欧洲相关组织团体开展了广泛的研究工作。2003 年 3 月，欧洲证券监管委员会 CESR 经过广泛征求意见后，正式发布了 The Committee of European Securities Regulations 的第 03～073 号文件"在欧洲实施会计信息准则的准则 1 号"（Standard no. 1 on Financial Information Enforcement of Standards on Financial Information in Europe）。2002 年欧洲议会和参议员分别批准了欧盟委员会递交的应用国际会计准则的通讯录。欧盟意识到真正在欧洲资本市场建立一个有效率且有效的财务会计信息系统，不仅要有一个被及时、有效解释的高质量的财务报告准则和披露要求，而且要以透明的公司治理体系、审计规则、独立的制度性监管为基础。建立一个协调的会计准则实施体系对提高财务会计信息的可比性是非常重要的。欧洲证券管理委员会在制定实施准则上发挥了重要作用。实施准则 1 号共有 7 节，从 CESR 的角度提出了在欧洲协调制度性监管体系的 21 条原则。

（1）实施的定义。实施准则 1 号的目的是为了在欧洲财务管制市场协调一致地应用国际财务报告准则。具体来说，一是监督财务报告框架（包括国际财务报告准则和披露要求）被遵循；二是为在实施过程中发现违法者采取必要的措施。

（2）实施者。CERS 认识到各国立法和公司管制模式不同，会计准则实施的国家组织不同，有必要基于协调的概念和可比较的技术建立国家实施模式。准则 1 号第 3 条原则建议：成员国建立一个独立的、具有专业胜任能力的管理权威机构，负责实施财务报告准则。但是该原则目的并不在修改各国立法实现实施体系的趋同，而在于协调会计实施体系。所以，它提出如果由其他组织以管制权威机构的名义行使实施职责，则应在具有胜任能力的权威监督之下，且必须遵守欧洲证券委员会的法令。

会计准则的实施者应该独立于政府、市场参与者，并且拥有行使职责必备的权力和资源条件。这些权力包括监督财务报告，要求报告者和审计者提供补充性信息，采取与实施目的一致的措施。资源包括实施者所拥有的具备对会计报告框架及其合法执行具有经验和专业技能的工作人员。

财务报告的完整性、准确性和可信性是财务报告编制者的责任。财务信息应用和审计是防止误报的第一道防线，实施者对财务信息的监督在于发现违规行为，但是由于外部监督的内在局限性，实施者通过会计文件的检查不能提供 100% 的保证发现每一个错报。财务欺诈只有特别的控制机制才能发挥作用，所以，实施者要负责建立一套与实施原则一致的实施程序并实施那套程序。

（3）实施方法。对财务信息的实施检查一般基于对公司的选择及其文件的审查。为了达到目的，最好的检查模式是将风险导向型审计和轮换或抽样方法结合。但是单独采用风险导向的审计也是可以接受的，而单独的轮换或抽样方法并不可取。作为过渡性步骤，在给定充分的风险水平的情况下，实施者将轮换或抽样方法结合起来使用。无论如何，由审计者或其他管制主体暗示和抱怨的错报应该在实施调查时加以注意。

实施方法覆盖了所有可能的检查程序，既包括形式上的检查，也包括深度实质性检查。违规风险水平评估决定实施者的检查密度。检查技术的选择依赖于环境、成本—效益、市场的特点、法律的限制等，而检查强度和密度要综合成本—效益、风险水平、信息的可获得性、审计师的暗示、实施文件的明显不一致等多种因素决定。

（4）实施行动。尽管实施行动是在国家层面上展开，但是为了创造统一的欧洲证券市场，CERS 认为制定统一、协调的实施政策是必要的。第 16～19 条原则就是针对统一实施政策制定的。

当实施者发现重大的错报时，应该采取适当的措施以达到适当的披露，包括通过相关的、公开的错报声明。对非重大的偏离会计报告框架的错误一般不需通过公开程序。但只要非重大的错报可能对投资者信心产生负面影响，实施者也要采取严厉的行动。

实施者采取的行动与法律措施应该不同，这些措施应该以提高市场的信心，重在建设与补救方面。实施行动的选择范围包括：要求调整、纠正说明、重编、停止交易或上市等。在选择这些行动时应该考虑以下因素：被错报影响的文件类型，错报的严重性，审查的及时性及错报的频度。

（5）实施协调。为了增进实施实践的协调和 IFRSs 应用的一致性，实施机构有必要进行实施全过程的协调。对发现重大的争议问题应该提交会计准则制定或解释机构，实施者不再发布 IFRSs 的应用指南。CERS 的下属委员会 SCE 将成为欧盟各成员国的会计准则实施者协调实施行动的论坛和交流平台。

（6）实施报告的披露。实施者应该定期报告实施信息，包括采取的会计和披露事项实施政策、个案决策等，以保证实施行动的透明性。会计个案披露可以是匿名的，其目的在于增进实施机制的趋同。

2. 安然事件后美国公众公司会计监督机构的建立

2002 年 7 月，美国颁布了《2002 年公众公司会计改革和投资者保护法》（简称 SOX 法案）。该法案目的在于通过制度性会计改革，重建投资者和社会对会计的信任。该法案要求美国证券交易委员会（SEC）成立上市公司会计监督委员会（PCAOB），接管原来由 AICPA 行使的对注册会计师行业的监管职能。PCAOB 由 5 名专职委员组成，由 SEC 与美国财政部长和联邦储备委员会主席商议任命，任期 5 年。5 名委员应熟悉财务知识，其中可以有 2 名曾经是执业注册会计师，其余 3 名必须是代表公众利益的非会计专业人士。

PCAOB 拥有制定审计准则、会计师事务所注册审批、日常监督、调查和处罚等权力；检查和处理上市公司与会计师之间会计处理分歧的权力。PCAOB 不应作为美国政府的部门或机构，遵从哥伦比亚非盈利公司法，其成员、雇员及所属机构不应被视为联邦政府的官员、职员或机构，保持独立运作，自主制定预算和进行人员管理，为消除注册会计师事务所对其的影响，该委员会的运行经费不再由会计师事务所承担，而是改为由上市公司分担。

SOX 法案要求执行或参与公众公司审计的会计师事务所须向 PCAOB 注册登记，审计美国公司（包括审计美国公司的国外子公司）的外国会计师事务所也必须向 PCAOB 登记。PCAOB 对公众公司审计客户超过 100 户以上的会计师事务所，要进行年度质量检查，其他事务所每三年检查一次。PCAOB 和 SEC 可随时对会计师事务所进行特别检查。

SOX 法案授权美国证券交易委员会（以下简称 SEC）对 PCAOB 实施监督。PCAOB 有权调查、处罚和制裁违反该法案、相关证券法规以及专业准则的会计师事务所和个人。但是，PCAOB 的处罚程序要受 SEC 监督。SEC 可以加重、减轻其作出的处罚，也可以修改或取消其处罚决定。

3. 对欧洲和美国制度化会计监管体系的比较与启示

（1）背景和目的。从以上分析看，欧盟和美国建立制度化会计监管体系的背景不同。欧盟是为了 2005 年在欧洲推行国际会计准则做准备。在欧盟会计师联合会以及证券监督委员会等组织的有关研究文件中，都声明发展一套通用的实施体系，确保国际财务报告准则被一致地严格执行。这对形成透明有效的会计信息，增强投资者的信心非常关键。实施机制在于减少以下风险：IFRS 首次不能被恰当、顺利实施的风险；与 IFRS 不符却未被检查出来并予以适当惩罚的风险；由于欧盟的会计标准实施机制不健全，导致其他资本市场的监管者不认可欧盟的实施机制的风险；各成员国在实施 IFRS 过程中产生不一致的风险。

美国则是在大危机后为了克服自律性监管体系缺乏独立性的弱点而采取的改革措施。其目的在于打击财务会计舞弊者，重建资本市场投资者信心。可见，欧盟和美国制度化监管体系的建设虽然背景不同，但最终目的是为了提高财务会计报告质量。

（2）基本思路。欧盟的制度监管体系重在成员国中建立协调一致的实施机制。实施者作为独立的会计监管体系，其具体名称和形式可以有所不同，但必须具有独立性和胜任能力，必须遵循 CERS 统一法令。实施对象为运用 IFRS 的公司财务信息，实施方法重在尽可能发现违规行为，实施行动重在补救和建设，其实施结果的处理手段等有别于法律机制。

美国的制度性监管实施主体是公共公司会计监管委员会，同样要求具有独立性和胜任能力，但监管对象是注册会计师执业情况和公司治理，希望通过提高注册会计师和公司治理的监督机制来提高财务信息质量。PCAOB 负责执行和监督执行 SOX 法案，其职责和行动权力比欧盟的实施者要大，它不但是一个预防性机制，而且经授权后具有相当的威慑力。

（3）启示。欧盟与美国制度化监管体系相同点有三：一是会计监管的实施者必须具备独立监管的条件；二是监管者也必须受到约束，监管行动要具备透明性；三是无论是直接监管企业还是监管注册会计师，监管直接目标都是减少会计准则不被遵循的风险，保护投资者利益。

我国在"银广厦"案之后，也对注册会计师管理体制进行了改革，财政部收回了中国注册会计师协会审计准则制订权和职业检查与处罚等权力。但是，政府对会计监管的直接干预仍然没有改变。财政部与证监会负责对企业及其注册会计师行业进行监管，但是，二者作为政府行政机构，分别肩负与监管职责相冲突的其他职责，既缺乏独立性，又缺乏监管资源，同时缺乏被监督的机制。

借鉴欧盟和美国监管机构的共同特点，我们有必要对以下问题再思考：

第一，政府在会计监管中的定位。比较分析欧盟和美国监管机制的特点，政府对会计的监督不是逐渐"淡出"，而是在"强化"，通过转化方式强化其最终权力。这不但具有理论上的合理性，而且符合建设民主社会和有限政府的发展方向。首先，政府部门具有公认的权威性，政府部门对监督体系的最终介入，有利于提高监管的权威性。其次，政府作为社会的最终管理者，也应是公平竞争的市场经济环境的看护者、监督者。会计越发展，其社会性愈发凸显，政府作为公众利益的代表实施监管是会计社会化的必然要求。

第二，政府对会计监管的方式应该"转化"。政府机构数职加身，具有监管权威性但缺乏监管资源，面对越来越多的企业和注册会计师，政府应该通过监督实施者发挥会计监督作用，在保证实施者监管行动和政策的透明性和公正性上发挥政府作用。

第三，建立全球联合会计监管。资本市场参与者中有许多跨国交易者，为了维护资本市场的真实可靠性，恢复投资者的信心，在会计准则趋同的情况下，如果监管机构和法律执行机构没有共享与会计准则执行有关的信息，不能相互协作，会计准则的作用将无从谈起，会计也就无法发挥在促进全球资本市场国际化中的作用。

☛ 7.4.3 公司治理的趋同

1. 公司治理趋同的表现

公司治理模式有三种类型，即德国以主银行主导的利益相关者的治理模式；英、美以股权为主导的市场化的治理模式；东南亚家族主导的治理模式。在市场力量和地区经济协调机构的推动下，20 世纪 90 年代以后，公司治理呈现出强劲趋同的趋势。表现在：

（1）在强化公司社会责任的基础上，更加重视股东利益保护。随着跨国公司和资本市场的发展，公司对股东以外的人力资源、社会资源、自然资源的依赖性越来越明显，社会化程度进一步加强。公司作为资源使用的受托人，应该在谋求股东利润最大化之外负有维护和增进社会利益的义务，即社会责任。欧洲大陆以利益相关者利益为主导的公司治理，在资本市场深化的过程中，重视了对中小股东利益的保护。而英、美等原来奉行股东利益最大化的国家，纷纷修改公司法，或在公司实践中重视了公司的社会责任。

（2）内部公司治理中，强化了董事忠诚义务和注意义务。目前德国管理委员会改革采取制定单行法的方式，以提高会计披露的透明度和充分性，同时，公司更加注重外部咨询的广泛性。英国董事会是通过编纂法典化文件，最终将产生一部适用于股票交易的超级法典。美国独立董事制度是为了提高决策和监督的公正性和效率，体现其作为社会利益受托人的谨慎、忠实义务的要求（Klaus J. Hopt，2002）。

（3）突出利益相关者参与治理的倾向。随着公司社会性发展，针对公司治理中核心代理问题和内部人控制问题，以利益相关者的权利制衡公司控制权的公司监督机制成为公司治理的共同趋势。二元公司治理机制本身就是管理和监督分离，监督权由利益相关者分享，近年独立监事制度得到发展；一元制公司治理引入独立董事制度，实现公司执行董事与监督董事分离；转轨国家和日本的许多公司都在引进独立董事制度。这样，公司监督机制在功能和操作思路上出现一定程度的趋同。

（4）在外部公司治理中，随着日本、德国资本市场和股票交易的迅速发展，以及外国战略投资者的进入，其银企关系在弱化，控制权市场和资本市场的治理机制作用得到强化。德国传统主银行关系在瓦解（Klaus J. Hopt，2002）；日本中央银行 2002 年 9 月决定，直接收购银行持有的价值超过银行自有资本部分的上市公司股票，以减少银行持有的客户企业的股票（类淑志，宫玉松，2004）。

2. 公司会计信息披露的激励机制和控制机制的同构化

世界两大公司治理模式在趋同的过程中，为会计信息披露的激励机制和监督机制趋同创造了条件。

（1）明确管理层的会计报告责任，将业绩激励和财务会计报告质量捆绑。美国 SOX 法案要求在上市公司公开披露的信息中，须附有首席执行官（CEO）和首席财务主管（CFO）的承诺函。承诺函的内容包括：确保本公司定期报告所含会计报表及信息披露的适当性，并且保证此会计报表及信息披露在所有重大方面都公正地反映了公司的经营成果及财务状况。此前，美国的上市公司定期信息披露并不需要 CEO/CFO 签字，因此一旦其上市公司的财务丑闻被揭发，其 CEO/CFO 往往以自己不知情来开脱个人的法律责任；由于专业性强，程序复杂，一般也很难找到直接证据来证明 CEO/CFO 明知或故意披露虚假财务信息。结果，美国无罪推定的司法原则使监管部门经常无法追求高管责任。另外，在公司定期报告中若发现因实质性违反监管法规而被要求重编会计报表时，公司的 CEO/CFO 应当返还给公司 12 个月内从公司收到的所有奖金、红利，其他形式的激励性报酬以及买卖本公司股票所得收益；如果公司 CEO/CFO 事先知道违规事项，但仍提交承诺函，最多可以判处 10 年监禁以及 100 万美元的罚款；对于故意作出虚假承诺的，最多可以被监禁 20 年并判处 500 万美元的罚款。这或许是治理管理层基于业绩进行盈余管理的良药。

（2）会计监督机制的体系化。以公司独立监事或独立董事为核心，辅以内部控制（特别是内部审计）、外部独立审计的会计控制体系正在成为发达国家公司治理中会计监督的模式。会计的公允性、客观性是发挥会计在协调利益相关者之间冲突和保护公众利益中作用的基础。会计控制体系独立性是保障这一质量的客观要求。英、美国家的审计委员会或欧洲大陆监事会的会计监督机制是保障内、外审计有效的枢纽，① 因此，在强化内部控制作用和加强外部审计独立性的同时，会计监督机制的社会性得到加强，独立监事或董事引入，有利于增强会计监督机制的独立性。如果在公司内部建立了一套处理举报或投诉的工作程序，以及相应的监测系统、反应机制，则为保证审计委员会能够及时发现公司的会计和审计问题提供了平台。

☞7.4.4　会计准则趋同和会计准则实施体系协调的动力与障碍

1. 动力

（1）国际市场竞争是会计准则趋同和会计准则实施体系协调的根本动力。会计市场是服务市场的一个组成部分，会计准则和审计准则是影响服务市场竞争力的技术因素。会计信息直接影响着信息使用者的经济决策，引导着世界经济资源的流向。会计准则及其实施质量就成为影响资本市场竞争力的重要因素。所以，会计制度的竞争是国际市场竞争的基础，任何国家都不可能置身于国际市场的竞争之外，也就不可能视会计领域的制度竞争于不顾。因此，激烈的国际竞争也是推动会计准则国际趋同及其实施体系国际协调的重要动力。

（2）学习和交流是推动会计准则趋同和会计准则实施体系协调的基本机制。首先，各国在经济发展和改革中的相互学习和借鉴是会计准则和实施体系趋同的内部动力。经济转轨国家对发达国家经验的学习和借鉴，

---

① SOX 法规定，公司聘用会计师事务所及报酬方式要由审计委员会批准，并接受审计委员会的监督；会计师事务所在审计过程中遇到的重大事项必须及时报告审计委员会；注册会计师必须对内部控制出具审计意见。

推动了会计准则和实施体系的协调。其次，政府、地区和国际组织的交流和斡旋是推动会计准则趋同和会计准则实施体系协调的外部动力。政府和地区性、国际性组织的影响主要表现在对会计标准、公司治理和会计准则实施制度化监管的影响。如国际会计准则委员会和证券委员会国际组织对会计国际化的贡献也是有目共睹的。另外，跨国投资、筹资和引进外资活动带来了对国外公司治理的移植、吸收，促进了公司治理及监管制度的趋同。

（3）利益相关者理论是会计准则趋同和会计准则实施体系协调的基础理念。进入 21 世纪后，公司存在的外部性使公司社会责任不断被强化，利益相关者理论的影响越来越大，已经推动着法律和公司治理理念的变革。美国等发达国家纷纷通过法律程序，把公司社会责任付诸法律实践。英、美公司的独立董事制度是公司治理对加强公司社会责任要求作出的反应。这为两大法系下公司理念的协调提供了契机，是公司治理趋同的理念基础。而国际化打破了公众利益的国家界线，在会计准则的国际协调和地区协调中，转轨经济中会计问题日益受到重视。在国家会计准则制定中，通过进行民主参与制度的改革，注重吸收各界力量和意见；在会计准则的实施中，建立独立化会计监管制度体系成为会计准则实施的一个重要环节，独立监管、社会监督和道德自律成为规范会计披露的"三驾马车"。

2. 主要障碍

（1）传统文化的制约。文化是一个国家和地区内在的非正式制度，它通过价值观念的认同对正式制度形成支撑。日本和德国的劳资合作观念和美国独立自由的文化观念都是历史文化的产物，对宏观制度安排和公司治理制度起到了根本性的约束。可以说，一个国家的文化对法律、政治和企业文化的影响渗透到了会计准则的制定和实施的全过程。在会计国际化的过程中，会计准则及保障其实施的正式制度是很容易从别国"进口"的，但如果不能适应本土的会计文化环境，将影响其功效的发挥。

（2）国家利益竞争意味着会计准则趋同和会计准则实施体系的协调是一个多边互动的、长期的过程。全球化决定了任何一个国家都无法脱离世界经济体系而谋求长远发展，国家之间、区域之间经济依存度和影响力都在加深，会计准则执行机制的国际协调是一个大趋势。但是，会计信息具有社会后果，各国为了维护自己的主权和利益，争夺国际会计服务市场和资本资源，必然在会计国际化中讨价还价，趋同只能是一个长期的过程。正所谓，利益之争实质是国际会计趋同的根本阻力（冯淑萍，2001）。

☛7.4.5　高质量的财务会计报告将是一个长期目标

上述分析不仅明确了会计准则趋同和会计准则实施体系协调的发展趋势，而且证明这将是一个长期的过程。而会计准则及其实施的正式制度体系、公司治理只是会计准则执行的情境一部分，多数国家目前仅仅是直接引入国际会计准则，而不可能引入其他配套机制。因为，资本市场发展受到各国经济、法律制度等多因素的影响是不平衡的，会计信息需求机制的激励功能并非人为设计所能全部替代；各国会计教育水平发展是不平衡的，民主行政的水平是不相同的，社会关系网络是不同的，这些对会计资源的影响无法消除；国家文化是一个民族的灵魂，进入21世纪之后，文化和宗教的冲突成为国家之间冲突的重要原因，文化的交融需要更加漫长的历史过程。而非正式制度因素对企业执行会计准则的激励将会影响到制度化体系的功效，所以，即使全球采取统一的会计准则，也不可能产生质量相同的会计信息。真实、可比、透明的高质量的会计信息将是会计界长期追求的目标。

☛7.4.6　中国会计准则执行系统改革面临的机遇和挑战

改革开放给中国带来了巨大的机遇和挑战。会计准则执行的情境架构呈现出跨越式变革的态势：

（1）会计准则体系的建立。进入21世纪后，发达市场经济国家的会计标准改革给中国提供了丰富的经验。1999年葛家澍、魏明海等教授及时撰文介绍了国际动态，并发表自己对高质量会计准则的看法。2005年初财政部公布了我国企业会计准则的建设目标，到2006年，要建立起与我国经济发展相适应并与国际财务报告相协调的，涵盖各类企业、各项经济业务，可独立实施的会计准则体系（王军，2005）。2006年2月发布了我国新会计准则。我国将用不到十年的时间完成从会计制度到会计准则的制度体系的转换，完成会计准则制定民主化程序的改革。与美国八十多年会计准则的发展史相比，我们发展是很快的。

（2）会计准则实施制度体系建立。在银广厦案件之后，中国证监会、财政部等也在借鉴国外经验的基础上，对我国会计监管体制、注册会计师制度、公司会计治理等进行了重大改革，建立起中国会计监管的制度化体系，并对公司法和司法中会计相关方面进行改革，建立起中国的会计准则实施的正式制度体系和以道德自律、诚信监管为主要内容的非正式的制度体系。

（3）资本市场发展。从 1990 年资本市场恢复开始，中国资本市场在改革开放中得到大发展。国外投资者的进入和机构投资者的培育使中国投资者队伍迅速成长，这为中国资本市场尽快步入规范发展的轨道提供了资源条件，为形成会计信息激励机制提供了物质和人力基础。

（4）政府职能转换和建立依法行政制度。国家行政法的颁布，为规范各级地方政府的行为提供了法律规范。政府职能的转变和绿色 GDP 理念的提出，将逐步摆脱政府对企业的直接干预。我们有理由相信，随着政府补贴制度和税收制度的规范化，随着《企业会计准则（第 16 号）——政府补助》的出台，会计收益信息的质量和透明度将大大提高，会计选择的公允化程度将会提高。

（5）和谐文化的建设，为企业管理民主化进程和利益相关者积极参与会计治理提供了政治、文化基础。公司治理改革和会计监管改革为利益相关者从非合作博弈到合作博弈提供了交流的平台。

（6）资本市场全球化和会计国际化提供了巨大机遇，发达国家累积的历史经验为我国提供了可借鉴的经验，有利于中国用较短时间完成发达国家几十年走过的路子。

尽管如此，我们仍然要有清醒的意识：情境架构与企业会计执行行为本是一个互动的演化过程，情境架构对会计环境的依赖性决定了会计改革是一项社会系统工程。在全球化的背景下，中国会计改革有可能借鉴国外经验，但不能简单模仿或引进，应该本着建立整体协调有序的会计准则执行系统框架的需要，有节有序地进行。在新旧制度的转换中，制度变迁的路径依赖是抑制新制度效应的重要因素，计划经济下的道德教化体系的崩溃、个人利益诉求的膨胀是正式制度机制失灵的隐性因素，而非正式制度秩序建立是长期的，所以，系统化会计改革任重道远。

本 章 小 结

（1）情境架构下的会计准则执行是一个财务会计工作系统，具有嵌入性特征。情境要素与企业会计准则执行行为的互动形成了会计系统的秩序，即会计域秩序，财务会计报告成为评价会计秩序的晴雨表。

（2）会计准则执行机制的系统效率决定了财务报告的质量。会计准则执行机制的系统效率不仅与每一种情境要素的机制有效性有关，而且要求它们必须具有内在的协调性，以及作用力方向的一致性。大面积会计信息失真表明，会计系统结构的耗散性和会计准则执行机制系统效率低下，意味着我国会计信息治理措施要具有系统性。

（3）中、美两国处于两个不同发展阶段，却同时出现了资本市场会计丑闻。这反映了两国财务会计工作系统秩序都存在一定问题。进一步分析表明，中、美财务会计舞弊的原因不同：中国是由会计准则执行机制的系统性缺陷和内部的不协调造成，而美国主要是公司激励和监督机制与其他机制的不协调导致其他机制失灵。这要求会计信息治理要具有针对性。

（4）在任何一个国家或地区发展的每一个阶段，都有一个或多个主导因素，形塑会计准则执行行为及其效果的阶段性特征。因此，本书提出财务会计报告质量形成机制的主导环理论。在初级阶段，市场需求激励机制弱化，强化制度功能是必然的选择，企业会计行为表现为制度适应或制度博弈，最低质量的财务会计报告成为市场主流；在其发展的高级阶段，完善的制度和发达的市场成为一个外在条件，财务会计报告表现为企业间为争夺稀缺资源而进行的市场博弈，主动披露高质量财务报告成为市场的主流；在其中过渡阶段，制度和市场都进入相对完善期，则处于多因素主导阶段，企业会计行为取决于多方（监管者、投资者、企业竞争者、管理者）的博弈结果，财务会计报告处于低质量和高质量混同均衡状态。

（5）在经济国际化和信息技术的推动下，会计准则趋同和会计实施体系协调只是会计准则系统的局部调整，在会计准则执行机制取得系统化效率之前，高质量财务报告还只能是我们不懈追求的目标。抓住机遇、迎接挑战是时代赋予会计界的责任。

第 8 章

情境再造：提高企业会计准则遵从水平的对策

财务会计系统是一个人造系统，因此，许多情境是人为设计的，如财务报告的法律制度、会计监管政策、会计准则、公司激励机制和监督机制等是可以改变的，甚至公司文化也可以培养。所以，会计准则遵从的情境是可以再造的。"再造"是借用管理学术语，管理学中有"流程再造"之说，其含义是改造、改变，以改进其功能，提高其效率。本章针对前面发现的我国会计准则执行机制存在的问题，根据情境要素对会计准则执行的作用机理，讨论如何通过情境再造，提高会计准则执行机制的效率，提高会计准则遵从水平和效果。

§8.1 提高我国会计准则遵从水平的宏观政策选择

☞8.1.1 提高会计准则实施能力的政策建议

1. 以财务会计概念框架为指导，提高会计准则体系的实施能力

会计准则的制定过程应该是在一个共同的目标和标准限制下民主决策

的过程，否则会计准则在相关各方的博弈中难免有失公允，要么迁就某一方的利益要求，要么容纳了过多的会计选择或例外，出现会计准则内在的逻辑不一致。逻辑严密的财务会计概念框架有利于保持各准则之间的协调性和稳定性，减少会计准则制定中利益相关者的寻租行为，有助于改变"救火式"会计准则的制定方式。因此，要加快建设财务会计概念框架。2006 年我国《企业会计准则——基本准则》的发布，旨在发挥财务会计概念框架的作用。从新、旧准则的对比中，可以看到我国会计准则制定工作已经取得了很大的进步。其次，我们要反思会计准则建设中得失，在制定每一个准则时，不仅考虑需求因素，更要站在对会计准则使用者的立场，尽可能地减少会计准则的执行成本，保证其执行效率，为高质量的信息披露提供制度保障。从这一点衡量，我国个别具体会计准则的制定似乎过于强调与国际会计准则趋同，而忽视了对企业的影响。如《企业会计准则（第 18 号）——所得税》，事前调查发现，我国企业并不支持直接采用资产负债表债务法，① 但是，会计准则委员会最终决议还是通过了所得税会计准则统一选择资产负债表债务法。

2. 明确每一个准则所规范交易事项的实质和形式，避免会计准则被滥用

随着企业执行会计准则的选择空间增大，会计信息之间的可比性可能被弱化；同时，利用会计准则的模糊和漏洞操纵财务会计报告的情况也越来越多。如何辨析交易事项的实质和形式，正确进行职业判断十分重要。因此，通过具体和详细的会计准则的宣传和培训，帮助会计师、审计师更多地运用职业判断，识别所处理的事项和交易的实质，按具体原则和目标进行更准确的确认、计量、记录和更透明的报告披露，可以避免因会计准则疏漏而被滥用，发挥会计师自我监督的能力。

---

① 在盖地教授主持的"所得税会计研究"课题调查研究过程中发现，在来自企业会计人员的有效问卷 277 份中，分别有 36.8% 和 32.9% 的调查对象认为，在众多影响所得税会计政策选择的因素中，所得税会计方法操作上的简捷性对选择所得税会计方法"很重要"和"较重要"；2004 年的上市公司年报披露，有 3 家上市公司所得税会计处理由应付税款法改为债务法，在新增的 115 家上市公司中，采用纳税影响会计法的公司只有两家（递延法、债务法各一家），即采用应付税款法的上市公司高达 97%。

3. 建立适应中国现实的民主化会计准则制定程序，提高企业界对会计准则的认可度

中国是一个有着三千年封建主义统治历史的社会，缺乏西方的民主意识，企业缺乏主动参与意识；同时，"上有政策，下有对策"的教条影响深远。所以，如何把私下对策转换为制定政策的参考，这是减少会计准则自身不完备性的关键。首先，建立会计准则制定和实施部门之间的协调合作机制，在不影响大局的情况下协调会计与税收之间的差异，明确会计准则在税金核算中的基础地位。其次，确定财政部门制定会计准则的核心地位，明确证监会、中国注册会计师协会对会计准则制定和实施的支持义务，充分利用其接触实务、了解实务操作的条件，为会计准则的制定提供参考建议。再次，会计准则制定机构可以设立会计问题调查组，深入到基层去"了解"会计人员所遇到的难题，听取其意见。

4. 合理界定宏观会计政策的选择空间，提高会计确认和计量标准的可核性

2003 年美国证监会关于会计准则制定导向的研究，引起了人们对会计准则导向、会计政策选择、会计操纵之间关系的思考。以规则为基础的会计准则被认为给企业提供了许多规避会计准则的方便，其特征被描述为：存在着大量的例外和详细的指南；包含许多界限测试；清晰的规则最小化了会计事务中判断的成分。SEC 研究报告要求美国会计准则从规则导向转向以目标为基础。目标为基础的会计准则的特征是：以已经改进并一致应用的概念框架为基础；明确指出会计准则的目标；提供充分的细节和结构，使准则能够得以一致地实施和应用；尽量减少准则中的例外情况；避免使用使得财务工程师能在技术上遵循会计准则却在实质中规避会计准则意图的"界限"。

以目标为基础的会计准则对会计准则的执行提出了两点改变：一是提高了对会计职业判断的要求；二是不再坚持"真实而公允优先"是以目标为基础会计准则的必要组成部分的原则。在规则导向会计准则下，对企业是否遵从会计准则的判断是以是否遵循会计程序，只要企业在所有重大方面遵循了公认的会计准则，就视会计信息是真实的，这对企业会计准则

执行者和审计人员的责任推定具有一定的限度。而目标导向的会计准则要求企业会计政策的选择和执行是建立在纯粹公允基础上，不但提高了对职业判断的要求，而且扩大了企业管理当局、会计人员和审计人员的责任边界。

目标导向会计准则将推动会计从程序理性向结果理性转化。从理论上讲，在目标导向的会计准则下，应该存在着纯粹公允而真实的会计选择。但是，在会计实务中，企业管理层在会计决策过程中受到了各种利益目标的激励，要求他们完全站在"中立"的立场，提供真实而公允的会计信息，那他们就是道德人而不是经济人。如果会计准则执行者是道德人，会计准则以及强制性制度安排就不必要了。只有承认会计相关主体是经济人，纯粹的真实而公允就是会计界永远追求的目标，法律和会计事务所支持的就是在会计准则框架下的真实和公允，是具有一定弹性空间的真实和公允。宏观会计政策选择空间的扩大将会增加企业会计选择空间，降低不遵从会计准则的风险，但也降低会计信息的公允性和可比性。

但是，像计划经济体制下的会计制度一样，减少会计选择的空间也是不现实的。会计准则永远不能预见所有的会计事项，会计选择空间的减少也相应减少了会计操纵的空间，但是可能因会计准则的不完备造成会计信息的失真。另外，Ralf Ewert（2005）研究认为，当减少了会计政策的选择空间，将会减少会计盈余管理，但管理者将会采用改变交易事项发生的时间和结构进行盈余管理，其结果盈余管理程度不但没有减少，而且更隐蔽了，盈余管理成本提高了，也增加了企业价值损失。所以，会计政策保持适当的选择空间，同时提高确认和计量标准的可稽核性，这才是必要的选择。

5. 提升会计准则的法律效力

会计准则作为一种技术规范，自身并不具备威慑力。企业畏惧性执行的效力在于其暴露的风险。因此，通过法律规范之间的协调，强化会计准则在会计监管、税法执行中的基础地位，提高会计准则的法律地位，不但可以提高对会计准则执行者的心理威慑力，而且可能提高违法行为暴露的风险。

6. 对具体会计准则遵从成本进行调查，为会计监管的重点检查提供参考

不遵从会计准则的行为选择受到成本收益的影响。所以，通过对会计准则遵从成本的调查，不仅可以为会计准则改进提供资料，通过降低企业遵从成本来提高企业遵从能力。同时，监管部门可以将低遵从成本的会计准则执行情况作为重点检查领域，以提高监管效率。

📖 8.1.2 提高会计准则遵从风险的政策建议

1. 检查性政策和处罚性政策的比较选择

会计准则实施效率取决于查获率和处罚率。许多人主张加大对违规者的处罚力度。本书认为这种观点值得斟酌。

（1）从逻辑关系上看，查获率和处罚率是相互关联的。从理论上，查获率和处罚率在提高会计准则遵从率方面具有替代性：$pr = (1-t)a$ 表明，如果能保持查获率在较高水平，则处罚率可以降低；如果处罚力度越大，对会计准则执行者的可置信威胁越大，不遵从会计准则的行为将会减少。但从其效果上，二者应该具有互补性：对于不遵从者，查获是处罚的前提，没有被查获，对于会计准则的不遵从者也就没有实质的损失；不遵从会计准则者如果被查获，但处罚力度很轻，违规成本过小，则不足以对不法行为形成威慑力。

（2）从实施者成本支出角度，检查性政策比处罚性政策成本高。检查和处罚作为政策工具，对政府和有关监管机构要求不同。如果要提高查获率，则必须加强会计监管，增加监管成本，如雇佣更多的检查人员，增设监管窗口，培训法务会计人员，开发更先进的信息系统；而如果提高惩罚率，则不必增加过多的政府成本支出，甚至惩罚率提高会增加政府罚没收入。所以，如果监管者也是理性经济人，遵从政治契约假设，则修改《证券法》和《会计法》等法律制度，对不遵守会计准则的高管人员和企业施以重罚，应是最优的政策选择。

（3）从企业和社会成本角度，偏重处罚性政策缺点比较多。

①在查获率不是很高的情况下运用严厉的惩戒制度，意味着被查获的违法者和未被查获的违法者受到天壤之别的待遇，这将进一步恶化法律的公平。由于资本市场扩大了会计信息的社会性，会计舞弊成功者的收益被放大，被发现受到处罚的成本也会放大。所以，在查获率低于100%的情况下，被查获者和未被查获者得到天壤之别的结果，这种结果一方面会造成市场资源配置无效，司法不公；另一方面可能诱发更猖狂的舞弊，如采取更隐蔽舞弊手段或贿赂监管人员等，这将加剧司法腐败和检查困难，最终导致查获率和处罚率陷入恶性循环，更加弱化制度的实施效率。

②增加处罚率最终会损害投资者利益。现代企业制度的重要特征是所有权和使用权分离，会计行为的责任主体是企业管理层。但是如果会计违规行为被查获，一方面要追究管理者和直接会计人员的责任，另一方面则要对违规企业处以罚款或罚金，承担民事赔偿责任。企业既然是所有者的，则股东就是对公司处罚成本的最终承担者。所以，增加对企业处罚率，最终结果是损害了股东的利益。

③处罚机制是事后惩戒机制，无法避免对利益相关者和整个社会整体福利的危害。事后惩戒机制实施的结果是多方皆输。一是监管者投入了人、财、物等监管成本，但未能制止违规行为，监管部门没有赢；二是管理者费尽心机，浪费了企业钱财，损害了企业和个人声誉，管理者没有赢；三是企业被查处，股东买单，股东没有赢；四是股票市场利用价格反应机制进一步扩大了被处罚企业的社会影响，使潜在的投资者远离企业，如果大面积企业被公告查处，市场泡沫破碎，也必将损害投资者对证券市场的信心，影响到市场的健康发展，进而可能诱发经济危机，影响到国民经济的稳定。

④高处罚政策难以实际实施。首先，企业会计行为是法人行为，管理层的会计违规行为并非完全为了自己的利益，因此，外界很容易对企业法人不遵从会计准则的行为给予同情和理解。其次，对企业重罚恶化企业市场声誉，影响企业的持续经营能力，企业可能面临被改组合并的命运，损害了更多利益相关者的切身利益，尤其是地方政府对监管部门和司法部门有可能进行干预。再次，高处罚率将会助长违规者私下寻租行为，并可能出现更多的实施者腐败的案件。所以，高处罚率未必能发挥实际效果。

根据以上分析得出结论是：为了保持对违反会计准则行为的威慑力，需要保持适当的处罚结构，但是并非处罚率越高越好。所以，最优的政策选择应该在保持适当处罚率的基础上，提高查获率。

2. 提高我国强制实施制度的惩罚水平

我国《公司法》、《会计法》和《证券法》等有关法律规定，由财政部门和证监会分别负责监督和进行行政处罚，情节严重的移送司法机关接受刑事处罚和民事处罚。《会计法》第四十三条规定，伪造、变造会计凭证、会计账簿，编制虚假财务会计报告，构成犯罪的，依法追究刑事责任。由县级以上政府的财政部门予以通报，可以对单位并处五千元以上、十万元以下的罚款；对直接负责的主管人员和其他直接责任人员，可以处以三千元以上、五万元以下的罚款，对其中会计人员由县级人民政府财政部门吊销会计人员从业资格证书。从 2006 年开始执行的《中华人民共和国证券法》第一百九十三条规定，发行人、上市公司或者其他信息披露义务人未按照规定披露，或者所披露的信息有虚假记载、误导性陈述或者重大遗漏的，由证券监督管理机构责令改正，给予警告，处以三十万元以上、六十万元以下的罚款。对直接负责的主管人员和其他直接责任人员给予警告，并处以三万元以上、三十万元以下的罚款。《会计法》并没有给出情节轻重的衡量标准，从公开的处罚案例看，处理较重者不过二百万元左右，负有责任的高管人员被判处有期徒刑不过四年。另外，我国尚未建立股东集体诉讼制度，少数股东的诉讼行为即使获得赔偿，对公司不遵从会计标准的行为也难以构成威胁。

美国在 2002 年的会计丑闻发生后，SEC 对几个大公司的会计丑闻开出的罚单是：世界通信为 7.5 亿美元，Adelphia 通信公司为 7.15 亿美元，时代华纳为 3 亿美元。美国 2002 年颁布的《2002 年公众公司会计改革和投资者保护法》规定，在公司定期报告中若发现因实质性违反监管法规而被要求重编会计报表时，公司的 CEO/CFO 应当返还给公司 12 个月内从公司收到的所有奖金、红利，其他形式的激励性报酬以及买卖本公司股票所得收益；如果公司 CEO/CFO 事先知道违规事项，但仍提交承诺函，最多可以判处 10 年监禁，以及 100 万美元的罚款；对于故意作出虚假承诺的，最多可以被监禁 20 年并判处 500 万美元的罚款。2006 年，世界通信公司总裁伯纳德·埃伯斯（Bernard Ebbers）最终被判处 25 年徒刑。

相比之下，我国法律制度规定处罚力度和实际执行的力度是偏低的，难以对不遵从会计标准的行为构成威胁，所以，加大处罚力度、尤其是对责任人的处罚力度是十分必要的。同时，监管部门应该将重大案例的处理通过媒体公开，增加法律风险的确定性效应和参照点框架效应的效果。

3. 提高监管部门查获力度的对策

查获率由检查面和稽查率决定，减少不必要检查面和提高稽查人员的稽查技术水平是提高查获率的关键因素。受到监管部门人力和技术水准的限制，查获率不可能达到100%。可行的方案：一是提高选案效率，减少检查面；二是培养高水平的执法队伍。

（1）建立会计信息交流协作系统，整合监管信息资源。相对于被检查企业，监管力量无论在哪一个国家都是不足的，所以，监管部门的会计执法检查不能搞普查，也不能采用类似会计准则实施情况研究时的抽样检查，而应该像税务检查一样，通过信息搜集，确定检查面；然后，通过选案系统，确定重点检查企业。要减少检查面，提高检查效率的前提是掌握充分企业运营的信息。由于企业不遵守会计准则，敢于虚拟业务操纵盈余的屏障之一就是监管者和企业之间的信息不对称，会计信息报告就是为了解决信息不对称问题，所以，对企业会计监管需要的真实的会计信息，显然不能依靠企业提供，只有依赖第三方。

①确定信息交流协作方，签订信息共享协议。政府会计监管部门最好的选择是与税务机关建立协作关系，通过监管信息共享，实现监管资源共享。因为，会计监管者与其他方建立信息交流合作的可行性不高。首先，银行作为企业债权人是会计信息的外部使用者，往往也是企业故意不遵从会计准则欺骗的对象。而作为开户行的银行，必须遵守为储户保密的服务原则，非法律规定，任何部门不可以要求银行提供储户的信息。另外，债权人利益保护的主要原则是独立行动。其次，业务往来方等同样存在类似债权人的问题。雇员作为内部人，与企业具有依存关系，不适宜作为监管部门会计信息来源的第三方。而控股股东是内部人本身可能就参与了会计操纵，外部中小股东则处在信息劣势。比较之下，税务机关作为信息协作方具有天然优势：

首先，应税所得与会计所得存在着密切关系。税务会计奉行的原则之一是以日常会计核算为基础的原则，税基的确定要以日常会计资料为基础。我国是以流转税和所得税为主体税种的国家，会计收入、成本和费用以及会计利润是确定计税依据的基础信息，收入、成本费用与所得是税收监管重点。所以，如果纳税资料是可靠的，只要掌握会计和税收之间的差异就可以确定会计收入、费用及其所得。

其次，税务机关依法拥有比较全面的企业财务信息。税务机关不仅依靠纳税人纳税申报掌握企业财务信息，而且可以利用国家税收的法定权力，从法律上建立企业税源的第三方报告制度，[①] 对于不提供相关信息和提供信息不实的第三方，税务部门可以依法予以处罚。如美国国家税务部门 2002 年与 37 个联邦政府机构（社会保障部、农业部、能源部等）和 215 个州及地方政府机构（包括州和地方的税务局）实施信息共享。作为第三方，税务部门有能力建立最丰富的信息来源网络。我国税法也有同样规定。新的《中华人民共和国税收征管法》第五条在原则上也规定了有关部门和单位应当支持、协助税务机关依法征税，第六条规定了"建立、健全税务机关与政府其他机关的信息共享制度"。

再次，我国会计监管机关、税收执行机关和社会保障等部门均属政府机构，客观上存在着信息交流协作的条件。通过建立会计监管和税收监管的协作关系，不但可以节省监管成本，而且通过双方互通有无，可以提高监管效率。监管部门将通过企业报告、内部稽查和审计掌握的信息与税务机关掌握的纳税人信息对比，从不同角度提高了对被监管对象信息的占有，丰富了彼此信息，一方面提高了选案效率，另一方面可以对企业违法行为形成更严密的威慑网络。

②利用信息技术平台，建立信息对比系统。会计监管部门与税务机关达成信息共享协议后，还需要解决信息交流方式问题。信息交流必须通过现代信息技术，建立信息交流平台。首先，建立管辖范围内企业的统一识别号，并与税务机关的纳税人登记号建立联结，当税务机关按纳税人登记号传给会计监管部门时，计算机能够自动归档。其次，建立企业信息对比系统。在建立信息共享体系后，政府会计监管部门就具有多个信息源。一是企业通过财务报告系统上报的会计信息；二是税务机关交换信息；三是媒体、投资者等举报的信息和其他渠道获取的信息。计算机要将不同信息源进行对比，确定稽查重点，就需要建立自动信息评估系统。会计监管信息评估系统程序如图 8 - 1 所示。

---

① 第三方税源信息报告制度是由征纳双方之外的第三方按照税务机关要求填报专门格式的信息报告报告表，要求有报告收款方的姓名、纳税人登记号和支付金额等。在美国，这些信息要按照不同来源分别采用不同的特定表式。（参见李林木：《税收遵从的理论分析与政策选择》，中国税务出版社 2005 年版，第 103 页。）

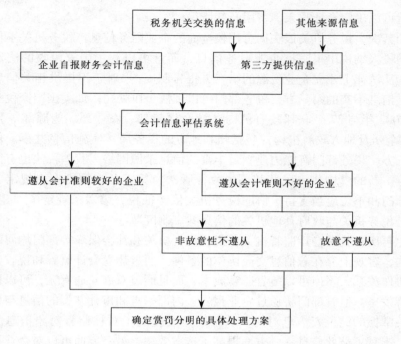

图 8 – 1　会计监管信息评估系统

③开发科学选择稽查对象的软件系统。会计监管的特点是根据已经掌握的信息去判断企业是否恰当地执行了会计准则。传统选择被检查企业的方法依赖于第三方举报和风险抽样审计，这种情况可能漏掉一些重大违法者。建立信息交换系统后，在监管信息系统比较完善的情况下，在自动评估阶段就会发现一些没有公允执行会计准则的行为。借鉴税收选案方法，会计监管部门应该开发计算机选案的系统，对不同行业、不同企业、不同会计业务赋予不同权重，研发一种综合判别企业财务指标的函数系统，通过该系统计算出的指标值与企业实际报告指标值比较，确定差异较大者为重点稽查对象。监管部门对不同的违反会计准则行为采取不同处理方案，对情节较轻的企业限期调整，对不遵从情节比较严重的企业，集中优势资源进行稽查，并辅以定期全面详查，这将大大提高会计监管的效率。

（2）加强对监管人员的监督和管理。监管部门与公众之间也存在委托和代理关系，监管主体的效用函数与公众利益也是不同的，存在着监管者背离委托人目标的道德风险，为违法者俘获的监管者和行政不作为将会影响会计监管的效率。为此，必须提高监管部门的自身执法水平，提高监管人员的素质。监管机关应该建立以下制度：①工作人员的培训制度。在新经济背景下，会计知识和法律更新很快，会计监管工作是一项业务性很强的工作，要求工作人员每年要坚持业务培训，聘请专家讲课和骨干人员对重大案例检查过程的交流，提高他们的业务素质。②建立工作分工和责任制度。按照工作需要进行内部工作人员的分工，明确各岗位责任，规定执法程序和行为，建立行政执法备案和监督制度。③建立工作考核和评价制度。对执法人员执法程序和效果进行评价，并定期采集被监管者对执法的意见，对执法人员进行抽查监督。④建立行政复议和赔偿制度。对监管者和被监管者有意见纠纷的，允许被监管者申诉，增强执法人员公正执法的责任感。

8.1.3　加强对企业会计诚信的评价和监管，弥补正式制度的不完备性

只要会计信息具有利益分配功能，会计准则执行者就难免在利益的诱惑下和财务压力下试图违背会计准则，操纵财务会计报告。会计制度虽然正在从不完备走向完备，但是难以达到绝对的完备，所以，制度好比一张网，其完备性的程度可以比作网眼大小，这张制度之网要达到"疏而不漏"的效果，必须用社会诚信去填补。

诚信是一种非正式制度机制，任何一个企业都嵌入在社会经济体系中，其诚信水平由主观诚信和客观社会诚信共同决定。主观诚信在于个体修养，而客观诚信在于社会诚信网络的效率，并且主观诚信和客观社会诚信相互作用。在经济转轨过程中，中国计划经济体制下集体观念和奉献文化同时被破坏，社会文化网络失落；管理层为了实现任期内业绩考核，不惜牺牲企业长远利益，出现虚报资产、隐瞒负债和高报收益的会计行为。由于社会缺乏对失信公司驱逐的非正式机制，上至国家部委，下至大小企业，都出现财务舞弊，使不完全遵从会计标准成为一种普遍社会现象。要想扭转这种局面，必须通过社会文化资本投入，并由政府和行业协会牵头，建立企业会计诚信评价监管体系，形成对企业管理者个人行为的非正式约束机制。同时，提升企业道德的法律地位，使之成为法律规范之一部分。这对中国改革将是一项长期的社会改进工程。

§8.2 完善会计信息需求激励的政策选择

我国替代性监管政策的会计后果，使许多人对该政策的合理性提出疑虑，提出了放弃替代性监管或优化替代性监管政策的建议。陈晓（2005）提出完善市场机制，提高上市公司的质量。他认为我国资本市场的会计信息失真很大程度上是制度诱导的，是相关政府机构不愿放权或是不相信市场力量的结果，为此主张建立以市场为主的会计监管机制，通过设立股票卖空机制，依靠投资者发现上市公司会计问题，打压作假公司的股票价格获利。吴文峰等（2005）研究也提出监管门槛的存废问题。而朱武祥、成九雁（2004）研究表明，随着证监会降低配股资格条件，我国资本再融资市场出现了萎缩。所以，本书认为，由于我国缺乏市场信息使用者队伍，市场缺乏发现作假的机制，后续的市场机制是不能发挥作用的。因此，放弃管制是非理性的。姜国华等（2005）提出优化证券市场监管政策，证券市场监管的核心应该是对证券市场信用水平的监管，监管手段有两个：一是强化信息披露的范围和要求；二是对信息披露准确性的维护，但并未提出具体的策略。蒋义宏（1999）、刘慧凤（1999）提出采用多变量指标替代净资产收益率等单变量的监管门槛。

替代性监管是对市场自发需求机制失灵的一种替代或修正，对于新兴的、转轨经济的市场国家是必要的，放弃该政策无异于因噎废食。理性的选择是：①短期措施是遵照管制性激励的原理和参照点框架效应原理，优化激励机制的设计；②长期策略是发展机构投资者，扩大"耐心"投资者队伍。通过营造高效的会计信息需求激励情境，激发管理层的社会责任感，重视投资者关系管理，逐步提高会计准则遵从效果。

8.2.1 优化替代性监管措施的原理与对策

1. 按照管制性激励原理，建立会计信息披露质量信用等级评价制度

"激励相容"一词是美国科学院院士、经济学家利奥·赫尔维茨

（Leo Hurwicz）在1972年首先使用的，但是其思想可以追溯到亚当·斯密的市场理论，即市场价格机制这一"看不见的手"可以引导个人在追求自身利益的同时，达到社会利益的最大化。通过机制设计，让所有经济活动的参与者追求自身利益的客观效果与社会目标一致，以增进整体社会福利；或者使所有参与者认识到，违背规则将是对自己不利的，这就是所谓的"激励相容"。新兴市场会计信息需求机制的缺失以及市场机制存在的缺陷，使我们认识到单纯依赖市场的自发激励机制提高会计信息质量是不够的，只有通过管制机制的优化设计，实现管制机制与市场机制的激励机理相容，管制才可能弥补市场机制的缺陷。管理机制设计是经济学的重要研究领域，自20世纪60年代以来，在利奥·赫尔维茨、威廉·维克里（William Spencer Vickrey）、詹姆斯·米尔里斯（James Mirreless）三位经济学家的推动下，激励性管理理论得到发展。激励性管制的核心是在政府管制中引入市场化机制，通过管制机制与市场机制相容，优化管制性机制，达到被管制者与受益者的利益相容，即管制性激励。

在我国不仅存在着市场定价机制的失灵，市场自发激励机制的缺失，而且还有替代性监管造成的政府失灵，监管手段必须在"避免市场失灵"和"避免政府失灵"两者之间进行平衡。而替代性会计监管造成政府失灵的原因在于：以单一收益性指标替代市场评价机制，这是对市场机制的简化，不符合激励相容的原理。替代性会计监管应该是对市场机制的补充和激发，应该充分营造市场会计信息需求激励，要避免会计监管中政府对市场的直接替代，而是在政府对会计市场失灵的干预中更多地引入市场机制。

按照会计报表分析的原理，市场信息使用者对企业评价时首先要对会计信息本身的质量作出判断，他们依据自身的会计知识或是凭借对注册会计的审计意见等对企业财务报告的可信性、可比性进行判断，然后才能利用市场价值模型或其他理性评价工具对会计信息进行分析利用。按照激励相容的机制设计原则，会计监管要尽可能利用、模仿市场机制作用原理，诱导市场机制的发动。因此，在我国投资者队伍不成熟的情况下，借鉴纳税信用等级制度，① 推广企业会计信息披露等级评价制度，引导市场对会计信息的评价和利用，营造市场激励的情境，同样是一种替代监管的优化策略。

这些财务报告信用等级评价制度是一种有效的诚信激励制度。信用等级制度的评级结果具有信息价值，它在市场中扩散，对企业形象具有形塑作用，通过市场价格波动，诱发市场激励机制效应的发生。会计报告信用等级制度的建立必须落实评定主体、评定对象、评定标准、评定程序、等级待遇、等级升降问题。

第一，财务报告信用评价主体。评价主体应该具有权威性、中立性和对被监管者具有信息搜寻优势。依照前一章论述，政府会计监管部门——财政和证券监管具有信息优势和政治权威性，具有作为财务报告评价主体的部分条件，但缺乏研究力量。市场中介机构具有独立性和信息搜寻优势，但是目前我国缺乏有影响的中介组织。另外，中介行为具有营利性，如果财务报告信用评价不能给其带来收益，有被评价对象收买的风险。权衡之下，笔者认为应由政府会计监管部门监督和支持，在会计协会主持下进行招标，扩大评价主体的选择范围，鼓励大专院校参与。通过契约形式对参与者行为进行约束，确保评价主体具有政治权威性、学术研究权威性、中立性和信息搜寻能力。

第二，评定对象先确定为上市公司，后扩大到所有企业。目前急需解决资本市场的财务报告信息问题，所以，由证监会监督和支持建立上市公司的财务报告信用评价体系。在取得一定经验后，扩大到由财政部门监管的所有企业，建立起企业财务报告信用等级评价体系。

第三，在评定等级和标准上，要将定性和定量相结合。财务报告信用等级可以分为五级，定性标准为：凡是由犯罪记录或是被发现涉及会计行为犯罪嫌疑而未结案者，定为 E 级；有违犯会计法规，受到行政处罚的，但未构成犯罪的定为 D 级；因财务会计报告存在错误、情节严重，或有

---

① 信用等级制度是一种在税收实践中被广泛应用的激励制度。为了提高税收遵从度，不少国家对纳税人采取奖罚分明的管理政策。因为直接的税收奖励受到成本的限制，许多国家采取纳税信用等级制度作为直接的税收优惠激励的替代性政策工具。比如，1972 年日本推行了一种蓝色申报制度，该办法对会计制度健全、税收遵从度高的纳税人，由税务机关核发蓝色的纳税申报表，并在税收政策和管理程序上给予优惠待遇；而对于财务会计制度不健全、税收遵从度较低的纳税人，给予白色纳税申报表，列入重点监管对象。这种制度就是一种纳税信用等级制度。这种分而制之的策略是国家征税机关与纳税人之间在重复博弈中的策略优化，强化了诚信机制的激励作用，营造了诚信机制的作用环境。对于监管者来说，节约了监管成本；对纳税人则树立了企业声誉，最终提高了纳税遵从水平。

明显的、不合理的盈余管理行为，影响重大为 C 级；财务会计报告有比较轻微的错误，存在盈余管理行为的为 B 级；财务报告具有合法性、公允性的评为 A 级。定量标准按会计政策选择与变更情况，账簿凭证、会计文件管理情况，财务会计报告及时和准确情况，会计报告完整性等方面制定定量指标，合成分数，划定等级。

第四，评定程序上，评定主持部门要开发一套计算机自动评比程序，将各种信息细化，由计算机自动得出评比初步结果，然后由评定小组进行分组审核。在小组审核中要结合注册会计师意见、纳税信用等级、银行贷款信用、保险基金缴纳信用等方面信用合成调整分数，最后得出总评结果。

第五，利用等级待遇构建收益和风险对比鲜明的会计准则执行抉择空间。一般情况下，会计行动主体是厌恶风险的，在进行会计决策时，既使风险性前景的预期收益与确定性前景的预期相同，但是多数人还是偏好确定性前景。所以，财务会计报告等级评定办法和待遇应公开，并制定收益和风险明确、对比鲜明的等级待遇。收益和风险包括自然和人为的。自然收益和风险为权威部门发布财务会计报告，自然会有市场反应，使不同企业享受不同价格待遇。设计收益和风险为会计监管部门对不同等级企业确定检查频度、批准再融资手续等方面差别。另外，会计监管部门还可以和银行、税务、保险联合，交流评级结果，及时修正彼此掌握信息，对守法好的企业给予纳税、贷款等方面的联合优惠，让企业尝到守法的甜头。

第六，在等级的升降上，需要根据企业会计准则遵从情况的变化及时调整。为了防止某些首次得到较高等级的企业在荣誉光环的掩护下失信，对高等级者也要经常抽查，一旦查出有违规行为，不但要调整级别，而且要大幅度下调，对其形成警戒，促使其珍视已有荣誉。

2. 利用参照点框架效应原理，构建多变量的监管政策，降低参照点效应

Schadewald (1989) 在对纳税决策参照点效应实验中发现，如果在没有明显的收益或损失标志下，纳税人不会自动地把决策结果与参照点的偏离理解为收益或损失。所以，在企业上市、再融资或退市时不要过度重视会计业绩指标。因为，这种政策手段既不合理，也容易对企业形成参照点效应。企业亏损与多种因素有关，会计政策选择、行业环境、企业经营管

理水平、企业所处的成长周期等多种因素都会影响到企业经营效果。市场应该把资金配置到急需资金发展的行业和企业，避免资金的浪费。从企业成长周期来说，企业要经历初创期、成长期、成熟期和衰落期。企业最需要资金支持和应该得到资金的时期是成长期。这时企业盈利能力并不高，经营活动净现金缺乏。一旦进入成熟期，企业盈利率提高了，自由现金也应该比较充裕。所以，单纯依据盈利指标决定融资企业选择，是不符合企业成长规律的。各方面的争论表明，证监会应该修正监管政策，但具体考虑哪些因素，应该由会计政策咨询小组来提出。所以，笔者建议成立证券市场监管政策咨询小组，由各界专家组成，负责调查和进行政策效果评估，供决策参考。

☛ 8.2.2　发展机构投资者，扩大"耐心"投资者队伍

会计信息需求激励机制发挥作用的前提是投资者形成基于会计信息的证券投资策略。这种市场情境的形成首先需要形成一批投资型的投资者队伍。西方市场发展表明，机构投资者的成长对改变投资者结构，提高对会计信息的解读能力和对企业价值的评价能力具有重要作用。由于知识结构限制，散户投资者很难充分利用上市公司披露出的财务信息，并且其中有许多噪音投资者，[①] 行为金融研究表明，因为噪音投资者存在使市场出现对某些会计信息反应过度或者不足，投资行为出现"羊群效应"。发展机构投资者，改变投资者的结构，提高投资者对会计信息的识别和使用效率，是提高市场激励机制有效性的必要途径。

我国机构投资者队伍近几年来有了很大发展，其市场和企业价值的研究能力都有较大幅度的提高，但和西方相比还存在较大差距。政府一方面要扩大保险基金等机构投资者规模，发展战略投资者；另一方面要加强对市场中介的监管，打击中介机构和上市公司合谋操纵股价的行为，鼓励发展一批有条件的投资信息咨询机构，将财务分析师这一职业专门化，提高市场信息的流动性。随着股票市场规模的不断扩大，财务信息分析必将成为投资者投资决策的基础。

---

① 噪音投资者是相对能够正确理解信息并进行交易的理性投资者而言，指那些自认为自己拥有并正确理解了信息的投资者。

同时，通过发展中小投资者利益保护组织，开展投资者教育，组织投资者信息反馈和利益保护活动，提高市场对虚假会计信息的发现和打击力度，鼓励上市公司在信息披露中诚实守法。经过长期策略和短期策略的互相补充，尽量减少市场失灵和政府失灵，建立高效的市场会计信息激励机制，营造遵从会计准则、提高会计信息质量的市场需求环境。

§8.3 优化公司激励和监督制度的对策

☞8.3.1 建立利益激励与会计行为激励兼容的激励机制

公司对管理层的薪酬激励影响了其个人利益的获得方式，利益激励方式会影响其会计决策行为，因此，激励机制设计必须将其对代理成本的影响和会计信息的影响合并考虑，笔者建议除了建立规范化的激励设计和考评程序外，还要注意以下三点：

（1）将会计准则执行结果纳入管理层绩效考评指标中。会计信息是企业产出能力的替代，既反映了受托责任，也是受托责任的一部分。如果会计信息被发现需要重编和舞弊，高管人员不得领取任何奖金，而且要退回已经获得的业绩薪酬，并依法承担有关法律责任。

（2）在管理人员业绩奖考核指标中增加"有效增值率"会计指标和"市场占有率"等非财务指标。有效增值率是营业收入－折旧和材料等非人工成本－人工成本中基础工资部分。有效增值是利益相关者利益共享的基础，管理者如果要最大化自己的收入，必须努力扩大收入，降低物料成本，在保证利益相关者共同利益的基础上实现自己的利益。采用产品市场占有率指标可以减少对会计指标的过度依赖，市场占有率变化与会计指标营业收入变化具有一定关联性，二者可以相互牵制。

（3）降低基薪水平，减少控制权收益。管理人员的基薪应该以人力资本再生产的费用为基础，参考人力资本的市场价确定，切断其与净资产、资产规模的直接联系。借鉴公务员职务消费管理办法，通过建立定额、透明的控制机制，加强在职消费的控制。

➤ 8.3.2 建立符合国情的公司会计监督机制

1. 关于目前已有的改革方案的探讨与认识

目前，已全面展开对公司会计监督体系的改革，理论界和政府监管部门对此提出了不同改革方案。

（1）政府监管部门的改革方案是，借鉴英、美国家的独立董事制度，在公司治理中引入独立董事制度。自1997～2000年，有关部门先后三次下文要求上市公司设立独立董事制度，并要求独立董事的数量在2003年底之前达到1/3。[①] 2001年1月，中国证监会和国家经贸委又联合出台了《上市公司治理准则》，要求上市公司按照股东大会的有关决议设立审计、薪酬和提名委员会，这些委员会中独立董事应占多数并担任负责人。审计委员会中至少应有一名独立董事是会计专业人士，其职责是：检查公司会计政策、财务状况和财务报告程序；与外部审计机构进行交流；对内部审计人员及其工作进行考核；对公司的内部控制进行考核；检查、监督公司存在或潜在的各种风险；检查公司遵守法律、法规的情况。

（2）学术界反对独立董事制度的观点。其根据是：①董事会制度本身存在问题。学术界一些学者经过对独立董事制度产生的环境和运行条件、效果研究提出，独立董事制度是美国公司治理的产物，与美国独立、民主的文化传统相协调。独立董事制度在美国的实践也反映出其内在缺陷：独立董事的聘任制度、信息基础、时间保证、动力问题、法律责任问题等等，美国国内对独立董事制度也是损誉参半。②中国在二元董事会制度下嫁接独立董事制度存在四个不和谐：中国"和"文化与独立董事制度不协调；独立董事制度与监事制度重叠和冲突；独立董事制度的声誉机制要求与中国经理人市场发育不和谐；独立董事制度与中国公司治理的矛盾不和谐，中国公司治理的主要问题是股权结构形成的内部控制和核心代理问题，与美国独立董事制度产生面对的股权分散不完全相同。在否定借

---

① 1997年12月中国证监会发布《上市公司章程指引》，其中第112条规定公司根据需要可以设立独立董事，并对独立董事人员独立性提出基本要求。1999年3月国家经贸委、中国证监会发布《关于进一步促进境外上市公司规范运作和深化改革的意见》，其中第6条提出在境外上市公司应逐步建立健全外部董事和独立董事制度，外部董事要达到董事人数的1/2以上，并有2名独立董事。在2000年8月出台了《在上市公司建立独立董事制度的指导意见》。

鉴董事制度后,有人提出建立独立监事制度,替代独立董事制度,并对独立监事制度建设提出颇有见地的建设意见(王天习,2002)。谢德仁(2005)对审计委员会制度本源性质的探讨,提出独立董事不应该在董事会下行使权力,而应与董事会平行又独立于董事会,并拥有内部会计事务的消极权利。

本书认为,这两种观点都有一定合理性,独立董事制度顺应了现代公司治理社会性的要求,有存在的必要性,问题是如何针对我国公司治理的历史、文化和现状,借鉴两大公司治理的优点,对公司治理中的监督系统再进一步改革。

2. 建立基于收益权的公司会计监督体系

(1)在公司内部建立由利益相关者构成的监事会,并建立监事会内部的信息沟通制度、分工负责制度。二元制公司治理结构所奉行的利益相关者理论与公众公司的制度属性是相吻合的。德国和日本公司所奉行以利益相关者的利益为导向,利益相关者有组织地共同参与的公司治理,不但大大缩小了企业内部收入差距,保持了和谐的公司利益关系,克服了证券市场的短视行为,维护了公司的持续发展。这是与我国政府提出的建设和谐社会,让利益相关者共享企业改革成果,维护企业持续发展的政策是一致的。所以,我们要借鉴二元制公司治理的这个优点。同时,应该注意到,德国的职工参与制度是以职工有组织的行为为基础,而且工人委员会或企业委员会以保护雇员利益为己任,对内独立于企业代理人,对外以行业工会为依托。这是我国工会组织所不具备的,也是现行公司法下职工监事难以发挥作用的原因。所以,我国一方面要吸收主银行和职工进入监事会,另一方面公司聘任独立监事应由利益相关者代表审核同意。独立监事应包括具有财务专长的专家,执行目前由独立董事组成的审计委员会职责,形成由一个利益相关者组成的内部会计监督委员。

在会计监督委员会中建立分工和协作的机制。职工监事要利用对内部信息的优势,银行监事则利用银行在贷款发放前、后掌握的信息,为独立监事开展会计监督提供信息支持。独立监事的职责主要包括:负责注册会计师聘任、报酬及其与内部控制部门的沟通;负责对内部控制的监督和考核;负责对企业财务和会计决策的技术和法律层面问题进行审核,并承担法律责任。通过企业内部监督主体的重新组合和分工,可以把两种公司治理的优点结合起来，弥补它们各自的不足。

（2）在公司外部，形成外部会计信息交流网络，并与内部监督主体建立联系，形成内外畅通的会计监督和利益保护体系。企业利益相关者都可以依托一定的政府部门（如国资委、工会和劳动管理部门、税务系统、证监会和财政部门、国家统计部门），这些部门在履行所肩负的行政职责时，都需要企业提供格式不一的专业会计报告。但是，目前由于这些部门各自独立行政，得到的许多信息都是不真实的，限于职权和能力，它们多数无从核实。其实，它们需要的信息都与财务会计信息的内容相关。比如，企业向劳动部门报送的劳动用工及其工资、保险基金支付报表，纳税申报表中人工成本和财务报告中用于职工工资和职工相关的支出是对应的；企业收入和利润与纳税申报表中的税基，高管人员的薪酬核定的会计业绩表是相关的。所以，如果通过信息技术，建立信息交流平台，同时对现有报表系统改革，凸显它们之间的相互勾稽关系，则可以整合信息资源，牵制企业的会计执法行为，也可以减少企业对不同部门报送不同报表的行为。

为了配合外部有关部门的监管，企业会计监督委员会的独立监事应该在报送于各部门的专业会计报表上签字，并承担法律责任。同时，职工监事负责在报送劳动保险部门的报表上签字，银行监事向银行的报告签字；独立监事和其他监事的内部也要有相互认可的交流记录。

8.3.3　强化管理层的道德自律，改善公司管理文化

改革开放后，经济利益在社会生活中的地位得到提升，在从计划经济向市场经济转轨过程中，随着企业领导人聘任制度改革，经济利益的激励逐步取代政治利益。同时，传统讲奉献的道德文化却失去在社会文化中的主体地位，而社会法制体制尚未建立起来，市场机制也不健全。在这种社会结构中，会计准则执行行为被经济博弈所主宰，失去道德支撑的企业博弈行为，必然是以企业利益为主导的自利行为，上市公司不遵从会计准则也是其理性选择，但不是公平博弈下的理性选择。

重建管理层社会责任意识，增强其决策行为的道德自律，改善公司文化环境，这是提升会计准则遵从层次必不可少的条件。因此，从整个社会道德教化做起，并通过建立管理者的诚信档案，逐步强化管理层的道德自

律，改善公司文化环境，这是提高会计准则遵从水平，提高财务会计信息质量的一个长期有效的策略。

§8.4   建立规范的会计准则遵从资源支持系统

☛8.4.1   规范政府行为，形成政府资源使用的约束

在市场经济体制下，政府、企业和家庭都是市场经济中的行为主体，但是政府与企业和家庭的职能不同。政府主要职能是建立市场体系，完善市场法规，进行社会资本投资和维护，在一定领域内弥补市场失灵。在会计领域中，政府应该致力于高质量会计准则与有关法律、法规的制定，监督准则与法规的执行，明确界定财务信息失真的法律责任，依法追究虚假财务信息相关责任人的法律责任等方面（崔学刚，2004），为建立和维护一个高效的会计领域秩序而作为。

但是，以国有经济为主导的经济背景，政府与企业、银行之间的盘根错节关系，计划经济历史造成的政府行为惯性，现行政府对经济和稳定的重视，这一切导致了政府无法立刻置身于企业行为之外。现实中存在着比较严重的政府错位问题，政府一只手在制定和监督会计法规体系，另一只手又参与企业对这些会计规制的规避，干预了企业的自由竞争过程。另外，企业主管部门、集团公司利用人事管理权力，直接任命国家参股、控股企业的董事长和总经理，直接干预企业经营决策。这种政府官员和企业领导人的传统配置措施造成了政府和企业间关系非规范化，是政府能肆意动用公共资源"扶持"某些企业的关系基础。这说明，中国政府职能转换尚未完成，政府机关缺乏民主行政的制度约束。

在政府政治体制彻底改革之前，随着《行政许可法》和《公务员法》等颁布和实施，应该建立政府资源使用决策终身责任追究制度，替代一走了之或引咎辞职，以提高政府官员对自身行政作为的约束；建立政府部门内部控制制度，限制企业对政府资源的动员能力。

☛ 8.4.2 完善公司治理制度，提升公司治理绩效

现代企业制度的特点是所有权和经营权分离，但是现实中两权并非是彻底的分离，大股东依据公司表决制度实施对企业法人财产权的控制，导致一个法律上独立的企业事实上被大股东所控制。在法律缺乏对其他利益相关者保护的前提下，大股东为了谋取控制权利益和股权收益，将会主动地与上市公司管理层（许多管理层也是大股东派遣的）联合，为上市公司操纵财务会计报告提供帮助。这在形式上提升了上市公司的会计准则遵从能力，但实质上并未改进上市公司的盈利能力，而是为其通过上市公司谋取控制权利益、转移资金提供了条件。在缺乏中小股东利益保护的法律环境中，将从长远角度损害了其他利益相关者的利益，甚至降低了公司遵从会计准则的能力。中国股市出现被掏空公司的财务舞弊就是证据。

会计学理论所坚持的会计主体假设明确要求要将会计主体看成一个独立体，这与企业改革中坚持的企业自主经营、自负盈亏的要求是一致的。企业是利益相关者的利益联合体，应该保证企业法人财产权的完整性和独立性。所以，通过改革公司表决制度，健全公司治理，增加与大股东、主债权银行等相抗衡的利益集团，建立共同治理的公司治理结构，限制某一利益集团在企业中形成霸权；提高民主科学的企业管理制度，增强公司对利益相关者的法律责任，提高企业自身的治理绩效，减少企业对关系资源的非正当依赖。

☛ 8.4.3 进一步提高信息披露透明度的监管，保护投资者利益

国外经验表明，法人财产权制度的建立，并不能完全解决上市公司与大股东之间的关联交易。资源依赖理论表明，管理层作为企业战略策划者和推行者，总是要千方百计地提高自己的业绩表现。因此，即使没有被大股东所利用，管理层也会利用关系资源提升企业的业绩表现，企业实践中出现了企业广泛利用各种关系资源的案例。对此，只能通过加强立法和监管，提高关联交易的通明度。针对上市公司因核心代理问题而产生的关联交易，可以借鉴中国台湾立法，提高股权关系披露。1997 年 5 月，"台湾

立法委员会"通过了一项法案，即金字塔控股和交叉持股必须披露其股权结构。

中国作为一个关系型社会，股权关系、债权关系、甚至企业间也会因为互相依赖而被利用作为关联交易的中介。这是推动我国关联交易管制不断升级的现实力量。针对中国的现实，应该扩大对关联交易的定义范围，加强会计监管部门与税收监管部门对关联交易的监管协作，加大对关系资源滥用的监管力度。

☛8.4.4　提升会计准则执行主体的职业能力和道德自律能力

我国会计教育的改革如同经济改革一样，从计划经济体制下的人才培养过渡到适应市场经济体制的人才培养仅仅二十多年的历史，与发达国家历经上百年的会计教育水平相比，我们还有一定的差距。由于会计法规体系处于快速变迁过程，我国会计教育理念基本上是法规主导型，教学方法以题目演练为主。这种教学方式导致会计专业学生对会计问题的狭隘认识，看不到会计核算和报告过程的复杂性。当会计毕业生深入到实践中去后，在经济利益冲突和权威的压力下，看到更多如同魔术般的会计处理案例，又使其对会计的理解偏向另一个极端，忽视对自己业务素质的要求，忽视对自己职业责任和道德的提升。所以，必须改革我国高校会计教育模式，深化对职业会计师能力的认识和培养，加强会计职业道德教育，提高他们的职业能力，培养具有社会责任感的新型职业会计人才。

我们的研究中主要关注了股权关系、政企关系对会计准则执行过程和结果的影响，但是，中国作为一个强关系社会，基于企业间互相依赖的关系，狡黠而聪明的管理者很容易找到一个影子公司，配合其操纵财务会计报告。无论是监管部门、外部注册会计师，还是独立董事，其审核通常是对已经发生的交易或事项是否遵从会计准则进行审核，对交易或事项本身安排的实质真实性缺乏彻底审核能力。因此，要从根本上解决问题，必须加强会计人员和管理者的道德自律，同时强化内部控制，将对会计准则的理性遵从提升到道德遵从的水平，才能真正减少关系资源的滥用。

最后，需要提请注意的是：会计准则执行的情境架构受到整个社会发展的制约，高效协调的会计准则执行的系统框架并非朝夕可就。所以，我们应该着手于见效快、影响大的环节。公司治理制度融激励和监督机制于一体，在整个系统中处于基础地位，它具有异质性特点，可以作为会计情境改革的重要关注域，与企业改革协调进行。而社会诚信和企业道德建设则是不可或缺的，从长远观点看，应该关注社会诚信、企业道德和公司文化与会计准则执行的正式制度协调。在全球化背景下，世界各国和国际组织要联合起来，建立统一协调的法律和监管制度。全面建设协调一致的会计准则执行机制是一个社会化系统大工程。

第 **9** 章

结论与讨论

§9.1 关于我国会计执行问题若干观点的讨论

本节进一步结合调查资料讨论关于我国会计准则执行问题的基本结论。

在本书写作过程中，通过问卷、访谈进行了企业调查，收集了会计人员对企业会计准则执行（调查采用"会计标准"与本书"会计准则"同义）问题的看法，本节主要结合这些调查结果，讨论我们得出的基本结论。调查范围以山东省上市公司和大型国有企业为主，也有少部分来自外省企业的调查资料。前后共收集调查资料 55 份，涉及 51 个企业。我们还组织 13 位 MBA 学生参加了一项准实验研究，统计结果基本支持本书观点，但由于其设计的不完善，本书不予作为结论的支持证据。通过下面讨论，旨在使我们对我国财务报告质量的形成机制具有更为系统和清晰的认识。

☞9.1.1 主导我国企业会计准则执行的行为动机

财务报告的经济效用导致了企业会计准则执行过程受到多种动机的影响。在会计文献中，将其归纳为契约性动机和资本市场动机。在笔者所见到的文献中，一般认为主导我国财务会计行为的动机是资本市场融资需求。西方实证会计中的报酬契约假设没有得到我国实证研究支持。而且，企业融资理论实证研究提出，我国上市公司存在一种特殊性现象——股权融资偏好。股权融资以财务报告公开披露为前提，无疑会使企业重视在资本市场的利益。所以，我们初步推断，主导我国企业会计行为的动机是资本市场利益。其实，支持这一观点的理由还包括资本市场利益是企业利益相关者利益的相容点。股权融资可以迅速增加企业净资产，符合大股东的利益；股权融资有利于扩大企业资产规模，降低企业资产负债率，增加了现金流入，符合债权人利益，符合现行企业激励方式下管理者的利益。同时，通过资本市场融资解困，降低企业财务风险，维持地方所属企业的生存，这也与地方政府、银行的利益偏好一致。所以，资本市场利益是我国企业执行会计准则的主导利益动机。

调查结果支持了这一观点。笔者先期以"对企业会计标准执行具有影响的动机因素有哪些？"进行调查，根据反馈的结果，我们设立了五个可供选择的答案：均衡收益、再融资要求、上市公司的股价配合、业绩考核、少缴税金，进行了进一步调查，有效问卷 38 份，统计结果如表 9－1 所示：

表 9－1　　　　　　　　企业财务会计行为动机调查结果

选项	均衡收益	再融资要求	股价配合	业绩考核	少缴税金
比率（%）	39.47	73.68	71.05	52.63	47.37

在财务会计报告具有多种效用的情况下，主导性动机的形成实质是企业对相关利益权衡的结果。企业利益结构不同，管理者需要解决的主要问题不同，主导会计决策的主动机不同。从表中，我们可以非常清楚地看到，调查结果支持了我们的基本判断。同时，我们也会发现，在企业会计决策中，常常为了确保企业主要利益而放弃一部分利益，如企业税收利益。企业的税收利益和财务报告利益有时不能兼得，如当企业为了实现资本市场的利益向上管理盈余时，就可能要付出所得税成本，企业会在确保主要效用目标的基础上争取最大化的税收利益。我们进一步统计发现，在选择资本市场动机的问卷中，同时选择税收利益的有 16 份，占 57.14%。这说明企业利益权衡过程中的理性存在。这个结果与财务报告和税收成本

权衡研究文献的结论一致。[①]

国外学者实证研究发现了所得税成本与财务报告成本的权衡对存货等会计政策选择行为的影响。Johnson and Dhaliwal（1988）研究了放弃后进先出法公司的所得税成本和财务报告成本的关系，发现放弃后进先出法的公司多为高负债、低税负的公司，其结果是公司所得税支付增加而财务报告成本降低。

Erickson，Hanlon and Maydew（2004）以美国证监会在 1996～2002 年期间认定财务欺诈和虚增利润的 27 家公司为分析样本，考察发现了每虚增 1 美元利润，公司要付 12 美分的所得税。这表明至少有一些上市公司愿意为其虚增的利润额外支付所得税。这可能是为了防止外部利益相关者觉察到公司有虚增利润的行为，即公司为了得到财务报告收益有可能愿意承担额外的所得税成本。

实证研究还发现了企业利用税法和会计准则的差异规避税收成本的行为证据。Mills and Newberry（2001）研究了税务成本和非税成本对公司会计利润和应税所得之间差异的影响。实证研究结果表明，盈利上市公司——相对于非上市公司报告的非应税项目损益（book-tax differences）相对较高，高负债率和可能陷入财务困境的公司，以及会计利润增长的盈利上市公司的非应税项目损益也较高。这表明具有盈余管理动机的公司很可能会通过增加非应税项目损益的方式操纵利润，并规避部分所得税成本。

从 1994 年起，我国税法和会计准则之间的差异也不断扩大，为规避税收成本创造条件。企业的现实选择行为会表现出对不同会计准则具有不同遵从水平，比如企业舞弊或盈余管理中，利用减值准备提取、转回的案例就比较高，资产减值准则的遵从率就会比较低。郭荟（2006）[②] 以投资收益、资产减值和关联交易三种盈余管理方式为研究对象，对我国上市公司盈余管理程度与税收的关系进行了实证检验，研究发现：资产减值指标与所得税税负正相关，关联交易与所得税税负有正相关关系，表明上市公司为关联交易承担一定所得税成本，投资收益与所得税税负关系比较复杂。

调查也涉及会计决策者如何处理个人利益与企业利益的关系。管理者

---

① 参见 Shackford，D.，and T. Shevlin，2001. Empirical Tax Research in accounting. Journal of Accounting and Economics 31（1-3）：321~387.

② 郭荟：《盈余管理的所得税成本：基于中国上市公司的实证研究》，载于《2006 年中国会计学会论文集》。

作为企业的受托人，需要在实现企业利益最大化的基础上实现个人利益，即使在会计行动中管理者要考虑个人利益，也不能直接以个人利益作为会计决策的出发点。在"您认为高管人员薪酬是否与业绩挂钩对企业会计准则执行的影响程度"调查中，51 份有效问卷统计结果，选择"很大的"占 19.61%，"较大的"占 29.41%，"不大的"占 50.98%。在访谈中，有的企业财务总监坦言：管理者会考虑个人利益，但不是主要的。这证明了我们在第 5 章讨论的企业管理者追求自身利益的方式以及对企业会计准则执行策略的影响。

以上这些研究发现使我们认识到，资本市场利益并不会一直主导企业会计准则执行策略，也不是主导所有企业会计准则执行策略的动机因素。不同的企业是如何权衡这些财务报告动机，而这些动机又如何影响不同会计准则的遵从水平。这是一个值得深入研究的问题。

9.1.2　我国企业会计准则执行行为的特点

情景架构协同作用具有历史性和国别特征，因此塑造了企业会计准则执行和财务报告质量的阶段性特征。本书通过采取逻辑分析和历史分析的方法，提出我国上市公司的会计准则遵从行为呈现制度博弈的特点。

这一观点是对我国上市公司所处的情境分析得出的。情境架构下的会计准则执行行为分析模式强调的是，企业会计准则执行行为受制于会计准则实施机制的效率。我国会计准则和正式保障制度的改革先于其他改革，没有形成协调的会计准则实施机制。相比较而言，会计法规制度的改革先于、快于其他方面的改革，形成了相对完善的会计标准体系和会计标准实施的威慑机制。但是，其他机制发育相对较慢。一是，在改革开放过程中传统道德和文化受到冲击，社会信誉机制失落，形成了与正式制度不协调、甚至相冲突的非正式制度；二是，企业制度改革中，形成了控股股东或管理者的霸权阶层，公司治理机制的不完善降低了企业会计准则自我执行的效率；三是，新兴转轨的资本市场缺乏理性的市场需求主体，使企业会计准则执行缺少会计信息使用者的牵制，替代性监管为企业树立了盈余管理的目标，激励着企业的会计操纵行为，形成了市场需求激励的低效率。在这种博弈局势下，企业会计准则执行者需要精心应对的就是会计准则和监管制度。

中国传统文化和社会关系网络使企业管理者具备了这种博弈心理和资源。由于经历了三千年封建专制的统治和新中国的统一领导时期，我国民众普遍缺乏民主参与意识，政治、法律民主化改革也相对落后。企业管理者对会计准则制定虽然持"冷漠的态度"，但是，"上有政策、下有对策"的传统文化和传统关系资本网络的延续，形成管理者与制度博弈的行为偏好。如果实际财务报告不利于其实现预期目标，"绕过制度"、"打擦边球"是处理交易和事项的惯用手段。企业丰富的关系资源为其实施这些"创新性设计"提供了条件。财政部门"救火式"的会计准则制定、修订状态也是为了抑制企业这种针对性的制度博弈行为。

我们的调查研究基本支持理论的推断。在要求被调查对象按照对会计准则遵从行为的影响力对 9 种具体情境因素赋值，统计结果如表 9 - 2 所示：

表 9 - 2　　　　　情境要素对企业会计准则遵从影响力调查结果

项目	会计准则	处罚风险	监管手段	会计信息需求	内部会计监督	注册会计师监督	薪酬政策	会计主管水平	关系资源
指数值	7.21	6.73	6.27	5.25	5.21	5.78	4.04	5.29	5.19
排序	1	2	3	6	7	4	9	5	8

说明：指数值 = ∑要素赋值×该值选择的比例数。

从表中可以看出，排在第 1 位的是会计准则，第 2 位的是外部威慑机制，企业层次的外部监督机制比较强，排第 4 位，但内部监督机制比较弱，排第 7 位。由于企业会计监督机制依赖于其整体效率，所以，企业会计监督机制整体效率并不高。外部需求激励排第 6 位，其实，市场自发需求激励并不高，而证监会替代性监管激励较高，提高了总体指数值。替代性监管激励结果诱发了参照点框架效应，激励企业财务报告的管理行为。会计主管水平和关系资源构成企业资源体系，是应对制度性管制的力量。从其构成看，关系资源排在第 8 位，说明它是财务报告管理的备用手段，当企业依赖自身能力、内部资源可以达到预定目标时，不会去费力调动关系资源。高管人员的水平排在第 5 位，但赋值为 9 的问卷占总数的 17.02%，赋值为 9、8、7 的合计数占总数的 40.42%，赋值为 1 的占总数的 19.15%，赋值为 1、2、3 的合计数占总数的比例为 25.53%，赋值的分散显示对高管人员作用的看法比较复杂。如果企业要应对会计准则的变化，针对具体会计准则的规定制定博弈策略，调动、利用关系资源，规避会计管制和会计监督的风险，这些无不与会计人员的水平有关。表面上，会计人员的这种作用减少了企业会计舞弊的现象，但未必会提高财务报告的质量。同时说明，要提高会计准则遵从水平，提高会计人员遵从会计准则的自觉性和道德约束很重要。

这种理论分析和调查结果说明，我国企业与美国企业的财务报告舞弊比较，动机有相同之处（动机的形成路径是有区别的），但手段不同。①资本市场的利益是我国上市公司财务报告决策的主动机，这种利益偏好加大了融资资格得失在决策者心理上的砝码，在市场投资者激励机制缺乏效率的情况下，迎合政府替代性监管成为管理层决策目标。地方政府、大股东、银行、关系企业有动力协助上市公司实现企业财务报告的预期目标。尤其许多公司会计案例显示，政府行为对企业财务报告影响方式是多种多样，除了利用财政补贴或税收返还以外，政府还利用国有股权调动其他企业的资源。②美国管理者激励与股东在维持股价的利益诉求是激励相容的，迎合证券分析师和市场投机者的股价预期是管理层会计决策的目标，但由于投资者权益保护法律的相对完善，会计准则执行的具体手段与中国不同，政府和关系方协作舞弊相对较少。

☞9.1.3　对我国会计准则实施机制效率的讨论

1. 会计准则实施能力

会计准则作为一种会计规范，具有使企业认可性执行和畏惧性执行的能力。为此，本书建议改革应该致力于提高企业遵从会计准则的能力。我国会计准则改革是否产生了这种效果呢？调查显示，有74.51%的被调查者认为会计准则和会计制度改革提高了会计标准的严肃性；15.69%的被调查者认为下降了，因为会计准则改革加大了企业会计政策选择空间，提高了遵从会计准则复杂性，这与我国会计人员的职业判断能力和执业环境不匹配。有90.2%的被调查者肯定：如果会计实务界代表更多地参与了会计准则的制定过程，会提高实务界对会计准则认可度，但是此举对提高会计准则的遵从水平的作用并不是很大。所以，我们建议在会计准则制定过程中应该更好听取来自企业界的建议。但是，也要注意其作用是有限的。西方发达国家的经验说明，企业界代表的参与可能会促使某些会计准则的实施规定转向对自己有利的方面，也可能出现实务界广泛参与了会计准则制定，但仍然会出现"懂法犯法"的现象。企业对具体会计准则的遵从程度受到收益和风险权衡的影响，不同的具体会计准则不遵从的预期成本和风险不同，具体会计准则的遵从率会有显著的差别。所以，我们建议对具体会计准则遵从成本进行调查，评估企业会计准则遵从水平，采取有针对性的、有重点的监管对策。

2. 强制性威慑机制

我们设计了四个问题询问会计人员对我国强制性实施制度威慑力的看法。

问题之一："《会计法》、《证券法》和《公司法》等规定，不遵从会计标准的行为责任人要承担有关行政或法律责任，您如何看待它的威慑力？"反馈问卷统计结果是：选择"很大"的占 21.57%，"较大"的占 43.14%，"不大"的占 35.29%。说明我国会计管制威慑力的认可比率在 64.71%，而 35.29% 的会计人并没有感受到较大的威慑力。

问题之二：询问税法实施对企业会计准则遵从的作用。问题是"税法与会计标准有了一定的分离，税务机关的税收监管对会计标准的遵从有影响吗？"，结果是：选择"有，但不大"的为 70.59%，选择"没有"的占 3.92%，只有 25.49% 人认为税法对企业遵从会计准则具有"很大作用"。有的被调查对象进一步说明，税法对会计准则执行具有支持作用，但是由于税务监管范围有限，影响其作用。这既肯定了税法对会计准则实施的强制作用，又暴露了当前存在的问题。

问题之三：考察会计实务中是否存在"分离效应"。问题是"提高有关法律、监管条例等对不遵从会计准则行为的处罚力度和政府部门加大会计检查力度，对提高会计标准遵从率哪一种效果会更好？"可供选择答案包括"处罚力度、检查力度、其他答案"。调查结果选择这三个答案的比率依次为：68.63%、25.49%、5.88%。其实检查率 P 和处罚率 r 之间的数理关系是替代关系，但是在实务中又会表现出互补关系。因为，罚而不查，不遵从会计准则者无法受到惩罚；查而不罚或轻罚，不能显示强制性制度的威慑力。但调查结果显示，只有 5.88% 的调查对象正确表达这种观点，而重视处罚者接近 70%，这验证了"分离性效应"的存在。

问题之四：考察会计实务中是否存在"羊群效应"。问题是"如果其他公司因为财务作假获得上市筹资或其他利益，您在必要的时候会效仿他们吗?"可选择答案包括:"会、不会、其他答案。"结果是:选择"会"的是 24.49%，"不会"的是 67.35%，在"一定情况下会效仿"的占 8.16%。如果不能有效地打击财务报告舞弊者，有 32.65% 企业选择仿效舞弊，肯定会大大降低财务报告的整体质量。结果验证了"羊群效应"可能出现及其程度。但出现"羊群效应"的程度不算高，这说明会计实务工作者的道德感和法律意识还是比较强的，这在某种程度上将抑制不遵从会计准则行为的发生。

以上调查结果基本肯定了《会计法》、《证券法》和《公司法》的法律威慑力，肯定了"分离效应"和"羊群效应"的存在。但是，绝大多数人认为税收监管对会计标准的遵从有影响，但作用不大。这说明我们提出政策建议不仅符合理论逻辑，而且具有现实意义。

3. 会计信息需求激励机制

本书认为我国资本市场缺乏正向需求激励，即无论是市场自发的价格机制、评价机制，还是证监会替代性监管的激励（替代性监管措施具有参照点框架效应，对我国会计准则遵从行为发挥了负效激励），都没有达到促进企业遵从会计准则、提供高质量财务报告的效果。但问卷调查认为，资本市场定价机制作用很大和较大的为 61.7%，且认为银行监督与财务报告质量的关系比较大，实务界对"会计舞弊受到替代性监管措施诱导"的认同率仅为 40.42%，访谈结果对此却是认同的。导致这些差异的原因有两个:一是问卷问题设计不准确，回答者没有领会其中含义;二是，需求激励确实如此。因为本书分析符合理论逻辑，结论得到其他学者的实证研究结论的佐证，笔者倾向于前一个原因。因此，我们坚持所提出的改善会计信息需求激励情境，为企业会计准则遵从提供外部动力的建议。

4. 公司激励与监督机制

本书的研究得出两个重要观点:公司利益激励机制具有会计激励效应，公司激励机制的设计要兼顾利益激励和会计激励的效果;公司会计监督机制是一个互补性制度设计，公司会计监督机制效率必须建立在各监督主体功能互补的基础之上；针对我国国情，本书建议建立一个公司内部监督与外部监管相结合的会计控制网络。问卷调查结果表明，实务界对薪酬激励与会计准则遵从关系的看法不同：认为"很大"的占 19.61%，"较大"的占 29.41%，"不大"的占 50.98%，表明了公司激励机制的异质性及其对企业会计行为策略的不同影响。而对企业内部监督机制与注册会计师监督效率的不同评价，说明进一步改革应该重视制度设计的互补性，应该将治理文化建设和提升高管人员的诚信放在比较重要的位置。

5.　会计资源的支持机制

本书借鉴社会学资源概念，定义了"会计资源"，重点讨论了两种资源：关系资源和会计人力资源。其中关系与社会资本具有密切关系。但作者查阅社会资本研究文献，并未得到统一的社会资本概念，从中受到的启发是关系或社会资本功能具有正面效应和负面效应二重性。因此，在对会计资源分类时，提出了相容性资源和排斥性资源两个概念，提出发展相容性资源的支持力，规范和约束不相容性资源作用的对策。我们发现被调查对象都肯定了关系资源的作用。在"您认为上市公司在遇到财务困难，难以实现预期的财务目标，影响到企业利益时，寻求大股东、主银行的帮助或政府帮助对缓解监管压力，避免公开造假的作用"这一问题中，在 47 份有效问卷中，14.89% 被调查对象回答是"很大"，63.83% 的被调查对象认为"较大"，选择"不大"的占 21.28%。但被调查者对各种关系的作用排序明显不同，体现不同企业占有的关系资源有明显不同。具有国有经济背景的企业，政府的影响最大。随着商业银行的股份制改革，贷款、不良资产的控制制度日益完善，银行对企业会计的支持作用在弱化，对会计信息质量的监督作用在增强。而股东，尤其是控股股东作用自然是企业重要关系，而随着关联交易的监管越来越深入，一般企业交易关系受到一些上市公司的青睐。

访谈结果认为会计主管人员的业务水平不是导致会计信息失真的问题所在，无论多么复杂的会计标准，会计人员都能掌握，会计人员并不愿意为企业利益而违法、违规，他们更倾向于把会计舞弊归因于制度设计和财务压力。这种观点说明了为什么有人对会计主管人员的水平与会计标准遵从关系赋值结果很低，说明了加强对会计人员监管的重要性。

§9.2 主要研究结论

☛ 9.2.1 企业会计准则执行行为的形式与本质

　　财务报告是企业在会计标准约束下的行为结果。偏离会计标准要求提供财务报告是发达市场经济国家与经济转轨国家共同存在的会计现象，也是一个跨世纪的、世界性问题。如果会计准则不能得到企业的有效执行，不仅前功尽弃，而且将产生严重的经济后果。因此，要提高财务报告的质量，必须以提高会计准则的质量为前提，以提高会计准则的执行水平为手段。在我国，会计准则属于会计法规，所以，提高会计准则执行的水平也就是提高企业对会计准则的遵从水平。

　　在会计实务中，企业会计准则执行过程表现为企业财务会计活动过程，体现在会计人员对交易和事项的确认、计量、记录和报告过程。可以说，企业会计准则的执行在形式上是一个会计技术活动。但是，在文献综述中发现，盈余管理、会计政策选择和财务会计舞弊的研究文献，虽然在概念上尚存在一些争议，但可以将它们关注的行为分为遵从会计准则和不遵从会计准则，它们对会计行为研究的主体共同指向企业管理层。查阅资本市场已披露出来的会计相关案例，我们坚信企业如何执行会计准则不仅是一个会计核算过程，而且是由管理层主导的决策问题。企业会计准则执行既要服务于企业理财过程，同时它也是企业管理活动中一个独具特点的方面。

　　按照企业对会计准则执行的有效性，可以将企业会计准则执行的行为选择分为遵从会计准则和不遵从会计准则。遵从会计准则可进一步分为公允遵从、含盈余管理的遵从。不遵从会计准则又可分为故意不遵从和非故意不遵从。提高会计信息质量的基本出路就是减少、直至消灭会计准则的不遵从现象，不断提高会计准则的遵从水平。

　　企业会计准则执行的本质为我们提供了一个思考问题的新角度。在管理学理论中，管理决策和实践都受到企业所在的情境的制约，管理学案例研究都是联系企业当时的宏观政策、法律制度、市场环境、企业财务状况、可动员的资源等情境进行分析。这为如何研究企业会计准则执行提供了有益的、逻辑思维方面的启示。

众所周知，发达市场经济国家与新兴市场转轨国家在制度、市场、政府的民主行政、会计教育和企业的社会利益关系等方面存在很大的差异。企业因契约的缔结和履行而嵌入社会经济系统中，财务报告生成和供给受到众多因素的制约，导致国内、外会计准则不遵从的因素也不可能完全相同。这些因素在文献研究中多有涉及，但缺乏系统性和完整性。所以，本书确定了基本研究思路是：将这些情境要素整合为情境架构，并将它们与会计准则执行行为联结起来，在情境架构下分析会计准则执行行为的选择和结果，解释会计信息失真的系统现象；从提高会计准则遵从水平的角度讨论如何进行会计监管和公司治理等情境要素的改革。这种思路的研究结论可以与从会计准则制定、会计标准实施、会计监管等视角的研究结论相互印证，并对之进行补充，以拓展财务报告问题的理论研究成果和现实解释力。

从企业嵌入性视角，将研究主题作为一个社会性的、风险决策问题来研究，使本书的研究思路走出了会计技术的沼泽，该问题成为一个跨社会学、经济学、管理学、会计学和法律学等若干学科的研究主题，从相关学科的基本理论和方法中汲取适当的理论基础和方法论的支持也是情理之中的选择。

☞9.2.2 企业执行会计准则的行为假设

会计准则执行行为研究不能不涉及理性假设，对理性假设的选择也是对理论基础和分析范式的选择。会计准则的制定、会计监管都是从宏观层面上采用制度经济学分析的方法，直接沿用主流经济学的有限理性假设。但是，对于本书论题，有限理性假设是缺乏严谨性的。理由是：①当我们关注企业对会计准则执行行为时，我们也就选择对法人主体理性决策过程的关注，试图从过程理性逐渐地达到结果理性。而从过程理性视角看，应该将理性计算过程和心理过程描述结合起来。②由于企业的嵌入性，企业财务会计过程受到非制度化因素的影响，而主流经济学理性假设的欠缺之处是忽视社会化对理性选择扩张的要求。③有限理性假设不能体现出企业会计准则执行策略和行动随着情境变化的特点。

新经济社会学在将经济行为纳入社会体系中研究时采取了情境理性假设，试图把理性假设改造成为一个合情合理的假设。如科尔曼把经济效益变成包含声望、地位、道德和伦理等内容的广义效益，沿用了经济学中效用最大化的计算原则和分析范式。情境理性假设与本书研究思路具有一定的切合性。

本书把西蒙的过程理性和新经济社会学情境理性结合起来，提出企业执行会计准则的行为遵从情境—过程假设。而会计准则执行结果的可计算性和会计行为主体的人格化特征也说明这个假设的适用性。

☛9.2.3 "情境—企业会计准则执行"动态系统的理论分析框架

借鉴科尔曼社会系统内部化分析的方法论，采取"从宏观到微观，再从微观回到宏观"的分析思路，并从"情境—过程"的角度建立了可以前溯、比较和预测的分析框架。该分析框架将微观的企业准则执行行为与由制度、市场和行动资源等情境联结起来，既可以关注情境结构中的企业会计准则执行行动的选择，又可以看到限制这种行动选择的情境结构，这使该主题的研究能够直接面向真实的经验现实。

基于对会计准则执行行为的社会性认识，以嵌入性理论为指导，以会计契约论为链接，借鉴吉登斯的结构化理论思想和哈耶克的社会秩序理论，从逻辑上建构了企业会计准则执行的情境，即会计准则制定及其保障实施制度情境、会计信息需求激励情境、公司的激励与监督情境、会计行动的资源支持条件，这些因素在特定时期和国家的体制范围内存在，并相互作用形成企业会计准则执行的情境架构。

从逻辑上建构的情境架构，必须与大多数学者从其他角度的研究具有较大的吻合性，否则其思路的合理性可能存在问题。通过将情境要素的选择与相关文献的比照，尤其是与实证研究文献比照，本书选择的情境要素具有相当高的支持率和整合率。

根据情境理性—过程理性假设的特点，本书确定了对企业会计准则执行行为分析的二元分析方法。即以期望效用理论及其前景理论为基础，将逻辑理性计算与行为选择的心理描述结合起来，分析企业会计准则执行行为的抉择。最后，采用博弈论的思想，针对情境要素对企业会计准则执行的作用原理，设计出提高企业会计准则实施机制的效率，提高会计准则遵从水平的情境改革建议。

本书还将嵌入性理论分析方法和系统论研究方法结合起来，确定了各章问题研究的层次性，确保研究结论的递进性。

☞9.2.4 情境架构下会计准则执行的理论分析

本书 3～7 章以前文建立的理论分析框架，按照系统论研究方法，遵循还原论和整体论相结合的原则，系统分析了情境要素对会计准则执行的作用机理，探讨了中国会计准则遵从低水平的原因及其未来的政策取向。

1. 宏观制度情境下的会计准则执行

企业财务会计是在宏观制度下运行，这套宏观制度包括：一套规范会计确认、计量、记录和报告披露行为的会计准则体系；一套发现和处罚不遵守会计准则行为的实施制度体系，包括会计法律体系、制度化的监管体系和司法介入的责任追究体系；一套能降低制度运行费用、弥补正式制度不完全性的会计诚信与职业道德规范体系。

会计准则制定直接影响了会计准则执行效果。会计准则规定了会计政策选择空间的大小，会计准则的完备性决定企业不遵从会计准则暴露风险的大小。会计确认标准和计量模式的恰当性不仅决定了收益计量的公允性和可接受性，而且降低会计准则被滥用的风险。会计准则供给的性质，制定程序的公允性和会税关系不仅从心理上影响了企业管理层和会计人员对会计准则的认可性，而且决定了会计准则学习成本和遵从成本。会计准则的质量基本决定会计准则执行的两种逻辑安排，即认可性执行和畏惧性执行。较低质量的会计准则需要高效率的会计准则强制执行机制；高质量会计准则将会减少遵从成本，相对减少对强制性制度的依赖。

会计准则强制实施的法律制度通过事前预警机制，启动法律风险机制，形成对会计行动者的威慑。会计监管部门通过事前、事中和事后的监督、检查、处罚，支持会计准则及相关法律的贯彻实施。司法制度是通过事后法院审判对违规者进行处罚，落实法律风险，从事实上改变企业会计报告收益，是一种事后实施机制。

针对上市公司虚报收益问题，本书以期望效用理论和博弈论为依据，建立了简化的收益函数，分析了保障会计准则遵从的最优实施制度。这个结论不仅表明强制实施制度手段的重要性，印证了其他学者的研究结论，而且体现了税收对虚报收益的制约作用，说明了各种政策手段的互补性。同时表明，不仅我国，即使在发达国家，正式实施制度威慑风险发挥作用的条件也不是完全能达到的。论文还进一步分析了强制性制度安排的效率不仅来自对企业会计行为预期收益的影响，更可能来自对企业会计准则遵从心理的威慑力。而非正式制度对会计准则执行作用机理的研究，揭示了信誉和道德约束机制建设的重要性和复杂性。

2. 会计信息需求激励与会计准则执行

市场会计信息需求激励的主要方式是评价机制和价格机制。激励机制的原理是通过会计信息需求者、中介机构，对会计信息供给进行质量评价和使用，通过价格机制改变企业的收益函数，影响企业的证券价格和市场筹资成本，激励企业主动遵从会计准则，提高财务报告质量。

有效会计信息需求激励机制与法律机制有替代性，在会计信息披露质量一定的情况下，市场会计需求激励越强，对制度的强制性需要就越弱；会计信息的需求激励和制度的强制性互相支撑，通过会计信息需求者、监管者和供给者之间的多维博弈，不断推动会计信息质量的提高。

会计信息需求的市场激励是一种自发的激励机制，其有效作用需要一定的条件，这些条件即使在发达的资本市场也不完全具备。另外，市场具有短视效应，存在着市场机制的失灵。更值得关注的是，新兴市场比成熟市场有效性低，机制失灵程度更高。因此，在新兴市场中政府常采取替代市场需求机制的会计监管措施，即替代性会计监管。替代性监管应该遵循管制性激励的原则，否则将会因为会计监管措施不当引起政府失灵。

我国资本市场是一个新兴加转轨的市场，市场有效性低，自发市场需求激励机制缺乏，使会计准则执行失去第二方的牵制。而替代性监管政策的缺乏与市场机制的相容性，引起参照点框架效应，又导致政府替代性监管失灵。因此，会计信息需求机制事实上是有很大缺陷的。

3. 公司治理制度与会计准则执行

公司要通过设计激励机制和监督机制构造管理者的经济行为及其会计行为的选择空间，以保障公司决策的效率和会计信息的质量。

对管理者的利益激励具有会计激励效应。无论是将管理层的收益与会计业绩挂钩还是与股价挂钩，都会产生会计激励效应，当然不同激励方式的会计激励后果不同。在管理层的利益与股东利益激励相容的情况下，在为了股东利益最大化的借口下，降低了管理层操纵会计信息的心理压力。这是中、外会计信息失真的原因之一。

公司监督权应该是由一个以企业内部会计监督主体为中心，以内部控制和内部审计（内部审计如果出于治理机制设计）为基础，以外部审计为业务依托主体，在功能上互为补充的治理整体行使，单独强调其中任何一个环节都是难以达到其功能需要的。在不同民族文化和法律制度下发展起来的公司会计监督机制各有特色。现实表明，无论中国还是美国，会计监督机制都没有发挥有效的会计监督作用。

公司文化必须支持公司会计治理制度，否则将会侵蚀公司治理制度的效率。强化管理者道德自律，改善公司治理文化是中外企业提高会计准则自我执行有效性的长期策略，是将会计准则遵从由理性遵从推进到道德遵从，提高会计准则遵从层次的必要选择。

对于企业来说，公司治理制度塑造了企业会计准则的自我遵从机制，是会计准则遵从体系中的基础性支撑。

4. 会计资源与会计准则执行

会计资源是企业为实现财务报告目标可以利用的法律、信息、技术、人力资本、事件和各种关系的总称。企业所占有资源及其所形塑的会计准则遵从能力，决定了企业适应会计准则的变迁能力和实现财务报告目标的能力。不同的会计资源从不同的角度影响企业执行会计准则的能力和效果。我们重点研究了两种具有国别特色的资源：关系资源和会计人力资源。关系资源作为会计资源利用，受到经济基础与组织条件的限制，这些条件涉及法律制度、执法环境、政企关系、企业治理等，所以，不同企业的资源条件不一样。

我国上市公司对关系资源的利用与发达国家不同。国外利用关系资源影响企业财务报告过程的宏观制度环境，或取得市场竞争优势来实现企业财务战略；我国是企业直接利用关系资源进行盈余管理，关系资源作用体现为缓解会计准则遵从压力，提升企业对资本资源的市场竞争能力。本书将上市公司作为一个独立体，将其占有和可利用的关系作为资源讨论。实际上，利用关系在关联方之间转移资源和财富，操纵财务报告具有普遍性，利益输送和掠夺都现实地存在着，无论哪一种目的，最终都会影响会计准则的执行能力，影响财务报告的质量。

会计人员作为会计准则的执行者，其工作的效率和准确率直接影响了会计准则的遵从成本，会计人员抵制外部压力的心理承受能力和道德能力，也是影响财务报告质量的重要因素。许多研究从我国上市公司报告中存在着纯粹技术上的错误方面，提出我国会计人员的会计准则遵从能力有待提高。

如果会计资源作用与高质量财务会计报告要求相容，则会对其他会计准则执行机制起到替代性作用和支持性作用，提高会计准则遵从水平；如果相斥，则会降低其他机制的效率，降低会计准则遵从水平。从这个评价标准分析，我国会计资源质量相对较低，尤其是关系资源对会计准则遵从低水平起到支持作用。

5. 情境架构的系统效应与会计准则执行

各种情境要素相互作用形成一个情境系统结构，由于各种机制之间的互补、替代等相互作用，产生一种协同作用，这种作用结果就表现为企业会计准则执行的行为特征和财务报告的质量特征。

高质量财务报告产生于会计准则执行的有效性，而会计准则执行的有效性依赖于会计准则执行机制的协调性和一致性。企业的嵌入性使企业会计准则执行系统随同整个会计环境而演化。在同一个国家或地区，该系统表现出历史阶段性特征，在同一时期的不同国家和地区，该系统则表现出国别特色。

我国在改革之前，执行的是计划经济体制下的财务会计制度，企业缺乏会计选择权，只有严格执行会计制度，其行为特征是制度适应性。

在改革开放过程中，旧的制度体系逐渐瓦解，但新的市场化制度体系的建立并非朝夕可就。我国会计改革与企业改革是平行推进的，会计改革缺乏市场体系、企业治理制度和政府行政改革的支撑，会计信息市场激励机制乏力，公司会计治理机制的有效性较低，会计改革选择了自上而下的强制性制度变迁之路。这一切无疑加大了对会计准则实施制度的依赖，需要一个具有高度威慑力的强制执行机制。但是，由于我国法律制度和资本市场会计管制制度落后，强制威慑机制效率并不高，而政府、大股东和银行等强会计关系的支持机制和会计资源低水平共同作用，又进一步抵消了会计制度改革的效果。随着企业自主权和会计政策选择权的同步扩大，企业的自主意识和创造力被唤醒，建设中的会计准则体系为企业利用政策空子提供了良机。在 20 世纪 90 年代后期，企业执行会计准则过程表现出明显的制度博弈特征。

美国相对完善的会计管制制度、发达的市场、独具特色的公司治理结构和市场化的企业利益关系结构，发达的会计教育和职业监管，这种会计准则执行的情境架构决定了美国企业行为表现为多维博弈的特征。其表现是：①上市公司主动地披露公司更多的财务信息，自愿性信息披露成为企业与投资者互惠的选择。②企业利益相关者积极参与会计准则的制定，通过游说准则制定机构争取有利于自身的宏观会计政策。③通过会计创新进行管理也是其常用手段，这种创新又推动会计准则创新。因为制度和市场均是外部性机制，而且完备的制度和有效的市场目前还没有出现，投资者缺乏对盈余管理的识别能力，如果公司层次的会计监督不能抑制公司和管理者的自利行为，公司激励机制作用最终可能突破制度的约束，出现会计欺诈行为。所以，在多维博弈下的财务报告整体水平处于高质量和低质量的混同阶段。

从制度适应、制度博弈、多维博弈到市场博弈，情境架构下会计执行行为就是这样逐步走向规范和公允，企业会计行为目标日益逼近会计系统的社会目标。在其发展的每一个阶段，都有一个或多个主导因素，形塑其阶段性特征。在初级阶段，市场不发达时，强化制度功能是必然的选择，企业会计行为表现为制度适应或制度博弈，最低质量的财务会计报告成为市场主流；在其发展的高级阶段，完善的制度和发达的市场成为一个外在条件，财务会计报告表现为企业间为争夺稀缺资源而进行的市场博弈，主动、高质量信息报告成为市场的主流；在其中过渡阶段，制度和市场都进入相对完善期，则处于多因素主导阶段，企业会计行为取决于多方（监管者、投资者、企业竞争者、管理者）的博弈结果，财务会计报告处于低质量和高质量混同均衡阶段。目前我国尚处于初级阶段，而发达国家处于中间阶段。

在任何发展阶段，情境架构的协调是暂时的，随着环境的变化和会计业务的创新，原有的系统均衡将被打破，诱致新一轮系统创新。会计工作系统的演进正是采取这种否定之否定的方式不断提高其系统效率，以服务社会、经济系统。

9.2.5　提高我国企业会计准则遵从水平的对策

中国会计准则遵从的低水平与会计准则执行机制的系统性低效率直接相关。针对我国会计准则执行机制系统缺失的现实，本研究从提高企业会计准则执行的能力、压力、动力、支持力、控制力等角度，构建了一个系统地提高会计准则遵从水平的对策体系：高质量会计准则系统、实施制度的威慑系统、信息需求激励系统、资源支持系统、公司激励与监督系统。整合会计监管、税收监管和其他信息监管资源，提高会计监管效率；通过建立市场化会计信息报告评价机制，重构替代性监管指标体系，加强外部会计信息需求激励机制；健全法律制度，约束政府等利益相关者的资源使用，为企业遵从会计准则提供外在激励；通过兼顾薪酬激励和会计激励，健全公司会计监督机制，为会计决策主体自我遵从会计准则提供内部激励；通过将公司会计治理和外部监管、需求机制的对接，多管齐下，为高质量执行会计准则提供了高效率的、系统的控制机制。

进一步的改革应该关注会计准则实施机制之间的互补性。会计准则执行系统内的各种机制互为支撑。强制执行机制存在的局限性对诚信机制、道德自律等非正式制度和市场机制提出了需求；自发的市场机制失灵导致政府替代性监管制度的产生；政府替代性监管失灵又把会计准则遵从约束推向公司治理机制，提高了对公司自我遵从机制的依赖。反过来，如果企业缺乏自我遵从会计准则的激励机制，将加大对强制执行机制的依赖；而强制机制的局限性又决定了对其过度依赖必然无法制止会计准则的低水平遵从，乃至不遵从。因此，我们虽然提出了情境再造的五大对策系统，但是更应该关注它们之间的协调性，公司会计治理既是会计治理的着力点，也是会计系统研究的重点。

美国会计准则执行问题不断出现的原因不仅是个别制度的不完备，更主要是各种制度之间缺乏互补性。一是正式制度与非正式制度不协调，财

务会计报告的公众利益取向与利己和自由主义社会精神相冲突；二是公司
会计治理机制无法弥补市场需求机制的失灵和强制性机制的失灵。会计准
则遵从水平过度依赖会计准则完善和注册会计师审计制度，忽视公司会计
治理主体的权责协调和责任追究制度建设，忽视公司治理文化对制度安排
的侵蚀是中、外公司治理的通病。

　　我国尤其应该关注两个问题：一是政府在会计准则执行中的作用。由
于历史变迁的路径依赖，我国政府（财政部、证监会）一方面在发挥会
计管制作用，另一方面地方政府又在配合企业迎合会计监管。二是公司治
理机制的差异造成会计准则自我遵从动力和能力的异质性。公司治理制度
融激励和监督机制于一体，在整个系统中处于基础地位，它具有异质性特
点，可以作为会计情境改革的重要关注域。

　　在全球化背景下，世界各国和国际组织要联合起来，建立统一协调的
法律和监管制度，而从长远观点看，应该关注会计诚信、企业道德和公司
文化与会计准则执行的正式制度协调。

☞9.2.6　全球情境架构的趋同及其结果展望

　　进入 21 世纪初，在贸易、投资国际化，以及资本市场全球化推动下，
在国际社会多边力量的多角度作用下，[①] 会计准则趋同、税会分离、会计
准则实施的制度化体系协调和公司治理趋同，成为会计系统制度性因素发
展的新趋势。

　　但是，会计准则及其实施的正式制度体系，公司治理的制度安排只是
企业会计准则执行情境的一部分，因为资本市场发展受到各国经济、法律
制度等多因素的影响，其发展是不平衡的，不同国家的会计信息需求机制
的功能效果不同；各国会计教育水平发展是不平衡的，民主行政的水平是
不相同的，社会关系网络是不同的，这些对会计资源的影响无法消除；国
家文化是一个民族的灵魂，文化的交融需要更加漫长的历史过程。这些非

---

　　① 在国际会计准则理事会（IASB）与发达国家会计组织、国际性和地区性国际组织的多方
努力下，从上到下、从外到内推动着全球会计准则趋同。为了配合国际财务报告准则在欧洲实
施，欧盟着手协调制度化会计准则实施体系，并制定欧盟公司治理原则。而美国等发达国家在
21 世纪初财务欺诈案的促动下，也着手改革国内会计监管制度、注册会计管理制度和公司治理。
跨国公司作为微观主体，通过财务整合和公司治理整合，从下至上推动了东道国会计准则与国际
接轨，推动了各国公司治理模式向着趋同的方向发展。

正式制度性因素对企业执行会计准则的激励将会影响到制度化体系协同的功效。所以，即使全球采取统一的会计准则，也不可能产生质量相同的会计信息。真实、可比、透明的高质量的会计信息将是一个长期的目标。

§9.3 制度分析与系统分析思路的方法比较

研究文献中，大量的高质量会计准则的研究，会计监管的研究，会计标准实施的研究，基本上是从宏观层面的研究，研究重心是制度性安排，采取的方法是制度分析，依托的理论主要是制度理论和博弈论，结论是针对优化的对策。如果会计信息失真是一种系统现象，从方法论上说，这是一种从总体角度对系统现象的解释性和对策性研究。这种研究角度决定了其研究方法通常采用规范性研究和经验研究，而经验研究以实证研究为主，辅以案例分析。

从会计研究主流而言，小题大做是多数学者的研究选择，有关文献中多见单一情境要素与财务报告质量之间相关性的研究，综合性主题研究较少。方红星（2004）的《公众公司财务报告架构研究》，整合性研究了会计准则、审计准则、法律制度、会计监管、司法制度、公司治理和内部控制等财务会计所涉及到的所有制度安排，可谓是综合性研究主题的力作。由于研究主题和研究视角所限，展开综合性实证研究比较困难，他的研究是以规范研究为主。而诸多采用博弈论的逻辑分析，得出了混同均衡条件，提出加强会计监管、增加会计舞弊的成本、改革公司治理等类似的结论似乎都缺乏针对性。我们需要知道：各种制度性安排从何种角度作用于企业财务会计行为？发挥什么作用？企业如何选择会计准则执行策略？得到这些问题的答案就是找到会计信息失真的一个"黑匣子"。

会计政策选择、盈余管理和财务报告舞弊的研究，把重心放到企业财务会计行为的研究上，作者一般以制度经济学的交易成本理论和契约论为理论基础，从企业代理人的角度，主要采用实证研究方法和规范分析的方法研究了企业会计政策选择和盈余管理的存在、动机、手段、制约因素和市场反应，或以舞弊性企业为样本，解释财务会计报告舞弊的原因、手段、治理对策。这类研究以解释会计现象为主，对策不够具体。同时，由于概念界定上的争议，从某种程度上进一步影响了其研究结论对会计信息治理的实践意义。

情境架构下企业会计准则执行将情境与行为联结，构成一个"情境——企业会计准则执行"动态系统，力图从情境过程的视角展开分析，坚持在具体"情境—机制"中研究企业会计准则执行行为，在对企业会计准则执行选择的理性计算和心理分析的基础上，探讨如何通过情境再造，完善会计准则的执行机制。因此，这是一种在情境结构与行动互动的基础上展开的研究，它从逻辑上将研究思路分成从情境架构到微观主体的行为选择，再从微观主体行为选择到情境架构设计两个阶段，将解释现象和对策研究紧密结合起来。正是这种视角的转换，在解释问题中，不仅将制度分析纳入研究视野，而且将市场、资源等非制度性因素也纳入研究视野；不仅可以采用规范分析和实证研究，而且可以更广泛地使用案例研究、实验研究和访谈、问卷等，将行动者心理、道德水准等都纳入理性选择过程中进行研究；甚至可以将准备选择的对策采取实验方法来研究其政策效果。这种研究视角带来的理论视阈和方法组合的扩展，使该主题的研究能够直接面向真实的经验现实，有利于打开企业会计准则执行理性选择的"黑匣子"。

但是，这种研究视角存在的最大问题是论证的困难。在逻辑上，直接论据强于间接论据。间接论据是采用上市公司数据库的统计数据进行实证研究，直接证据则要依靠案例研究、实验、问卷调查和访谈。从逻辑角度，经验研究方法都属于归纳法，受到研究过程中选择的案例或参与对象是否具有代表性的限制。就综合效果而言，笔者比较倾向于实验研究和深度访谈，认为综合运用经验研究方法，从不同角度论证主题的观点比较妥当。

§9.4 本书的积极探索和局限性

《经济研究》2006 年第 2 期发表朱玲教授的文章《文献研究的途径》，作者提及一篇好的博士论文出新的三个要素：新思想、新方法和新资料。在《社会资本——关于社会结构与行动的理论》（林南著，张磊译，上海人民出版社 2005 年版）中，笔者读到一个观点：一本专著的理论与研究价值在于它的整体架构创新，而不是看它的某一部分。其实，每一个作者，对自己研究的得失是比较了解的，但因每一部专著都代表作者阶段性的思想、研究能力和体会，所以，自我评价往往带有一些主观性。我们知道创新和学术价值是很难考量的，不是由作者自己可以评价的。本书研究的主题、逻辑思路和研究结论已经在前面作了尽可能详细的介绍，下面根据两位教授对学术研究价值的评价，谈谈本书所作的一些积极的探索。

（1）"情境——企业会计准则执行"动态系统的分析框架。本文将影响财务会计行为选择的因素整合为情境架构，与企业会计准则执行的抉择联结起来，建立了动态系统的会计准则执行分析框架。首先立足于企业理性的立场，从情境要素对会计准则执行行为约束的角度，展开理论分析和现实问题的研究；后又从社会理性的立场，根据企业会计准则遵从的需要对情境再造提出政策性建议。

（2）理论的拓展。本文从嵌入性视角，以系统论为指导，将还原论和整体论相结合，系统地研究了情境要素及其相互作用对会计准则执行的作用机理、局限性，所得出结论与其他学者的研究结论是相互印证、互相补充的关系，许多结论实质是深化了我们对问题的认识，拓展了财务报告问题研究的理论成果。

（3）研究方法的运用。在讨论情境要素下会计准则执行行动的抉择时采用二元分析法。一方面以期望效用理论和博弈论为指导，对企业会计准则执行行为进行理性选择的分析；另一方面又结合前景理论的基本观点，辅以具有心理特征的理性描述。在论证过程中使用逻辑实证、案例研究、调查研究、比较研究、文献研究佐证等多种方法，力求言而有据。在理论分析和现实研究中，将专题研究和整体研究相结合，在内容安排上不仅各章之间环环相接，而且各章内容独立成体。

（4）对若干概念和观点深化探讨。①对盈余管理、会计政策选择和财务会计舞弊概念按照是否遵从会计准则进行辨析，按照会计准则执行的有效性将企业会计策略分为遵从会计准则与不遵从会计准则，试图调和相关概念之间的冲突。②论证了企业财务会计行为符合"情境—过程"理性假设，试图为分析财务会计行为建立一个新的分析框架。③在宏观制度情境与会计准则执行研究中，努力把税收与会计制度性安排结合起来，探讨了税收、会计制度的威慑机制与企业会计准则执行决策之间的关系。通过最优制度设计的逻辑简化表达，既肯定了制度建设的重要作用。又突出强制实施机制的局限性。④分别探讨了市场会计信息需求机制与替代性会计监管之间的关系，分析了制度威慑机制与市场需求激励机制之间的替代和互补关系，突出市场激励机制对企业会计准则执行作用的局限性。⑤辨析了公司治理与公司会计治理的关系，旨在弄清公司治理制度与财务报告行为之间的关系，试图回答为什么公司治理成为会计的研究域，会计界又应该如何将公司治理与财务报告行为相互关联地进行研究。⑥借鉴社会学的资源概念，界定了会计资源，特别是将关系资源导入会计研究的视野，提供了一个认识企业财务报告行为的新角度。⑦在第 8 章中，从系统论视角对企业会计准则执行的分析，有助于会计人从企业经济秩序的角度认识财务会计的重要作用。本书提出在全球化背景下，财务会计报告正在服务于企业扩展秩序在全球的建立。这种对财务会计地位的认识，旨在树立会计人的使命感。而财务报告质量与情境架构的演化分析，试图更清楚地说明我们当代会计人任重而道远。

因为本书选择了一个大题小做的题目，并将它作为一个跨学科的研究主题，需要整合专业知识，形成知识网络，在知识和观点的争辩中碰撞、裂变，形成创新的知识体系和观点，以提高会计理论研究对现实的解释力。因学识所限，尚存着一定局限性：①经验研究方法应用不足。本书写作过程进行了调查，应用了案例研究方法和实证分析法，但是还不够。在本研究框架下应该更多地进行实地调查与实验研究，由于能力所限，实验设计尚不成熟，实地实验缺乏条件，本书没有纳入正文。②会计准则执行主体理性选择的效用函数是针对上市公司最典型问题——虚报收益设计，并作了简化。虽然考虑到为了税收利益低报收益在税收领域多有研究，仍然存在从会计学角度研究低报的必要。

需要说明的是，本书对于会计准则执行的论证证据，来自 2005 年以前会计准则实施的研究发现，2006 年财政部颁布了新的会计准则，并将自 2007 年起在上市公司中执行，会计准则执行行为和效果如何，还有待于继续跟踪研究。本书写作参阅了许多文献，因学识所限，可能解读的不是十分准确。同时，因研究问题比较庞杂，理论整合性可能不高，难免存在一些疏漏和错误。希望业内专家、同行批评指正。

附录

企业对会计标准遵从
问题的调查提纲

调查对象：国有企业、上市公司的会计实务工作者

调查方式之一：问卷

1. 会计准则和会计制度改革对会计标准严肃性的影响：

   □提高　□下降　□没有影响

2. 如果让企业会计实务代表参与了准则制定过程的讨论，是否会提高对会计准则的认同感？

   □会　□不会　□其他答案：

   这对提高会计准则的整体遵从水平的作用是

   □很大　□较大　□不大　□很少

3. 税法与会计标准有了一定的分离，税务机关的税收监管对会计标准的遵从有影响吗？

   □有，但不大　□有，很大　□没有，税务和会计监管关系不相关　□其他答案：

4. 您认为（1）企业不遵从会计标准的情况如何？（2）这种行为被下述机关发现的可能性如何？（3）是否可以按这些部门的威慑效果排序？

   □财政机关组织的执法检查　□证券监管部门　□审计

   □主管部门　□税务部门　□媒体和投资者

5. 如果其他公司因为财务作假获得上市筹资或其他利益，您在必要的时候会效仿它们吗？

□会　□不会　□其他答案：

6. 《会计法》、《证券法》和《公司法》等规定，不遵从会计标准的行为责任人要承担有关行政或法律责任，您如何看待它的威慑力？

□很大　□较大　□不大　□很小

主要原因是＿＿＿＿＿＿＿＿＿＿＿＿＿＿＿＿＿＿＿＿＿

7. 提高有关法律、监管条例等对不遵从会计准则行为的处罚力度和政府部门加大会计检查力度，对提高会计标准遵从率，哪一种效果会更好？

□处罚力度　□检查力度　□其他答案：

8. 您认为我国对资本市场股票定价和与会计信息披露质量的关系是

□很大　□较大　□不大　□很少

原因是＿＿＿＿＿＿＿＿＿＿＿＿＿＿＿＿＿＿＿＿＿＿＿

9. 您认为银行在贷款决策中的贷与不贷、贷款利率高还是低与企业财务报告质量关系

□很大　□较大　□不大　□很少

原因是＿＿＿＿＿＿＿＿＿＿＿＿＿＿＿＿＿＿＿＿＿＿＿

10. 有人认为证监会对上市融资、特殊处理、退市等监管诱寻企业会计作假，你认同这种观点吗？

□认同　□不认同

原因是＿＿＿＿＿＿＿＿＿＿＿＿＿＿＿＿＿＿＿＿＿＿＿

11. 您认为上司公司在遇到财务困难，寻求大股东、主银行的帮助或政府优惠政策对缓解监管压力，避免公开财务造假的作用

□很大　□较大　□不大　□没有影响

如果有影响，请按作用大小对（1）大股东　（2）主银行

（3）政府　（4）与企业有关系的企业（业务关系或高管之间有私交）进行排序＿＿＿＿＿＿＿＿＿＿＿＿＿＿＿＿＿

12. 请根据本单位情况，对下列因素对会计标准遵从行为的影响力赋值（越大赋值越大 1~9）

□会计准则　□法律风险　□会计监管　□会计信息需求

□公司内部会计监督　□注册会计师监督　□薪酬政策

□会计主管的水平　□企业可利用的关系资源

13. 请您按下列因素对公司中内部控制和公司治理中监督机制影响的大小赋值（越大赋值越大 1~3）

☐民主决策、管理的文化氛围　☐高层领导的诚信

☐制度的规范性和透明度

14. 您认为高管人员薪酬是否与企业业绩挂钩对企业会计准则执行的影响

☐很大　☐较大　☐不大

15. 对公司会计标准执行具有影响的动机因素有哪些?

☐均衡收益　☐再融资要求　☐上市公司的股价配合

☐业绩考核　☐少缴税金

调查方式之二：访谈

1. 会计准则和会计制度改革提高了企业会计政策的选择范围和对会计人员职业判断能力的要求，这对会计准则执行效果有影响吗? 有什么影响? 您如何看待会计准则改革对企业财务会计报告质量的影响?

2. 如果让会计负责人参与了会计准则制定过程的讨论，是否会提高实务界对会计准则的认同感? 这对提高会计准则的整体遵从水平有什么作用?

3. 税务机关的税收监管对会计标准的遵从有影响吗?

4. 企业财务报告是否完全是会计人员按会计标准处理的结果? 企业高管对财务报告进行管理吗? 财务经理决策是否会得到企业负责人的许可?

5. 《会计法》、《证券法》和《公司法》等规定企业负责任人要对财务报告违规行为承担有关行政或法律责任，您如何看待它的威慑力? 您感觉会计监管部门的监管力度如何?

6. 您如何看待我国资本市场股票定价和与会计信息披露质量的关系? 您如何看待证监会对上市融资、特殊处理和退市等监管政策对企业会计行为的影响?

7. 您如何看待银行在贷款决策中的贷与不贷、贷款利率高还是低与企业财务报告质量关系?

8. 您如何看待注册会计师监督的效率?

9. 在上市公司遇到财务困难时，寻求大股东、主银行的帮助有效吗? 您如何看待关联交易准则的约束力?

10. 西方实证会计中的红利假设说明高管人员薪酬与业绩挂钩对企业会计决策有影响，您是如何看待这个问题的?

11. 您是如何看待会计人员，尤其是会计主管人员水平对会计准则执行效果的影响的?

12. 影响企业会计决策的动机因素有哪些?

参 考 文 献

一、中文部分

[1] 安东尼·吉登斯著（2000），文军、赵勇译：《社会理论与现代社会学》，社会科学文献出版社2003年版。

[2] 鲍勃·瑞安等著，阎达五、戴德明等译：《财务与会计研究方法与方法论》，机械工业出版社2004年版。

[3] 保罗B·W·米勒、保罗R·班森著，阎达五、李勇译：《高质量财务报告》，机械工业出版社2004年版。

[4] 查特菲尔德著，文硕等译：《会计思想只》，中国商业出版社1989年版。

[5] 陈冬华、陈信元、万华林：《国有企业中的薪酬管理与在职消费》，载于《经济研究》2005年第2期，第92~101页。

[6] 陈冬华：《地方政府、公司治理与补贴收入——来自我国证券市场的经验证据》，载于《财经研究》2003年第9期，第15~21页。

[7] 陈汉文：《证券市场与会计监管》，中国财政经济出版社2001年版。

[8] 陈汉文、刘启亮、余劲松：《国家、股权结构、诚信与公司治理》，载于《管理世界》2005年第8期，第134~142页。

[9] 陈汉文、林志毅、严晖：《公司治理结构与会计信息质量——由"琼民源"引发的思考》，载于《会计研究》1999年第5期。

[10] 陈红、徐融：《论ST公司的财务关注域及其分析框架》，载于《会计研究》2005年第12期，第47~58页。

[11] 陈建明：《前景理论与个体决策》，载于《统计与决策》2003年第11期，第11~12页。

[12] 陈毓圭：《会计准则讲座》，中国财经出版社2005年版。

[13] 陈毓圭：《会计假设与会计目标》，（财政部会计准则委员会编），大连出版社2005年版，第325页。

［14］陈晓、王琨：《关联交易、公司治理与国有股权改革》，载于《经济研究》2005 年第 4 期。

［15］陈晓、李静：《地方政府财政行为在提升上市公司业绩中的作用探析》，载于《会计研究》2001 年第 12 期。

［16］陈小悦、肖星：《配股权与上市公司利润操纵》，载于《经济研究》2000 年第 1 期。

［17］曹海敏：《现代企业的会计监管到统计信息监管》，载于《统计研究》2004 年第 6 期，第 63 页。

［18］崔学刚：《上市公司财务信息披露：政府功能与角色定位》，载于《会计研究》2004 年第 1 期，第 33～38 页。

［19］杜兴强：《我国上市公司管理当局对会计准则制定的态度及对策探讨》，载于《会计研究》2003 年第 7 期。

［20］杜兴强：《契约·会计信息产权·博弈》，厦门大学博士论文 2001 年。

［21］邓正来：《哈耶克建构法治的理路》，载于《自由与秩序——中国学者的观点》，中国社会科学出版社 2002 年版，第 1～52 页。

［22］丁际刚、黎宇宁：《特定制度安排下上市公司会计行为研究》，载于《会计研究》1999 年第 4 期。

［23］丁际刚、兰肇华：《前景理论评述》，载于《经济学动态》2002 年第 9 期，第 64～66 页。

［24］方红星：《公众公司财务报告架构研究》，中国财经出版社 2004 年版。

［25］费显政：《资源依赖学派之组织与环境关系理论评介》，载于《武汉大学学报（哲学社会科学版）》2005 年第 4 期，第 51～55 页。

［26］冯淑萍：《关于中国会计标准的国际化》，载于《会计研究》2001 年第 11 期，第 3～8 页。

［27］冯淑萍：《中国对会计国际协调的基本态度与所面临的问题》，载于《会计研究》2004 年第 1 期，第 3～8 页。

［28］付磊、马元驹：《论会计信息质量的公正性》，载于《会计研究》2005 年第 9 期，第 14～18 页。

［29］盖地：《大同小异：中国企业会计准则与国际会计准则》，载于《会计研究》2001 年第 7 期。

［30］葛家澍：《关于会计基本理论与方法问题（增订版）》，经济科

学出版社 2004 年版，第 513～540 页。

[31] 葛家澍：《财务报告质量评估的探讨》，载于《会计研究》2001 年第 11 期，第 9～18 页。

[32] 葛家澍：《美国安然事件的经济背景分析》，载于《会计研究》2003 年第 1 期。

[33] 葛家澍：《制度·市场·企业·会计》，载于《财会通讯（综合版）》2006 年第 3 期，第 16～22 页。

[34] 葛家澍、刘峰：《会计理论：关于财务会计概念结构的研究》，中国财政经济出版社 2003 年版。

[35] 葛家澍主编，刘峰等著：《信息披露：实话实说》，中国财经出版社 2003 年版。

[36] 葛家澍、黄世忠：《安然事件的反思》，载于《会计研究》2002 年第 2 期，第 3～11 页。

[37] 高锦萍、钟伟强：《上市公司财务欺诈与股价操纵》，载于《经济问题探索》2005 年第 1 期。

[38] 郭道扬：《会计史研究》，中国财经出版社 2004 年版，第 196～210 页。

[39] 郭金林：《企业产权契约与公司治理结构》，经济管理出版社 2002 年版。

[40] F. A. 哈耶克著，邓正来编译：《哈耶克论文集》，首都经贸大学出版社 2001 年版。

[41] F. A. 哈耶克著（1988），冯克利、胡晋华译：《致命的自负——社会主义的谬误》，中国社会科学出版社 2000 年版。

[42] 韩传模、张俊民：《财务与会计监管：热点问题述评》，经济科学出版社 2004 年版。

[43] 韩德宗、虞红丹：《中美股票市场弱式有效性的比较研究》，载于《财经论丛》2002 年第 2 期，第 39～44 页。

[44] 何大安：《理性行为向非理性选择转化的行为分析》，载于《经济研究》2005 年第 8 期，第 73～83 页。

[45] 郝云宏：《经济人理性行为假定的时空相对性》，载于《经济学家》2002 年第 2 期，第 63～69 页。

[46] 贺宛男：《看不懂的高管薪酬》，载于《新财经》2003 年第 6 期，第 92～93 页。

[47] 赫伯特·西蒙著，黄涛译：《西蒙选集》，首都经贸大学出版社 2000 年版。

[48] 胡迟：《利益相关者激励》，经济管理出版社 2003 年版。

[49] 黄世忠、陈建明：《美国财务舞弊症结探究》，载于《会计研究》2002 年第 10 期，第 24～34 页。

[50] 黄世忠等著：《会计舞弊之反思》，东北财经大学出版社 2004 年版。

[51] 黄世忠、杜兴强、张胜芳：《市场、政府与会计监管》，载于《会计研究》2002 年第 12 期。

[52] 黄世忠、叶丰滢：《上市公司报表粉饰新动向：手段、案例与启示》，载于《财会通讯（综合版）》2006 年第 3 期，第 6～10 页。

[53] 黄文锋：《上市公司会计政策选择行为研究》，经济科学出版社 2004 年版。

[54] 黄菊波：《论会计政策选择》，载于《会计研究》1995 年第 11 期。

[55] 克劳斯·霍普特著，王锐译：《欧洲公司治理的共同准则》，载于《比较》第 5 辑，中信出版社 2003 年版，第 119～150 页。

[56] 井尻雄士著，陆建桥、隋春平译：《美国会计准则及其环境：75 年发展历史的二元研究》，载于《财会通讯》2005 年第 10～11 期。

[57] 姜英兵：《论会计标准的实施》，东北财大出版社 2005 年版。

[58] 姜国华、王汉生：《上市公司连续两年亏损就应该被"ST"吗?》，载于《经济研究》2005 年第 2 期，第 100～107 页。

[59] 蒋义宏、李东平：《会计信息失真：投资者视角与经营者视角》，载于《证券市场导报》2001 年第 3 期。

[60] 蒋义宏：《上市公司利润操纵之实证研究——EPS 和 ROE 临界点分析》，载于《上市公司研究论丛》1998 年。

[61] 蒋义宏、魏刚：《中国上市公司会计与财务问题研究》，东北财经大学出版社 2001 年版。

[62] 蒋尧明、罗新华：《有效需求主体的缺失与会计信息失真》，载于《会计研究》2003 年第 8 期。

[63] 江川：《会计准则制定中之利益关系人及其动机》，载于《会计研究》1997 年第 5 期，第 14～19 页。

[64] 江玲：《利益相关者理论及其在会计监管中的应用》，载于《商

业研究》2005 年第 3 期，第 30 ~ 31 页。

[65] 迪南·D·卡本特、M·G·芬讷马、菲利普·Z·福埃特威尔和威廉姆·黑立森，陈颖译：《公司治理文化的变革——公司如何进行调整以适应萨班斯法案》，载于《会计月刊（Journal of Accountancy）》2004 年第 3 期。

[66] 柯武刚、史漫飞：《制度经济学》，商务印书馆 2000 年版。

[67] 肯·宾默尔著，王小卫、钱勇译：《博弈论与社会契约（第一卷公平博弈）》，上海财经大学出版社 2003 年版。

[68] 雷光勇、陈若华：《管理层激励与会计行为异化》，载于《财经论丛》2005 年第 4 期。

[69] 雷光勇：《会计契约论》，中国财经出版社 2004 年版。

[70] 雷光勇、王玮：《分配权能对应与会计行为异化》，载于《会计研究》2005 年第 4 期，第 77 ~ 81 页。

[71] 类淑志、官玉松：《安然事件、日本股灾与公司治理趋同——美日两国公司股权结构比较分析》，载于《国际金融研究》2004 年第 3 期。

[72] 李明辉、曲晓辉：《我国上市公司财务报告法律责任的问卷调查分析》，载于《会计研究》2005 年第 5 期，第 47 ~ 53 页。

[73] 李友根：《人力资本出资问题研究》，中国人民大学出版社 2002 年版。

[74] 李心合：《利益相关者财务论》，中国财政经济出版社 2003 年版。

[75] 李心源、戴德明：《税收与会计关系模式的选择与税收监管》，载于《税务研究》2004 年第 11 期，第 65 ~ 67 页。

[76] 李增泉、卢文彬：《会计盈余的稳健性：发现与启示》，载于《会计研究》2003 年第 2 期，第 19 ~ 28 页。

[77] 李爽、吴溪：《审计失败与证券审计市场监管——基于中国证监会处罚公告的思考》，载于《会计研究》2002 年第 2 期，第 28 ~ 36 页。

[78] 理查德·B·希金斯编著，张剀、卢锋等译：《全球投资者关系最佳案例》，机械工业出版社 2002 年版。

[79] 刘少杰：《经济社会学的新视野——理性选择和感性选择》，社会科学文献出版社 2005 年版。

[80] 刘少波、戴文慧：《我国上市公司募集资金没向变更研究》，载于《经济研究》2004 年第 5 期，第 88 ~ 97 页。

［81］刘峰：《会计准则能提高会计信息的质量吗?》，载于《会计研究》2004 年第 5 期。

［82］刘爱玉：《选择：国企变革与工人生存行动》，社会科学出版社 2005 年版。

［83］刘明辉、张宜霞：《上市公司会计监管制度及其改进》，载于《会计研究》2002 年第 12 期。

［84］刘芍佳、刘乃全：《中国上市企业的创值能力分析》，载于《财经研究》2002 年第 6 期，第 11 ~ 18 页。

［85］路德维希·冯·米塞斯著，梁小民译：《经济学中的认识论问题》，经济科学出版社 2001 年版。

［86］陆正飞、刘桂进：《中国公众投资者信息需求之探索性研究》，载于《经济研究》2002 年第 4 期。

［87］陆建桥：《后安然时代的会计与审计》，载于《会计研究》2002 年第 10 期，第 24 ~ 32 页。

［88］陆建桥：《中国亏损上市公司盈余管理实证研究》，中国财经出版社 2002 年版。

［89］马迎贤：《资源依赖理论的发展和贡献评析》，载于《甘肃社会科学》2005 年第 1 期，第 116 ~ 121 页。

［90］马晓方：《基于公司治理的会计监督结构》，载于《当代财经》2004 年第 11 期，第 104 ~ 107 页。

［91］毛志荣：《信息披露违规处罚实际效果研究》，载于《深圳证券交易所综合研究报告》（深证综研字第 0054 号）。

［92］南京大学会计系课题组：《新企业会计制度执行情况探讨》，载于《当代财经》2004 年第 6 期，第 108 ~ 111 页。

［93］宁亚平：《盈余管理的本质》，载于《会计研究》2005 年第 6 期，第 65 ~ 68 页。

［94］潘琰、辛清泉：《所有权、公司治理结构与会计信息质量——基于契约理论的现实思考》，载于《会计研究》2004 年第 4 期，第 19 ~ 23 页。

［95］潘立新：《对资产与盈利质量会计规范及其实施的思考》，载于《当代财经》2003 年第 7 期。

［96］潘立新：《我国会计规范实施机制的缺陷分析》，载于《财经论丛》2002 年第 6 期。

［97］平新乔、李自然：《上市公司再融资资格的确定与虚假信息披露》，载于《经济研究》2003年第2期，第55~63页。

［98］平来禄、刘峰、雷科罗：《后安然时代的会计准则是原则导向还是规则导向》，载于《会计研究》2003年第5期，第11~16页。

［99］綦好东、杨志强：《中国会计准则制定：利益相关者的态度》，载于《会计研究》2003年第9期。

［100］綦好东：《会计管制的公司治理导向：经验与启示》，载于《会计研究》2005年第7期，第13~18页。

［101］秦江萍：《上市公司会计舞弊：国外相关研究综述与启示》，载于《会计研究》2005年第6期，第69~74页。

［102］邱学文：《上市公司会计信息信任度研究》，载于《财经论丛》2000年第3期。

［103］曲晓辉、李明辉：《论会计准则的法律地位》，载于《会计研究》2004年第5期，第20~24页。

［104］任春艳：《上市公司盈余管理与会计准则制定》，中国财政经济出版社2004年版。

［105］舒惠好、刘军、邓福贤：《政府相关部门会计信息需求的调查分析》，载于《会计研究》2005年第9期，第19~25页。

［106］孙铮、李增泉：《中国证券市场财务与会计透视》，上海财经大学出版社2000年版。

［107］斯蒂芬·A·泽夫、贝拉·G·德兰主编，夏冬林等译：《现代财务会计理论——问题与论争》，经济科学出版社2000年版，第557~559页。

［108］斯蒂芬·A·泽夫教授论文集，财政部会计司组织翻译：《会计准则制定：理论与实践》，中国财经出版社2005年版。

［109］汤姆·R·波恩斯等著，周长城译：《结构主义的视野：经济与社会的变迁》，社会科学文献出版社2000年版。

［110］田国强：《现代经济学的基本分析框架与研究方法》，载于《经济研究》2005年第2期。

［111］王跃堂：《股份公司会计制度改革效果的实证研究》，复旦大学出版社2001年版。

［112］王富利：《会计政策选择问题研究》，财政部财政科学研究所会计学博士论文，2005年。

[113] 王海民：《对政府会计监管问题的几点看法》，载于《会计研究》2001 年第 12 期。

[114] 王海民：《会计信息失真的根源探析及其监管机制创新》，载于《当代财经》2002 年第 5 期。

[115] 王立彦、刘军霞：《A－H 股双重报告差异与公司治理》，北京大学出版社 2004 年版。

[116] 王立彦、王婧：《内部监控双轨制与财务信息质量保障》，载于《会计研究》2002 年第 12 期，第 38 ~ 41 页。

[117] 王天习：《公司治理与独立董事研究》，中国法制出版社 2005 年版。

[118] 王建新：《全球联合监管反财务欺诈》，载于《中国财经报》2005 年 4 月 15 日。

[119] 王建新：《我国会计准则制定及其经济效果研究》，中国财经出版社 2005 年版。

[120] 王开田：《会计行为论》，上海财经出版社 1999 年版。

[121] 王华、庄学敏：《上市公司会计信息失真的问卷调查分析》，载于《当代财经》2005 年第 1 期，第 119 ~ 122 页。

[122] 王跃堂、张祖国：《财务报告质量评价观及信息披露监管》，载于《会计研究》2001 年第 10 期，第 12 ~ 17 页。

[123] 汪丁丁、罗卫东、叶航：《人类合作秩序的起源与演化》，载于《社会科学战线》2005 年第 4 期，第 39 ~ 48 页。

[124] 汪丁丁：《情境理性》，载于《IT 经理世界》2004 年第 1 期，第 89 页。

[125] 汪丁丁、叶航：《理性的危机——关于经济学"理性主义"的对话》，载于《天津社会科学》2004 年第 1 期，第 64 ~ 71 页。

[126] 汪丁丁：《经济学理性主义的基础》，载于《社会学研究》1998 年第 2 期，第 1 ~ 11 页。

[127] 汪丁丁、韦森、姚洋：《制度经济学三人谈》，北京大学出版社 2005 年版，第 211 ~ 238 页。

[128] 汪祥耀：《财务报告监管及未来发展趋势》，载于《财经论丛》2003 年第 1 期。

[129] 王竹泉：《利益相关者会计行为的分析》，载于《会计研究》2003 年第 10 期。

[130] 瓦茨、齐默尔曼著，陈少华等译：《实证会计理论》，东北财经大学出版社1999年版。

[131] 吴联生：《审计意见购买：行为特征与监管策略》，载于《经济研究》2005年第7期，第66～75页。

[132] 吴联生：《企业会计信息违法性失真的责任合约安排》，载于《经济研究》2001年第2期。

[133] 吴联生：《会计域秩序与会计信息规则性失真》，载于《经济研究》2002年第4期。

[134] 吴联生：《会计信息失真的"三分法"：理论框架与证据》，载于《会计研究》2003年第1期。

[135] 吴联生：《人类有限性与会计信息行为性失真》，载于《会计研究》2004年第2期。

[136] 吴联生：《盈余管理与会计秩序》，载于《会计研究》2005年第5期。

[137] 吴联生：《利益相关者对会计规则制定参与的特征——基于调查数据的实证分析》，载于《经济研究》2004年第3期，第88～97页。

[138] 吴联生、王亚平：《有效会计监管的均衡分析》，载于《经济研究》2003年第6期。

[139] 吴文锋等：《从长期业绩看设置在发行门槛的合理性》，载于《管理世界》2005年第5期，第127～143页。

[140] 夏恩·桑德著，方红星等译：《会计与控制理论》，东北财经大学出版社2002年版。

[141] 谢德仁：《企业剩余索取权：分享安排与剩余计量》，上海三联出版社2001年版。

[142] 谢德仁：《独立董事：代理问题之一部分》，载于《会计研究》2005年第2期，第39～45页。

[143] 谢德仁：《审计委员会：本源性质和作用机理》，载于《会计研究》2005年第9期，第69～74页。

[144] 谢德仁：《注册会计师行业管制模式：理论分析》，载于《会计研究》2002年第2期。

[145] 薛有志、郝沭平：《美国公司文化：潘多拉的盒子》，中国财经出版社2003年版。

[146] 许艳芳：《企业收益分配研究：从剩余索取权的角度》，中国

财政经济出版社 2004 年版。

　　[147] 徐经长：《我国证券市场会计监管体系构建》，载于《会计研究》2003 年第 3 期。

　　[148] 阎达五、潭劲松：《我国上市公司独立董事制度：缺陷与改进》，载于《会计研究》2003 年第 11 期。

　　[149] 阎达五、李勇：《也谈美国会计造假事件》，载于《会计研究》2002 年第 9 期，第 3~6 页。

　　[150] 许家林、冯俊、王辉：《关于会计规范体系建设的调查与思考》，载于《财务会计导刊》2005 年第 9 期，第 42~45 页。

　　[151] 杨春学：《"经济人再生"：对一种新综合的探讨与辩护》，载于《经济研究》2005 年第 11 期。

　　[152] 杨成文：《论会计政策选择目标》，载于《会计研究》2005 年第 9 期，第 8~13 页。

　　[153] 杨善华主编：《当代西方社会学理论》，北京大学出版社 1999 年版。

　　[154] 叶泽芳、方齐云：《实验经济学的方法论演进》，载于《经济学动态》2002 年第 9 期，第 73~75 页。

　　[155] 于玉林：《现代会计哲学》，经济科学出版社 2002 年版。

　　[156] 湛志伟：《坎内曼与塞勒对行为经济学的贡献》，载于《经济学动态》2002 年第 9 期，第 67~72 页。

　　[157] 张为国、王霞：《中国上市公司会计差错的动因分析》，载于《会计研究》2004 年第 4 期，第 24~29 页。

　　[158] 张俊民、汤谷良、吴红：《公司治理结构与资本市场会计监管》，载于《天津大学学报》2002 年第 3 期。

　　[159] 张蕊：《有限理性经济假说下的财务报告列报和使用》，载于《当代财经》2005 年第 3 期。

　　[160] 张培刚：《微观经济学的产生和发展》，湖南人民出版社 1997 年版，第 492~503 页。

　　[161] 张为国、翟春燕：《上市公司变更募集资金投向动因研究》，载于《会计研究》2005 年第 7 期，第 19~24 页。

　　[162] 张其仔：《新经济社会学》，中国社会科学文献出版社 2001 年版。

　　[163] 张军：《中国的工业改革与经济增长：问题与解释》，上海三联出版社 2003 年版。

［164］张胜、陈金贤：《深圳股票市场"庄股市场"特征的实证分析》，载于《经济科学》2001年第3期。

［165］章永奎、刘峰：《盈余管理与审计意见相关性实证研究》，载于《中国会计与财务研究》2002年第1期。

［166］赵宇龙：《会计盈余披露的信息含量——来自上海股市的经验证据》，载于《经济研究》1998年第7期。

［167］周勤业、卢宗辉、金瑛：《上市公司信息披露与投资者信息获取的成本效益问卷调查分析》，载于《会计研究》2003年第5期。

［168］周业安、杨祜忻、毕新华：《嵌入性与制度演化——一个关于制度演化理论的读书笔记》，载于《中国人民大学学报》2001年第6期，第58～65页。

［169］周国梅、傅小兰：《决策的期望效用理论的发展》，载于《心理科学》2001年第2期，第219～220页。

［170］周业安：《人力资本、不确定性与高新技术企业的治理》，载于《中国工业经济》2002年第10期。

［171］朱羿锟：《公司控制权配置论》，经济管理出版社2001年版。

［172］祖建新、石道金、李英、杨丽霞：《中国上市公司会计报表披露平衡性研究》，载于《财务与会计导刊》2005年第6期，第53～56页。

［173］邹薇、钱雪松：《融资成本、寻租行为和企业内部资本配置》，载于《经济研究》2005年第5期，第64～73页。

［174］詹姆斯·S·科尔曼，邓方译：《社会理论的基础》，社会科学文献出版社1999年版。

［175］艾尔·巴尔著，邱泽奇译：《社会研究方法》，华夏出版社2006年版。

二、外文部分

［1］Aboody，D.，and R. Kasznik. 2000. CEO Stock Options Awards and the Timing of Corporate Voluntary Disclosures. *Journal of Accounting and Economics* 29.

［2］Aboody D.，Mary E. Barth，Ron Kasznik. 2004. SFAS No. 123 Stock-Based Compensation Expense and Equity Market Values. *The Accounting Review*，VOL. 79，No. 2，251 – 275.

［3］Ball，R.，Kothari，Ashok Robin. 2000. The Effect of International

Institutional Factors on Properties of Accounting Earnings. *Journal of Accounting and Economics* 29: 1 – 51.

[4] Ball, Ashok Robin, Joanna Shuang Wu. 2003. Incentives versus Standards: Properties of Accounting Income in Four East Asian Countries. *Journal of Accounting and Economics*, No. 36, 235 – 270.

[5] Beasley, Mark S.. 1996. An Empirical Analysis of the Relation between the Board of Director Composition and Financial Statement Fraud. *The Accounting Review*, no 4.

[6] Burgstahler D. and Llia Dichev. 1997. Earnings Management to Avoid Earning Decreases and Losses. *Journal Accounting and Economics* 24: 99 – 126.

[7] Bushman, R., Qi Chen, Ellen Engel and A. Smith. 2000. The Sensitivity of Corporate Governance Systems to the Timeliness of Accounting Earnings. *Working paper.*

[8] Bushman, Robert, Qi Chen, Ellen Engel, and Abbie Smith. 2004. Financial Accounting Information, Organizational Complexity and Corporate Governance Systems. *Journal of Accounting and Economics* 37: 167 – 201.

[9] CESR, Standard No. 1 on Financial Information: Enforcement of Accounting Standards in Europe. 2003. *www. europefesco. org*

[10] Chtourou, Sonda Marrakchi, Jean Bedard, and Lucie Courteau. 2001. 4. Corporate Governance and Earnings Management. *working paper.*

[11] Coffee, John. 1999. The Future as History: the Prospects for Global Convergence in Corporate Governance and its Implications. *Northwestern Law Review* 93: 631 – 707.

[12] Coffee, John C., Jr. Adolf. 2001. The Acquiescent Gatekeeper: Reputational Intermediaries, Auditor Independence and the Governance of Accounting. *Working Paper*, Columbia University School of Law.

[13] Dechow, P. M., Richard G. Sloan, and Amy. P. Sweeney. 1999. Causes and Consequences of Earnings Manipulation: An Analysis of Firms Subject to Enforcement Actions by the SEC. *Contemporary Accounting Research.*

[14] Dunn, P., 1998. Financial Reporting: A Deception Based on Predisposition, Motive and Opportunity. *Dissertation* November 23.

[15] Edwards K. D., 1996. Prospect Theory: A Literature Review.

International Review of Financial analysis, Vol. 5 （1）.

［16］ Elizabeth Eccher, and Paul M. Healy. 2000. The Role of Internation Accounting Standards in Transitional Economics: A Study of the People's Republic of China. *www. ssrn. com*.

［17］ Erickson, M. , Hanlon, M. , and Maydew, E. , 2004. How Much will Firms Pay for Earnings that do not Exist? Evidence of Tax Paid on Allegedly Fraudulent Earnings. *The Accounting Review* April.

［18］ Frankel, R. , Li, X. , 2001. The Characteristics of a Firm's Information Environment and the Predictive Ability of insider Trades. *Working paper*.

［19］ Johnson, W. , Dhaliwal, D. , 1988. LIFO Abandonment. *Journal of Accounting Research* 26 （2）, 236 – 272.

［20］ Hanlon, M. , 2003. What We Can Infer about a Firm's Taxable Income from its Financial Statements? *National Tax Journal*, Vol. 56, No. 4.

［21］ Healy, P. , 1985. The Effect of Bonus Schemes on Accounting Decisions. *Journal of Accounting and Economics* 7: 85 – 113.

［22］ La Porta, Florencio Lopez-de-Silanes, Andrei Shleifer, and Robert Vishny. 1997. Legal Determinants of External Finance. *Journal of Finance* 52: 1131 – 1150.

［23］ La Porta, Rafael, Florencio Lopez-de-Silanes, Andrei Shleifer. 1999. Corporate Ownership around the World. *Journal of Finance* 54: 471 –517.

［24］ Mills, l. , Newberry, K. . 2001. The Influence of Tax and Nontax Costs on Book-tax Reporting Differences : Public and Private Firms. *Journal of the American Taxation Association* 23 （1）: 1 – 19.

［25］ Nenova, T. , 2000. The Value of Corporate Votes and Control Benefits: A Gross-country Analysis. *Working Paper*, Harvard University.

［26］ Peasnell, K. V. , P. F. Pope, and S. Young. 1998. Outside directors, Board effectiveness, and Earnings Management. *www. ssrn. com*

［27］ Ralf Ewert. 2005. Economic Effect of Tightening Accounting Standards to Restrict Earnings Management. *The Accounting Review*, VOL. 80, No. 4, 1101 – 1115.

［28］ Schipper, Katherine. 1989. Earnings Management. *Accounting Horizons* 3.

［29］ Shime Chin, Zhan San, and Yuetang Wang. 2002. Evidendce from

China on Whether Harmonized Accounting Standards Harmonize Accounting Practice. *Accounting Horizon* sep: 183 – 198.

[30] Street and Gray. 2001. Observance of International Accounting Standards: Factors Explaining Non-compliance. *ACCA Research Report* No. 74.

[31] Shackford, D. , and T. Shevlin. 2001. Empirical Tax Research in accounting. *Journal of Accounting and Economics* 31 (1 – 3): 321 – 387.

[32] Warfield, T. D. , John. J. Wild, and Kenneth. J. Wild. 1995. Managerial Ownership, Accounting Choices and Informativeness of Earnings. *Journal of Accounting and Economics* 20: 61 – 91.

后　　记

　　本书基于我的博士论文修改而成。

　　在十多年的会计教学工作中，会计准则和会计制度是我们会计教师最经常提及的会计术语。虽然"会计信息失真"、"财务报告舞弊"等现象早已成为会计界的热点话题，但是，在一个相当长的时间内，我对这种现象的认识只是停留在没有按会计规范操作的表象上，我的主要精力放在会计准则和会计制度的学习和讲解上。直至备考博士，才开始系统地读一些会计理论文献。经过三年系统的学习，通过逐步地对原有的专业知识整合、深化，我对会计学理论的认识才慢慢清晰起来。现在回想起来，在我读博士以前所写的零散的小论文根本算不上学术研究，我的学术生涯应该从读博士起。

　　因此，我真诚地感谢我的导师盖地先生，是他引领我进入会计学术天地。五年前我与盖地先生素不相识，就贸然给盖地先生写了一封信，介绍了自己学习和工作经历，表达想深造的愿望。先生给予了我热情的鼓励，使我有机会进入天津财经大学（以下简称天财）学习，我才有机缘认识了一批天财的优秀教师和学友。恩师谦逊温和的品德，严谨的治学风格，博览群书的学习习惯，执着于专业方向的研究，求真、求实、求新的治学态度为我树立了榜样。盖地先生悉心指导我的专业学习，学术论文的写作，课题研究和教学工作，几乎批阅了我近三年的所有论文。我的点滴进步都离不开恩师的指点和帮助。在论文选题时，先生坚持以会计实践提出的命题为研究对象，研究课题要具有持久研究的价值。

　　在论文开题之时，企业会计准则的建设已经进入了一个新的阶段，而一系列财务报告失败的案件使会计准则问题的研讨重点逐步转向企业会计准则执行效率和效果上，企业会计准则实施机制的建设和改革成为业界关注的重点。但是，对企业会计准则执行的专题研究很少。无疑，这个选题具有重要的理论与现实意义。根据多年的学习经验，我知道相关研究成果比较多，要写透、写新、写实对我是一个很大的挑战。但我想通过这个选题，对多年来的学习和思考作一个阶段性的总结。在盖地老师的支持下，我如同一个雕塑师，调动了我近十多年知识的积累，辛勤地雕琢它，期望送给读者一份不俗的作品。

论文写作期间，我曾看过中央电视台电影频道播放的一部电影：《金色面具》。电影以一个上市公司财务报告操纵和被发现的过程为故事情节，有些镜头反映的问题恰合我的观点。这增加了我对论文写作的信心。论文如期完成，我从中体会到了将书从厚读薄的乐趣，深深感到财务会计与制度、市场以及公司治理诸多因素的密切关系，领会到会计研究的魅力。我更加坚信会计学研究不能仅仅停留在会计领域，一个好的会计学者必须是熟悉经济学、管理学、法学等相关学科的理论，掌握规范的社会科学研究方法。这平添几分我对会计的热爱和深入学习的愿望。自 2007 年 1 月起，我国新的会计准则将在上市公司范围内执行，我相信，选择其中有价值的问题深入研究、拓展研究，将会体会到将书再从薄读厚的乐趣。

感谢天财的博士生授课老师们。在天津三年学习过程中，我有幸聆听于玉林先生、盖地先生、韩传模先生、田昆儒教授、王晓林教授、徐守勤教授和刘植才教授等老师的授课。教授们敬业、求实，勤于治学、精于治学的工作作风和不同的授课风格给我留下了深刻的印象。他们的授课使我开阔了思路，夯实了专业基础理论，深化了对会计专业理论和实务的理解。

感谢论文开题过程中韩传模教授、张翠荷教授和韦琳教授所提出的宝贵意见。感谢预答辩中于玉林教授、韩传模教授、王建忠教授、田昆儒教授、范泽明教授所提出的问题和中肯的建议。在论文评审和答辩中，有幸得到国家会计学院的于长春教授和陈敏教授、首都经贸大学的汪平教授、南开大学的齐寅峰教授和周晓苏教授等校外专家的褒奖和指点，感谢他们对论文成果的肯定。

在三年的求学过程中，我有缘结识了李兰英、张俊民、孙青霞、吴秋生、朱星文、郭强华、钱桂萍、赵丽芳、郑伟、张庆龙、刘忠燕、刘荣、刘秀丽、张雅杰、王宇娜等学友。我们在一起度过了难忘的求学生涯，与他（她）们的相处，我学到了许多为人和学习的好作风。在论文的写作过程中，他们采用不同的方式表达了对我的关心、鼓励和帮助。在此向他们表示真诚的感谢！

在论文写作过程中，财政部驻山东特派专员耿建云先生，我的同学山东省劳动和社会保障厅的李启国和山东省税务局稽查大队的刘峰光为我了解相关情况提供了热情的协助。本书的部分观点在学术刊物或学术会议上发表，得到了中国注册会计师协会的陈毓圭秘书长等业界领导和同仁的鼓励和指点。在此向他们表示真诚的感谢！

感谢山东大学管理学院的领导和会计系的同事给予了我大力的支持、指导和帮助。院长徐向艺教授和杨蕙馨教授既是我的领导，也是我的老师，为我学习和论文出版提供了有力的支持。我们会计系的同事，副院长刘洪渭教授、会计研究所长潘爱玲教授、院长助理罗新华博士、副主任张立达副教授、袁明哲教授、刘海英博士，张树明副教授和唐蓓等老师给予了我热情的帮助。我的老师胡正明教授、陈志军教授、钟耕深教授和陈丹教授多年来一直关心我的学业。在此，我衷心地感谢他（她）们，祝福他（她）们。

感谢我的亲人。感谢我的父母给了我健康的身体，让我无忧无虑地读完大学，并进一步支持我读硕士和博士。感谢公婆在我脱产学习期间来到济南，帮助我照顾小家庭，支持我求学。我的爱人陈宏伟多年来一直默默地支持我的工作，照顾我生活，他和我们可爱的女儿陈书新与我一起分担了求学过程中的辛苦和压力，给予了我许多物质和精神上的大力支持。他（她）们让我感到家庭的温暖，给予了我克服困难的勇气。

本书能够出版，离不开经济科学出版社的吕萍主任、责任编辑陈静女士等付出的辛勤劳动她（他）的努力为本书增色不少。对此我向她（他）们表示衷心地感谢！

最后，尽管我们为这部书的出版付出了很大的努力，但是仍然难免存在缺陷。也许，完美本来就需要耐心、勇气和时间，永远是我们追求的目标。一切疏忽和错误应由我负责。

刘慧凤

2007 年 1 月于山东大学

责任编辑：吕　萍　陈　静
责任校对：徐领弟
版式设计：代小卫
技术编辑：潘泽新

情境架构下的企业会计准则执行研究
刘慧凤　著
经济科学出版社出版、发行　新华书店经销
社址：北京市海淀区阜成路甲 28 号　邮编：100036
总编室电话：88191217　发行部电话：88191540
网址：www. esp. com. cn
电子邮件：esp@ esp. com. cn
汉德鼎印刷厂印刷
永胜装订厂装订
787×1092　16 开　19. 25 印张　320000 字
2007 年 4 月第一版　2007 年 4 月第一次印刷
印数：0001—4000 册
ISBN 978 - 7 - 5058 - 6169 - 5/F·5430　定价：31. 00 元